D

Fils de diplomate, Dominique Lapierre publie à l'âge de dix-sept ans un premier best-seller, *Un dollar les mille kilomètres*. Après des études supérieures aux États-Unis, il entre en 1954 à *Paris Match* et couvre pendant quinze ans l'actualité du monde comme grand reporter. Sa rencontre avec Larry Collins le pousse dans une carrière littéraire à quatre mains consacrée par d'immenses succès internationaux tels : *Paris brûle-t-il ?*, *Ô Jérusalem*, *Cette nuit la liberté*, *Le Cinquième cavalier*. En 1981, Lapierre fonde l'association « Action pour les enfants des lépreux de Calcutta » qui arrachera quelque dix mille enfants à la déchéance des bidonvilles de Calcutta et contribuera à guérir plus d'un million de tuberculeux. Son livre *La Cité de la joie*, écrit en solo, sera lu par soixante millions de personnes et adapté au cinéma par Roland Joffé. Après l'Inde, Lapierre explore l'Afrique du Sud et publie, en 2008, *Un arc-en-ciel dans la nuit*, une épopée historique dont les héros sont Nelson Mandela, le Dr Chris Barnard et une mère Teresa sud-africaine, Helen Lieberman. Dominique Lapierre est marié et père d'une fille, Alexandra, elle-même écrivain à succès (*Fanny Stevenson, Artemisia, Le voleur d'éternité, Tout l'honneur des hommes*).

UN ARC-EN-CIEL DANS LA NUIT

DU MÊME AUTEUR
CHEZ POCKET

La cité de la joie
Plus grands que l'amour
Mille soleils
Il était une fois l'URSS
Un arc-en-ciel dans la nuit

Ouvrages en collaboration :
avec Larry COLLINS

… ou tu porteras mon deuil
Cette nuit la liberté
Paris brûle-t-il ?
Ô Jérusalem
Le cinquième cavalier
New York brûle-t-il ?

avec Javier MORO

Il était minuit cinq à Bhopal

DOMINIQUE LAPIERRE

UN ARC-EN-CIEL DANS LA NUIT

ROBERT LAFFONT

Le papier de cet ouvrage est composé de fibres naturelles, renouvelables, recyclables et fabriquées à partir de bois provenant de forêts plantées et cultivées expressément pour la fabrication de pâte à papier.

ISBN 978-2-266-18994-1

À Helen Lieberman
et à tous ceux – Blancs, Noirs, métis… –
qui ont brisé l'oppression de l'apartheid
et fait triompher la liberté, la fraternité,
la vérité et la réconciliation

Chacun de nous est aussi profondément attaché
à la terre de notre beau pays
que le sont les fameux jacarandas de Pretoria
et les mimosas du Veld…
une nation arc-en-ciel
en paix avec elle-même et le monde.

Nelson MANDELA

L'Afrique du Sud

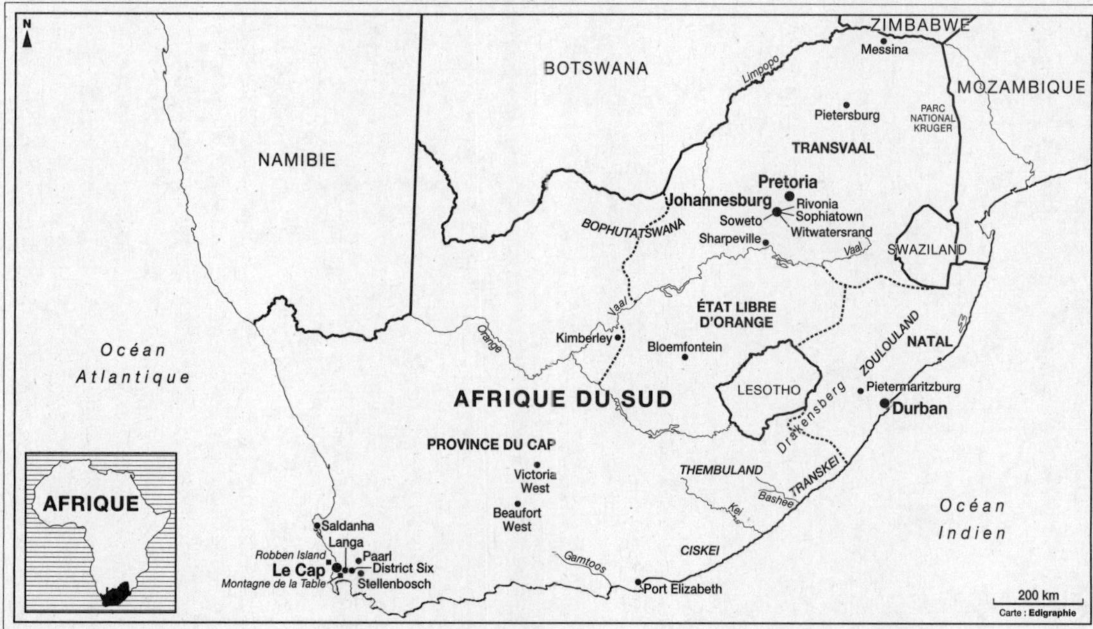

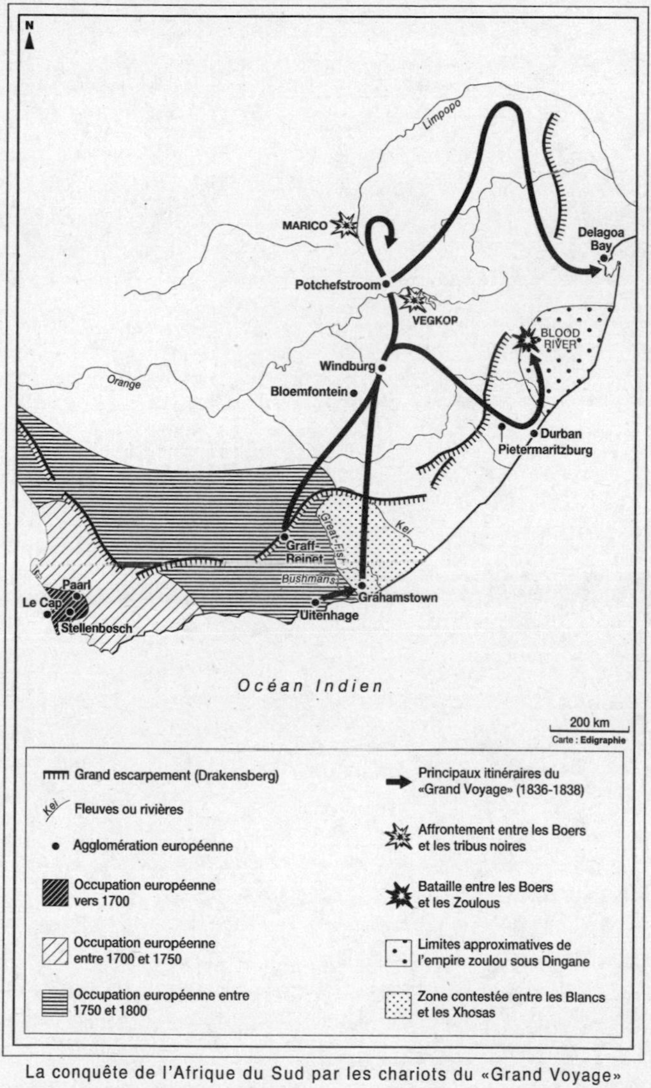

La conquête de l'Afrique du Sud par les chariots du «Grand Voyage»

D'après carte extraite de l'*Histoire de l'Afrique du Sud – De l'Antiquité à nos jours,* de Bernard Lugan © Perrin, 1995

Première partie

Les chariots de la liberté

Pillages, viols, meurtres. Une croisade contre l'hérésie d'une violence unique dans l'histoire. En cette fin du XVIe siècle, toutes les provinces septentrionales de la Hollande sont à feu et à sang. Les soldats de la très pieuse Espagne qui occupent villes et campagnes font preuve d'une sauvagerie extrême. Leurs bûchers brûlent jour et nuit. Ils exterminent par milliers les adeptes d'une nouvelle religion prêchée par un moine mendiant nommé Martin Luther qui vient de se soulever contre Rome et son pape corrompu par l'argent. Une révolte qui s'oppose au monde catholique de l'époque, bientôt suivie d'une autre répandue par un austère Picard au long nez et à la barbiche triangulaire, au cou ceint d'une étroite collerette de fourrure. Dans un manifeste lancé à des centaines de milliers d'exemplaires depuis son refuge de Genève, le théologien Jean Calvin veut imposer aux foules d'Europe la reconnaissance de la Bible comme source unique de la foi. Il leur révèle que Dieu a expressément choisi certains peuples pour régner sur l'ensemble de sa création.

La Bible ! C'est déjà le livre phare des hommes et des femmes qui tentent d'arracher leur libération aux légions papistes du plat pays hollandais. Et voici que des émissaires venus de Genève leur annoncent qu'ils sont les nouveaux enfants d'Israël choisis par Dieu pour libérer leurs polders, comme jadis les Hébreux ont reconquis la terre promise de Canaan. Rien ne peut davantage exalter leur volonté de survie que cette affirmation d'appartenir à un peuple élu. « Vous êtes pour moi une nation sainte, un royaume de prêtres ! Ne craignez rien, Jéhovah est avec vous, son Ange combat à vos côtés ! » répètent dans les églises hâtivement reconverties en temples protestants les messagers de l'iconoclaste à barbiche triangulaire. Prenant à témoin les livres saints, ils expliquent aux révoltés qu'après avoir été asservis à la couronne d'Espagne et à la tiare papiste, ils sont aujourd'hui prêts, comme les pères des douze tribus d'Israël, à reconquérir leur terre promise. « Si Jéhovah vous a choisis, clament-ils, ce n'est pas que vous êtes le plus nombreux des peuples de la terre, mais au contraire le plus petit. » S'appuyant sur le Deutéronome, ils lancent : « Sera à vous tout territoire que vous arpenterez de vos pas, et là sera votre frontière. »

Comme il avait envoyé, vingt siècles plus tôt, l'empereur Cyrus au secours des juifs captifs de Babylone, Dieu dépêche un autre libérateur à son peuple enchaîné des provinces hollandaises. Il s'appelle Guillaume d'Orange. En deux fois moins de temps qu'il n'en avait fallu à Josué pour s'emparer de la Terre promise, le très calviniste Guillaume réussit à affranchir sa nouvelle patrie de ses tyrans espagnols. Cette libération va permettre à une mosaïque de sept modestes provinces de former une vibrante république et de devenir l'un des États les plus modernes et les plus puissants de la planète. Le prophète Calvin ne s'était pas trompé. Dieu avait bien choisi la petite Hollande pour la conduire vers un destin privilégié. Le peuple batave se souviendra de cette grâce de siècle en siècle jusqu'au jour où, condamnés à survivre au milieu d'autres peuples, ses descendants commettront l'un des plus grands crimes de l'histoire de l'humanité. Mais en ce début des années 1600, on est loin de ce rendez-vous fatal. « Heureux sont les hommes dont les offenses seront pardonnées », répète dans les temples de la nouvelle Église réformée de Hollande le psaume de la Bible. Le long des côtes de la mer du Nord, dans les basses terres et dans les villes de Zélande et de Frise, un âge d'or est sur le point de naître. Amsterdam en sera la nouvelle Jérusalem. En moins de vingt ans, la capitale de la Hollande devient le centre culturel, artistique, commercial et financier de l'Europe. Stimulée par l'énergie spirituelle et intellectuelle puisée dans la lecture fiévreuse des versets bibliques et des écrits de Calvin, elle s'ouvre à toutes les cultures, tous les commerces, toutes les religions. Des chefs-d'œuvre – et quels chefs-d'œuvre ! – évoquent bientôt cette époque frémissante d'espoir illustrée par les puissantes toiles de Rembrandt, de Frans Hals, de Vermeer, de Bruegel. Certes, le mode de vie de la société hollandaise reste empreint de puritanisme calviniste. Mais derrière les austères façades des nouvelles demeures patriciennes, se cache un luxe inégalé. Quant aux sombres couleurs des vêtements qui semblent exclure toute coquetterie, elles dissimulent l'éclat de somptueuses étoffes de soie et de satin qui habillent les notables de la capitale.

Le symbole et le ressort de la prospérité économique de la petite République résident dans la création de grandes sociétés par actions dont le prototype est la légendaire Compagnie hollandaise des Indes orientales fondée en 1602. Celle-ci se voit attribuer le monopole du commerce dans toute l'Asie, en particulier celui des épices – clous de girofle, cannelle, poivre notamment. Elle reçoit le droit d'ouvrir partout des comptoirs, de traiter avec les princes locaux, d'implanter des forces armées dans les territoires où elle souhaite s'installer. Bientôt propriétaire de cent cinquante bâtiments marchands et de quelque quarante navires de guerre, la Compagnie devient un État dans l'État qui dirige, gère et contrôle sans partage la plus gigantesque entreprise mercantile de l'époque. Sa direction est assurée par un conseil de dix-sept gouverneurs en pourpoints de satin noir et collerettes de soie blanche, les dix-sept Heren. Leur quartier général est une imposante bâtisse de style patricien plantée au bord du canal Kloveniers Burgwal. Pour la seule année 1653, la valeur des cargaisons qui transitent entre leurs mains dépassera le budget de la France de Louis XIV.

Forte de cette suprématie commerciale, la Hollande pourrait enrichir son patrimoine de n'importe quelle conquête coloniale. Comme le montrent les cartes de géographie sur les murs de la salle du Conseil des Dix-Sept, en ce milieu du XVIIe siècle, la planète ne manque pas de territoires susceptibles d'être colonisés, que ce soit en Afrique, en Amérique et même en Asie. Pour un peuple auquel des légions de prédicateurs répètent chaque dimanche qu'il est, par la grâce de Dieu, voué à un destin exceptionnel, partir occuper une autre région du globe n'est pas une aventure irraisonnée. C'est d'ailleurs ce qu'il a fait en s'emparant de l'île de Manhattan sur les rives de l'Hudson pour y fonder la ville de New Amsterdam. Vers quelle nouvelle destination et pour quelle mission les dix-sept Heren pourraient-ils envoyer leurs caravelles en cette fin d'année 1651 ?

C'est ce que va découvrir un énergique gaillard de plus d'un mètre quatre-vingt-dix, vêtu d'un pourpoint de drap noir à collerette blanche brodée. Avec son épaisse chevelure dont les boucles brunes retombent sur ses épaules, son air décidé sous un large front et des sourcils broussailleux, Jan van Riebeeck, trente-trois ans, incarne à la perfection ce modèle d'aventuriers qu'aime peindre Franz Hals. Fils d'un chirurgien réputé d'Amsterdam, lui-même chirurgien diplômé, il a abandonné ses pinces et ses scalpels pour partir avec sa femme Maria et leur enfant courir le monde au service de la Compagnie. Celle-ci vient de le rappeler de son dernier poste d'administrateur en chef de la ville indonésienne de Batavia dont il a été l'un des fondateurs. Car les Dix-Sept ont de nouvelles ambitions pour leur protégé. De grandes ambitions sans doute… Jan van Riebeeck exulte à l'idée de repartir à l'aventure. La lecture fervente des textes bibliques et l'écoute passionnée des prophéties de Calvin l'ont parfaitement préparé à servir son pays jusque dans les plus extrêmes de ses desseins. « Demande-moi et je te donnerai les nations en héritage », dit le Créateur dans l'Apocalypse de saint Jean. Le jeune Hollandais n'en doute pas. C'est une mission de conquête que le Conseil des gouverneurs va lui confier ce froid matin de décembre 1651.

Infortuné Van Riebeeck ! Des salades ! Partir cultiver des salades à la pointe sud du continent africain ! Voici la tâche exaltante que les responsables de la toute-puissante compagnie commerciale confient à leur audacieux représentant. Ils lui expliquent en détail les motifs de leur décision. La Compagnie est en danger de mort. Les équipages des bateaux qui assurent son monopole du commerce des épices sont en effet décimés par le scorbut, un fléau plus meurtrier encore que les attaques des pirates, des corsaires et de tous les bateaux des pays concurrents. Faute de pouvoir juguler ce mal, la flotte de la première marine du monde sera paralysée. Et la Hollande ruinée. Van Riebeeck a déjà suffisamment navigué pour ne pas ignorer la terreur que suscite sur les ponts et dans les dortoirs l'apparition de la gravissime affection du scorbut due à une carence massive en vitamines. Il n'a jamais cessé d'être hanté par l'horrible vision de ces malheureux perdant brutalement leur sang, terrassés par la fièvre, les gencives gonflées comme des éponges, les membres rigides comme des barres de fer. Il sait que seule une alimentation riche en légumes, en fruits, en viande fraîche peut prévenir cette maladie mortelle.

Le jeune Hollandais n'en montre pas moins un vif désappointement. Nourri de l'enseignement de Calvin, il est conscient que sa terre natale a été choisie par Dieu pour l'accomplissement de grandes œuvres. Or, voilà qu'on lui apprend qu'il ne sera pas un instrument de cette vocation. Sur les cinq caravelles dont il va prendre le commandement, il n'emportera ni canons, ni barils de poudre, ni soldats, à peine quelques mousquets pour se défendre. Il embarquera des jardiniers, des pelles, des pioches, des graines de salades, des semences de riz et de blé, et des coutelas de boucher pour découper les moutons et les chèvres élevés sur place. Car il n'y a pas l'ombre d'un rêve de conquête coloniale dans les intentions des hommes en pourpoint noir et collerette blanche d'Amsterdam. Pour tenter d'atténuer la frustration de leur protégé, ils lui racontent le séjour forcé que viennent de faire dans les parages de sa destination africaine les soixante naufragés du *Nieuw Haarlem*, un trois-mâts de la Compagnie. Le témoignage est des plus encourageants. Tout existe là-bas en abondance : eau douce, poissons, antilopes sauvages, bétail domestique et même, à certaines époques, des troupes de phoques et de baleines. Bref, une sorte d'eldorado. Pour idyllique qu'elle soit, la description ne satisfait guère Van Ricbeeck. Il s'inquiète de savoir quelle attitude lui et ses compagnons devront adopter envers les populations locales qu'ils ne manqueront pas de rencontrer. La réponse est ferme : il devra éviter tout contact avec les indigènes, se contenter d'échanger avec eux les cadeaux et bibelots apportés pour d'éventuels trocs de viande fraîche. Nul autre rapport. Aucune tentative d'éducation, de conversion, de soumission. Surtout pas de fraternisation. Les indigènes sont des « étrangers » et doivent le rester. Le seul objectif de la Hollande est d'aller poser la pointe des pieds sur un petit bout d'Afrique australe supposé inhabité et d'y créer une base de ravitaillement en produits frais pour ses bateaux naviguant sur la route des Indes. Une mission qu'on lui intime d'exécuter « le dos tourné au reste du continent ». Rien d'exaltant, songe douloureusement Van Riebeeck. Comment, dans cet abîme de déception, le jeune Hollandais aurait-il imaginé qu'en partant planter des salades il allait en réalité écrire le premier chapitre de l'histoire d'un pays qui n'existait pas encore : l'Afrique du Sud ?

« Montagne de la Table à un mille bâbord ! » Le cri du veilleur au sommet du mât de vigie provoque un branle-bas sur le pont du *Drommedaris*, la caravelle de Jan van Riebeeck partie cent cinq jours plus tôt d'Amsterdam en compagnie de quatre autres voiliers de quatre cents tonneaux. Ce matin du 6 avril 1652, un calme miraculeux règne autour de cette péninsule africaine que d'intrépides navigateurs portugais ont, après avoir perdu tant des leurs sur les rochers, baptisé cap des Tempêtes, puis cap de Bonne-Espérance. Même le southeastern, ce vent sauvage qui d'ordinaire obscurcit le soleil de ses nuages noirs et précipite en de gigantesques montagnes d'écume les houles de l'océan Indien contre celles de l'Atlantique, observe un calme surprenant. Les arrivants peuvent jeter l'ancre à l'abri de la majestueuse montagne en forme de table qui plonge ses flancs dans les eaux turquoise et transparentes de la baie du Cap. D'emblée, ils sont frappés par la beauté de la nature qui les accueille. Entre les côtes ouest et est de l'étroite péninsule, ce n'est qu'un royaume floral et forestier d'eucalyptus, de jacarandas, de bougainvillées, de fougères. Des buissons d'aloès, d'arums, de patchoulis, de vétivers embaument ce paradis tropical peuplé de myriades d'oiseaux de toutes les couleurs. Mais la faune sauvage rencontrée lors de leurs premières explorations surprend plus encore les expatriés d'Amsterdam. « Nous sommes tombés ce matin sur une famille de lions en train de dévorer une antilope », racontera ingénument Van Riebeeck dans l'une de ses premières lettres.

Les seules rencontres qui échappent aux Hollandais, du moins dans les premières semaines, sont celles des bergers khoïkhoï aperçus avec leurs troupeaux au pied des escarpements fleuris de la montagne de la Table. Van Riebeeck aimerait bien échanger la pacotille de bijoux et d'ornements apportés d'Europe contre quelques têtes de leur bétail. Mais les autochtones se dérobent. Il faudra leur proposer plus qu'une parure de plumes et de métal pour vaincre leurs suspicions. Du coup, les nouveaux arrivants se méfient. D'Amsterdam, les Dix-Sept ordonnent à Van Riebeeck de construire un fort et une clôture susceptibles d'assurer la protection de leur campement. Ils lui dépêchent même un ingénieur de haut niveau nommé Rykloff van Goens avec l'extravagante mission d'étudier la possibilité de séparer la péninsule du Cap du reste du continent au moyen d'un canal creusé d'une côte à l'autre. La péninsule deviendrait alors un morceau de Hollande géographiquement indépendant de l'Afrique. Le projet enthousiasme les expatriés. Mais bien vite son irréalisme leur saute aux yeux. Comment une centaine de pauvres bougres pourraient-ils couper l'Afrique en deux avec des pioches et des pelles ? Pure folie ! À moins que les Khoïkhoï ne viennent par milliers leur prêter main-forte. Van Riebeeck ne voit d'autre solution que d'enfreindre les interdits de ses supérieurs. Il dépêche de nouveaux émissaires aux bergers noirs aperçus autour de la montagne de la Table. Les bijoux, les miroirs, les parures raffinées qu'ils leur apportent devraient réussir à désarmer enfin leur méfiance. Mais aucun des indigènes approchés ne consent à se mettre au service de ces Blancs qui sont entrés comme des voleurs sur leur territoire. Décidément, la timide incursion des enfants de Calvin sur la terre d'Afrique se présente sous des auspices peu favorables.

Refusant de céder au découragement, Van Riebeeck consulte le petit exemplaire des Écritures qui ne quitte jamais le fond de sa poche. Il s'inspire d'un verset du Deutéronome pour rassurer ses compagnons. « Le peuple élu recevra sa terre après avoir écrasé les rois qui lui barrent le passage », leur dit-il avec ferveur, avant de lire un psaume : « Je suis le Dieu d'Israël. Je briserai les verrous de fer et fracasserai les battants de bronze qui s'opposent à ce que vous soyez le peuple que j'ai choisi. » Il trouve ensuite une idée pour séparer ses compagnons de ces Noirs hostiles qu'il considère de toute façon promis par Dieu à la damnation. Faute de pouvoir creuser un canal, il fait planter d'un bord à l'autre de l'étroite péninsule une double haie d'amandiers sauvages. Quatre siècles plus tard, l'odeur de miel et de camphre provenant des rejetons de ces arbres aux longues fleurs bleuâtres embaume toujours la campagne au sud de la ville du Cap, écho lointain du premier acte de ségrégation raciale perpétré par des Blancs contre les Noirs d'Afrique du Sud.

Avec leur petit fort et les quelques habitations de pierres sèches édifiés au milieu d'un vaste potager de carottes, de choux et de salades, Van Riebeeck et ses expatriés réussissent en quelques mois à aménager une modeste base de ravitaillement. C'est une minuscule enclave européenne dépourvue de toute identité africaine, en marge des populations et du décor environnants, uniquement vouée à engraisser des chèvres et des poulets et à fournir en légumes les bateaux de passage. À Amsterdam, les notaires de la Compagnie s'empressent d'entériner par un acte officiel la propriété de cet établissement africain sans que personne émette à leur encontre une quelconque objection sur la légitimité d'une telle appropriation. Comment quelques arpents de sable plantés de salades pourraient-ils être considérés comme une conquête territoriale ? Au Conseil des Dix-Sept, c'est l'euphorie. Cette timide aventure à la pointe de l'Afrique promet d'atteindre son objectif. Les bateaux engagés dans la course des épices se pressent déjà devant la petite base pour embarquer les produits frais qui protègeront leurs marins du scorbut.

L'entreprenant Van Riebeeck n'en désire pas moins convaincre ses commanditaires d'accepter d'agrandir la modeste exploitation. Qu'on lui donne l'autorisation de faire venir quelques esclaves d'Afrique de l'Ouest, des Indes ou d'Indonésie et il se fait fort d'en multiplier par dix les activités. La réponse tombe comme un couperet. C'est non. Les dix-sept Heren sont en total désaccord avec les rêves d'expansion de leur audacieux représentant. Ils ne veulent sous aucun prétexte développer leur petite base africaine. Celle-ci doit rester limitée, se suffire à elle-même, et surtout ne rien coûter à la Compagnie. Mais Van Riebeeck va obtenir le soutien d'un allié inattendu : le southeastern est un vent africain totalement inconnu sur les bords des canaux d'Amsterdam. Une de ses foucades apporte subitement au jeune Hollandais les renforts de main-d'œuvre qu'il réclamait en précipitant un trois-mâts portugais sur les récifs de la pointe sud de la péninsule. L'*Amersfoort* transporte deux cent cinquante esclaves angolais. Beaucoup périssent dans le naufrage mais plus de cent cinquante parviennent à gagner le rivage. Van Riebeeck va les acheter à leur propriétaire qui, par chance, fait partie des survivants. Du coup, il va doubler ses effectifs et pouvoir augmenter la superficie de ses cultures et l'étendue de ses élevages de poulets et de moutons. Adieu le scorbut ! Salades, carottes et viande fraîche seront en permanence disponibles à la pointe du Cap.

L'ennui, c'est que parmi les esclaves rescapés de l'infortuné navire se trouvent un certain nombre de jeunes femmes qui attisent immédiatement les convoitises des célibataires de la colonie. Van Riebeeck a beau interdire à ses compagnons toute relation sexuelle avec les naufragées, la communauté ne tarde pas à bruisser du murmure des amours illicites. Prénommées selon leurs origines Marie du Bengale, Catharina de Batavia ou Suzanna du Mozambique, à moins qu'elles ne soient affublées d'appellations bibliques telles que Rachel, Ruth ou Ève, nombreuses sont les rescapées de l'*Amersfoort* qui partagent bientôt les nattes des fougueux expatriés hollandais. Quand ils l'apprennent, les dix-sept Heren sont frappés d'indignation. Mais plutôt que de sanctionner les coupables par leur rappel immédiat, ils vont les punir par une initiative commerciale. La Hollande vient de créer une deuxième compagnie mercantile sur le modèle de la première. Baptisée Compagnie des Indes occidentales, elle a hérité le monopole du commerce avec l'Amérique et l'exclusivité mondiale de la traite des Noirs. À ce titre, elle ordonne que lui soient remises les femmes de l'*Amersfoort*. Le coup est sévère pour ceux qui partagent la vie de l'une ou l'autre d'entre elles. D'autant qu'au sein du groupe, on se prépare à célébrer un événement tout à fait remarquable : les noces officielles d'un citoyen hollandais de trente-cinq ans nommé Jan Wouterz avec une esclave de vingt-quatre ans originaire de Guinée équatoriale. Catharina Antonis parle quelques mots de néerlandais et possède des rudiments de foi chrétienne. Ce projet d'union fait scandale à Amsterdam où il impose aux administrateurs de la Compagnie d'accomplir un acte contraire à leur éthique commerciale. Par son mariage avec l'un de leurs employés, la jeune Africaine conquiert en effet le droit de s'affranchir. Pour les âpres Heren si attentifs à leurs profits, perdre deux cents guilders à cause de la libération d'une esclave représente un sacrifice intolérable. Heureusement pour eux, cette union sentimentale sera un cas presque unique. La plupart des compagnons de Van Riebeeck entretiendront avec leurs esclaves, tous sexes confondus, d'impitoyables relations de maître à serviteur. Ils les affublent du sobriquet de *kaffirs* – nègres –, et les affectent aux travaux agricoles et domestiques les plus durs et ingrats. Van Riebeeck les soumet à des règles de discipline draconiennes. Tout esclave se déplaçant après dix heures du soir doit se signaler par le port d'une lanterne, à moins qu'il ne soit accompagné par son propriétaire, et présenter un laissez-passer si son travail l'appelle à circuler au-delà d'une certaine distance. Afin de prévenir les projets d'évasion, aucun Noir ne peut entrer en contact avec un autre Noir travaillant pour un autre Blanc. De simples délits, comme le vol, la rébellion ou la fuite, sont passibles du fouet, du fer rouge et même de la potence. Le seul fait pour un esclave de lever une main, qu'elle soit armée ou non, en direction d'un supérieur peut lui valoir le supplice de la roue, une machine de torture qui brise les os et désarticule les membres sans nécessairement entraîner la mort immédiate. Une femme qui a mis accidentellement le feu à la maison de son employeur se verra empalée dans les cendres du bâtiment et brûlée vive. Les corps des esclaves exécutés sont exposés sur les lieux mêmes de leur mise à mort afin d'être dévorés par les charognards à la vue de tous. Une servante coupable d'avoir laissé mourir son bébé se retrouve condamnée à avoir les deux seins arrachés avec des pinces chauffées à blanc. Dans un sursaut de charité chrétienne, Van Riebeeck fait au dernier moment suspendre l'exécution du châtiment. La malheureuse est enfermée dans un sac et jetée à la mer au large de la montagne de la Table.

Au mois de mai 1657, l'inventeur barbichu de la doctrine affirmant la prédestination de certains peuples à la rédemption doit se retourner de joie dans sa tombe genevoise. Sa chère petite Hollande vient en effet de remporter une nouvelle victoire confirmant sa supériorité au sein des nations. « Que Dieu soit loué ! écrit Jan van Riebeeck à ses commanditaires d'Amsterdam. Du vin a été pressé pour la première fois avec les raisins que nous avons plantés sur la terre d'Afrique. » Après les salades, les poules et les chèvres, l'aventure impériale de la Hollande prend dès lors un développement inattendu. « Envoyez-moi des paysans connaissant la culture de la vigne, implore-t-il dans ses courriers. Le pays se prête admirablement à cette activité. Nous pourrons vendre notre vin aux bateaux de passage et gagner ainsi beaucoup d'argent. » Malgré cet appel à leurs appétits commerciaux, les dix-sept Heren restent fidèles à leur politique d'implantation limitée. Ils refusent d'envoyer de nouveaux effectifs dans leur petit comptoir africain.

Mais voici que le roi de France va tout à coup leur forcer la main. Par sa brutale révocation de l'édit signé à Nantes par son grand-père Henri IV autorisant les partisans de la Réforme à pratiquer librement leur culte, Louis XIV jette sur les routes de l'exil deux à trois cent mille protestants français. Appelés huguenots, ces hommes et ces femmes vont se réfugier en Hollande, en Allemagne et en Suisse. C'est le miracle que ne pouvait espérer Van Riebeeck. La Compagnie accepte d'offrir le voyage jusqu'au Cap à une cinquantaine de familles. Elle concède à chacune quelques hectares de terre et fournit l'outillage nécessaire à leur implantation. En contrepartie, les émigrés doivent jurer fidélité à la Compagnie et aux princes de Hollande et s'engager à rester au moins cinq ans sur place pour faire fructifier leur bien.

Cent soixante-quinze huguenots débarquent à la pointe du Cap en avril 1688. Vingt des leurs ont péri pendant la traversée. Ils sont originaires de Provence, d'Aquitaine, de Bourgogne, du Dauphiné. Ils s'appellent de Villiers, Duplessis, Labuscaigne, Dubuisson. Ce sont en majorité des agriculteurs et des viticulteurs, mais on compte aussi quelques artisans, trois médecins et même un révérend, le pasteur Pierre Simon. Des agents de la Compagnie veillent à ce qu'ils soient immédiatement intégrés aux expatriés de souche hollandaise, ceux qu'on appelle localement les Boers, c'est-à-dire « les paysans ». Du coup, la langue et la culture françaises ne font qu'une éphémère apparition à l'extrême pointe de l'Afrique.

Pour modeste qu'elle soit, l'arrivée de cette vague d'Européens n'en modifie pas moins radicalement la physionomie du petit comptoir agricole qu'avaient imaginé les dix-sept Heren dans leurs brumes bataves. D'une simple base de ravitaillement en légumes, produits laitiers et viande fraîche destinés à prévenir le scorbut sur les bateaux lancés dans la course des épices, la pointe du Cap devient un établissement commercial à part entière. Mais un autre événement, strictement local celui-là, va achever de jeter la Hollande dans le piège d'une aventure de conquête à laquelle elle s'était toujours refusée. Après avoir docilement fait pousser leurs salades, neuf des compagnons de Van Riebeeck expriment un jour le désir de rompre leurs liens officiels avec la Compagnie afin d'exploiter pour leur compte une parcelle de terre et y élever des animaux. Contrairement à ce qu'appréhende le Hollandais, Amsterdam accueille favorablement la requête. Les salaires et l'entretien d'une centaine d'expatriés à l'autre bout du monde coûtent extrêmement cher et la Compagnie n'est pas mécontente de réduire ses frais et d'augmenter ainsi ses profits. Elle accepte donc que ces neuf familles de Boers prennent leur liberté à condition qu'elles s'engagent à lui vendre la totalité de leurs productions agricoles au prix qu'elle aura elle-même fixé. Van Riebeeck découpe aussitôt neuf parcelles de six hectares à la périphérie de son comptoir et les distribue à ceux qu'on appelle désormais les *Freeboers*, les « paysans libres ». Il leur prête aussi quelques bêtes, des outils, des semences et des matériaux pour que chacun puisse aménager une petite ferme. Pas de quoi se prendre la tête dans les étoiles et faire des rêves de conquistadores. Et pourtant, sans s'en rendre compte, la lointaine Hollande vient d'ouvrir à une poignée de ses enfants les portes d'un continent sur le sol duquel ils écriront bientôt, à force de sacrifices et de volonté, la plus grandiose et féroce des épopées coloniales.

Elle naîtra, cette épopée, d'un coup de colère. La poignée d'arpents qu'ils ont reçus ne sont pas assez fertiles pour que les Boers libres puissent faire vivre leurs familles décemment. En outre, les prix de vente de leurs produits que leur impose la Compagnie sont trop bas pour qu'ils aient intérêt à poursuivre cette expérience de cultivateurs indépendants. Certains préfèrent plier bagage et repartir sur le premier voilier de passage en route vers Amsterdam. Les autres décident de chercher dans les versets de la Bible des raisons de s'accrocher. Dans le livre de Josué, voici que le successeur de Moïse les interpelle. « Serez-vous assez lâches pour ne pas prendre la terre que votre Dieu Jéhovah vous destine ? » s'indigne le prophète. Perplexes, ils s'interrogent. La terre de Jéhovah ? Est-ce cette steppe jaunie par l'hiver austral qu'ils aperçoivent à l'horizon ? Cette nature austère, vide, sèche qui s'enfonce vers le nord ? Les pâturages pour leurs troupeaux sont-ils là-bas dans cette immensité torride ?

Fermement convaincus de leur appartenance au peuple de la nouvelle Alliance élu par Dieu, les fermiers hollandais écoutent leur foi naïve et tentent leur chance. Ils embarquent femmes, enfants, esclaves et leurs maigres possessions dans d'étroits chariots à hautes roues attelés à des bœufs et prennent la direction du nord. Malgré la chaleur et la poussière, les femmes ont gardé leurs coiffes brodées et leurs amples jupes de coton qui les enveloppent jusqu'aux chevilles. Protégés du soleil meurtrier par leurs chapeaux ronds aux bords relevés, les hommes marchent le long des attelages en chantant des refrains guerriers de leur Hollande natale. À tout moment, ils sont prêts à saisir l'un des mousquets et sa corne pleine de poudre placés dans le coffre à l'avant de chaque chariot. Ces étendues hostiles sont pleines de dangers. Quand la nuit fond sur les immenses plaines que les Boers appellent le Veld, à l'heure où ciel et terre fusionnent en une masse noire zébrée d'éclairs et engloutissent la savane, les caravanes font halte. On forme aussitôt des *laagers*, disposant les chariots en cercles serrés afin de protéger hommes et bêtes des raids des tribus hostiles ou des incursions de la faune sauvage. Alors commence, sous une voûte céleste plus brillante qu'en nul autre point du globe, l'unique repas quotidien, en général des quartiers d'antilope ou de sanglier grillés, arrosés de rasades de *mampoer*, une liqueur faite de baies fermentées, un tord-boyaux aussi rugueux que les gosiers de ces aventuriers de la première tribu blanche d'Afrique. Le plus ancien chef de famille, celui qu'on appelle le patriarche en raison de sa longue barbe taillée en carré, prononce ensuite un commentaire biblique écouté par l'assistance dans un silence que seuls troublent les barrissements des éléphants et les rugissements des fauves rôdant dans les parages. Pour ces Hollandais dont la plupart sont analphabètes, la Bible est l'unique source de culture, le seul livre que leurs doigts aient jamais touché. Les enfants des chariots apprennent à lire en déchiffrant ses pages sous la direction du patriarche de leur convoi. C'est en tout cas dans une écoute permanente de la Bible que ceux qu'on appelle à présent les *Trekboers* – les « paysans nomades » – fortifient jour après jour leurs qualités innées de courage et d'endurance, et leur soif de liberté. « Avancez avec confiance dans ce pays de Canaan que Dieu vous donne, commande le Livre sacré, car bientôt s'effondreront devant vos yeux les murailles de Jéricho et s'ouvriront devant vos pas les eaux du Jourdain. »

Arrivées au bord de la Gourits River, les caravanes s'arrêtent enfin. Les Hollandais comprennent qu'ils ont atteint la Terre promise. C'est ici qu'ils vont s'installer pour élever leurs animaux et cultiver la terre. Car c'est ici, ils en sont sûrs, que commence la nouvelle patrie que leur ont promise les Écritures. Ils décident d'entériner cette alliance par une déclaration solennelle qui sera à la fois un adieu définitif à la Hollande de leur naissance et un hommage à cette Afrique qui leur ouvre les bras. À l'envoyé de la Compagnie venu leur réclamer le paiement de leurs impôts, l'un des leurs, un jeune Boer nommé Hendrik Bidault, réplique avec violence : « Allez-vous-en ! Nous ne sommes plus des Hollandais mais des Afrikaners ! » Ce jour-là, la tribu blanche rompt ses amarres avec la mère patrie. Comme on déchire un billet de retour, elle s'est offert une conscience africaine.

Ce mot d'Afrikaners explose comme une bombe des rivages ensoleillés du Cap jusqu'aux sombres quais d'Amsterdam. Comment imaginer que quelques centaines d'immigrants venus d'Europe aient pu décider d'épouser à l'autre bout du monde un pays qui n'existe même pas ? Désormais convaincus de ne rien devoir à personne sinon à Dieu, les premiers Afrikaners n'auront aucun mal à répondre à cette question. Même si leur mariage africain commence par une embarrassante surprise. Du haut de leurs chariots, les nouveaux venus ne tardent pas en effet à découvrir qu'ils ne sont pas seuls à fouler les terres sauvages du continent qu'ils viennent d'adopter. Des tribus indigènes occupent déjà la région avec leurs troupeaux qu'elles mènent d'herbages en pâturages. Elles appartiennent à cette même ethnie des Khoïkhoï dont Van Riebeeck avait aperçu quelques individus autour de la montagne de la Table après son débarquement de Hollande. Dans le langage de ce peuple, l'appellation de *khoïkhoï* – littéralement « hommes des hommes » – est une affirmation de leur supériorité. Rejetés au cours des siècles par les peuples bantous du Nord, ce sont les premiers Africains arrivés au sud du continent. Certains clans ont fait souche autour de la baie du Cap où ils ont planté leurs cases rondes recouvertes de branchages et de bouse. Après de difficiles tractations, Van Riebeeck avait fini par nouer de profitables relations commerciales avec certains habitants de ces villages, échangeant avec eux parures, ornements et tabac contre la viande de boucherie destinée aux équipages de la Compagnie. Le Hollandais avait même accueilli dans son foyer une jeune orpheline khoï qu'il avait baptisée Eva et élevée comme sa propre fille selon les stricts préceptes de son vénéré maître Calvin. De tels actes de fraternisation étaient bien entendu formellement proscrits par les Heren d'Amsterdam. Ils étaient de toute façon très rares car ils ne pouvaient se produire qu'avec une toute petite minorité de Khoï, ceux qui colonisaient de longue date les rivages de la péninsule et qui, de ce fait, étaient habitués aux incursions de voyageurs étrangers. Bien différente est la situation dans les vastes espaces du Nord jusqu'ici vierges de toute présence blanche, là précisément où commencent d'arriver les premiers chariots des Afrikaners.

Pour les Khoï vêtus de peaux de bêtes et de plumes d'oiseaux qui nomadisent sur ces terres, la soudaine intrusion de ces Blancs en bonnets et chapeaux ronds est instantanément perçue comme une menace. La maigreur du bétail qui accompagne ces étrangers trahit d'emblée la réalité de leurs intentions. Ils sont venus s'approprier les herbages de la région. L'histoire de l'Afrique du Sud n'a pas enregistré la date exacte du premier affrontement qui suivit cette prise de conscience. Juin, juillet, août 1658 ? Cette date marque pourtant le début d'un conflit de trois siècles et demi qui ne s'éteindra que le jour où Afrikaners blancs et Africains noirs, forcés de se réconcilier, porteront à la tête de leur pays un prophète nommé Nelson Mandela.

Comme souvent dans l'Histoire, l'inexpiable affrontement commence par un incident insignifiant. Quelques vaches capturées au hasard d'un parcours et c'est un déluge de flèches empoisonnées au venin de cobra qui s'abat aussitôt sur les arrivants. La toute première révolte des Noirs d'Afrique du Sud contre une oppression blanche vient d'éclater. Si vive est cette réaction que les Hollandais battent en retraite. Certains se replient même jusqu'au petit fort que la Compagnie les avait obligés à construire au lendemain de leur débarquement sur le sol d'Afrique. Il s'agit évidemment d'une reculade temporaire. Perpétuellement revigorés par la lecture des Psaumes, les fugitifs repartent vers le nord. « Montre-nous ta force, Seigneur, et donne-nous du courage dans la souffrance », répètent-ils dans leurs prières. Cette fois, le Seigneur fait mieux encore. Il envoie à ses enfants menacés quelques spécimens d'un des plus nobles animaux de sa création. Un bateau en provenance de Batavia vient de décharger une cinquantaine de chevaux à la pointe du Cap. Le renfort inattendu de cette cavalerie permet aux Afrikaners de reprendre l'avantage. Du coup, l'exercice d'un nouveau droit va s'imposer aux Noirs d'Afrique, le droit des Blancs à s'emparer de leurs terres. C'est l'acte inaugural d'un long processus de spoliation qui, avec la pratique de l'esclavage et la condamnation des indigènes à travailler pour des salaires de misère, contribuera à façonner un jour les institutions de la société de l'apartheid.

Dépossédés de leurs pâturages, de leurs troupeaux, de leurs villages, les fiers Khoï du Nord finissent par capituler. Mais ne sont-ils pas les « hommes des hommes » ? Agissant dans le plus grand secret, l'un d'eux décide d'organiser une révolte. Il s'appelle Doman. C'est un athlète de trente-cinq ans à la silhouette longiligne et aux muscles fuselés. Dans la société khoï, il est déjà tenu pour une légende car il a travaillé en Indonésie dans l'administration hollandaise. En accompagnant les forces d'occupation, il a fait une découverte cruciale qui doit, croit-il, permettre à ses frères de venger leur honneur et d'effacer leur défaite. Puisque l'humidité rend inutilisable la poudre indispensable au fonctionnement des mousquets des Blancs, c'est par temps de pluie qu'il faut agir. Le jour J que choisit Doman est un jour glacial et humide. Il a réussi à enrôler Eva, la jeune Khoï aux longues tresses qui vit au foyer des Van Riebeeck. Convaincue que le vrai peuple élu de Dieu n'est pas celui de ses bienfaiteurs blancs mais celui de ses ancêtres noirs, la jeune femme incendie la case de ses parents adoptifs pendant leur sommeil. Mais ces derniers parviennent à échapper aux flammes. Qu'importe ! Des dizaines d'autres feux embrasent au même moment les campements et les récoltes des Blancs.

Le soulèvement échoue et il sera durement réprimé. Désormais, les Khoï ne pourront plus se soustraire à la férule des Blancs. Quand il rentre en Hollande, laissant derrière lui en guise de relique l'imposante statue de sa personne sur un socle de granit face à la montagne de la Table, Jan van Riebeeck peut se montrer satisfait des résultats de son audacieuse mission africaine. Ses tonnes de légumes, de salades et de viande fraîche ont fait disparaître le scorbut sur les bateaux de la Compagnie. Mais surtout, en favorisant son peuplement, il a fait de son simple comptoir de ravitaillement une véritable petite colonie. L'arrivée de nouvelles vagues d'immigrants – des Allemands et des huguenots français pour la plupart – ainsi que l'importation régulière d'esclaves ont massivement augmenté sa population. En cinquante ans, celle-ci est passée d'une centaine d'expatriés à plus de vingt-cinq mille colons et autant d'esclaves. Que le Conseil des Dix-

Sept d'Amsterdam s'en inquiète ou pas, la conquête blanche de l'Afrique du Sud est définitivement en marche.

Ils s'en inquiètent bien sûr. À Amsterdam, c'est même l'affolement en ces toutes dernières années du siècle. Les nouvelles en provenance du Cap font couler des sueurs froides dans les collerettes des Heren. Tous les colons se sont mis en route vers des terres plus fertiles. Les chariots des Afrikaners sont à plus de cent cinquante kilomètres au nord du Cap. Aucun obstacle ne semble pouvoir les empêcher d'occuper leur nouvelle Terre promise, ni les embuscades des quelques survivants Khoï qui rôdent dans les forêts, ni les étendues désolées de la province du Karoo qu'il leur faut traverser. La Compagnie déploie pourtant des efforts désespérés pour faire revenir ces têtes brûlées dans le strict giron de ses frontières. Mais toutes semblent inexorablement emportées par l'appel du large.

1700. Un siècle d'extrêmes dangers s'annonce pour les marchands d'Amsterdam qui souhaitaient au départ limiter l'engagement africain de leur pays à une toute petite aventure agricole. Pourtant, ils vont reprendre la main en s'efforçant de faire de leur comptoir une sorte de paradis colonial. Distribution de terres fertiles à de nouveaux immigrants, relèvement des prix agricoles payés aux fermiers, réduction des impôts et taxes, importation d'esclaves, ils mettent tout en œuvre pour faire revenir les Boers dans les frontières de la colonie. Bientôt s'élève entre le fort de pierres sèches autrefois construit par Van Riebeeck et les pentes de la majestueuse baie de la Table une capitale miniature, Le Cap, avec son temple protestant pareil à ceux de la lointaine Zélande, avec la résidence officielle de son gouverneur et ses bâtiments administratifs alignés au cordeau de chaque côté d'une rue centrale, avec ses quartiers d'habitations aux jolies façades de couleur ocre. Dès sa naissance, Le Cap promet de devenir un authentique joyau d'urbanisation tropicale. D'autres petites cités surgissent aussi dans l'exubérance verdoyante des environs. Comme Stellenbosch où les infatigables huguenots d'origine française fabriquent en quantité le vin qui colonisera un jour les tables de tous les gourmets du monde.

L'Histoire n'aurait jamais dû retenir le nom de l'obscur gouverneur qui débarque au Cap ce mardi après-midi 13 février 1713. Johannes van Steeland, quarante-sept ans, cheveux bouclés et courte moustache, est accompagné de quelques marins et passagers qui descendent comme lui de l'*Amstel*, une caravelle en provenance d'Amsterdam. Qui se douterait que le lointain successeur de Van Riebeeck apporte dans sa valise une déclaration de mort à la petite colonie. Son épouse et ses quatre enfants, ainsi que de nombreux membres de l'équipage et plusieurs passagers du voilier, ont en effet péri en mer terrassés par une fulgurante épidémie infectieuse caractérisée par l'apparition sur tout le corps d'une éruption de tumeurs purulentes. Le fait que le nouveau gouverneur ait échappé à ce fléau menace à présent d'un danger fatal la première colonie européenne sur le continent africain. Comment ce pauvre homme soupçonnerait-il que le linge sale qu'il remet aux lavandières de sa résidence officielle transporte le virus mortel de la variole ?

En trois jours, la moitié des esclaves préposées au lavoir auront péri. Moins d'une semaine plus tard, c'est au tour des premiers Blancs d'être touchés. Faute de cercueils en nombre suffisant, on enveloppe les corps dans des draps avant de les incinérer dans des fosses communes. On dénombre bientôt des centaines de victimes dans la seule région du Cap. L'épidémie se répand à une vitesse vertigineuse. Des veillées de prières sont organisées en hâte dans des lieux de culte improvisés. Seuls les fermiers transhumant avec leurs troupeaux à plus de cent cinquante kilomètres au nord échappent à la tragédie. Au Cap, à Stellenbosch, à Paarl, des gens terrorisés affirment que Dieu veut infliger un châtiment biblique à son peuple. Mais pour lequel de ses péchés ? La dissolution de ses mœurs ? La colonie compte en effet plusieurs centaines d'unions libres entre Blancs et esclaves. Lorsque, le 9 mai, deux pigeons chutent sans raison apparente du toit de la résidence du gouverneur, les témoins prédisent une catastrophe pire encore. Et cette catastrophe survient. Elle touche cette fois les familles des Khoï qui habitent encore la péninsule. Moins résistants que les Blancs, ces malheureux meurent comme des mouches. On retrouve leurs cadavres un peu partout sur les chemins. Persuadés d'être l'objet d'une malédiction céleste, les survivants fuient l'hécatombe en se sauvant avec leurs maigres possessions et leur bétail vers l'intérieur de la péninsule. Mais des commandos blancs les rattrapent et les massacrent dans l'espoir d'enrayer la propagation de l'épidémie. Quelques familles parviennent cependant à atteindre avec leurs bêtes les rives de la Fish River, à cent cinquante kilomètres à l'est du Cap. Pauvres Khoï ! Des éleveurs afrikaners les y attendent, montés sur leurs chevaux rapides, prêts à s'emparer de leurs animaux. Des affrontements sauvages éclatent. Les Khoï se sacrifient pour défendre leur cheptel. En vain. Mieux armés, plus mobiles, les Afrikaners écrasent les derniers survivants de l'héroïque petite ethnie. Une victoire qui aura chez les vainqueurs un retentissement immédiat.

Pour la première fois, rassemblés de façon solennelle, les membres d'un peuple qui se sait prédestiné à une rédemption surnaturelle déclarent formellement la supériorité de leur race. Cette prise de conscience va jouer un rôle fondamental dans la construction du pays qui s'appellera un jour l'Afrique du Sud. Dans leurs chariots qui occupent méthodiquement les plaines du nord, les Afrikaners ont unanimement pris une décision : ils ne cohabiteront jamais avec les autres peuples que leurs pérégrinations leur feraient rencontrer. Cette volonté de séparation prendra un jour valeur de dogme, avant de se concrétiser dans un système politique que le monde découvrira avec horreur.

Mais l'heure de ce fatal engrenage est encore lointaine.

Ils s'appellent Gerrit Cloete, Pieter Willem, Jan Volck… Leurs noms seront vite oubliés. Pourtant, en ce début de XVIIIe siècle, ces quelques pionniers de la tribu blanche viennent de découvrir le paradis de Dieu dans l'aveuglante chaleur du Veld sud-africain. La région est d'une incroyable richesse. Les Afrikaners entreprennent de cultiver le blé et le maïs et multiplient le nombre de leurs bêtes. Leur éloignement géographique du Cap ne les empêche pas d'aller vendre leurs productions aux courtiers de la Compagnie. Mais bientôt, entre les rivières Kei et Fish, voici que ces paysans heureux se heurtent aux bergers d'un autre peuple indigène. Comme les Khoï, les Xhosas ont été chassés vers le sud par les tribus bantoues du Nord. Deux mondes se rencontrent sans espoir de se comprendre. Les fermiers blancs sont attachés aux valeurs du travail, de la famille, de la Bible. Leurs vaches sont marquées au fer rouge et la terre qu'ils cultivent est synonyme de propriété privée. Les Xhosas au contraire pratiquent une sorte de démocratie radicale où tout appartient à tout le monde. De ces différences résultera une succession de guerres frontalières qui s'étaleront sur plusieurs générations. Avec souvent pour enjeux de bien dérisoires objectifs, comme une razzia sur un troupeau de vaches ou la capture de quelques arpents de cultures ou de pâturages. Les plus grandes conquêtes ont parfois de piètres origines. Mais pour les fermiers hollandais, ce siècle va se caractériser par des événements autrement spectaculaires que leurs affrontements avec les fils de Cham pour le rapt de quelques bêtes à cornes. C'est d'abord, au terme de ses cent quatre-vingt-douze années de fructueuse existence, la faillite et la mort de l'orgueilleuse vieille dame qui a été l'inspiratrice puis l'intraitable patronne de l'aventure africaine de la Hollande. Privée de ses marchés européens par les Anglais et les Français, la Compagnie hollandaise des Indes orientales s'éteint le 15 avril 1794, entraînant dans sa tombe ses derniers Heren en collerettes blanches dont les rêves potagers avaient, cent quarante ans plus tôt, exorcisé le scorbut sur les bateaux de la première flotte commerciale du monde.

La soudaine apparition, le 9 juillet 1795, d'une escadre de galions toutes voiles dehors devant la montagne de la Table annonce aux orphelins de la Compagnie que leur vieille dame a trouvé des repreneurs. Les navires sont anglais et transportent plusieurs milliers de soldats. La récente conquête de la Hollande par les armées de la France révolutionnaire a en effet mis Londres sur des charbons ardents. En aucun cas la base stratégique du Cap sur la route des Indes ne doit courir le risque de tomber entre des mains hostiles. Le débarquement des régiments en tuniques rouges de Sa Majesté ne tarde pas à conjurer cette inquiétude. Mais cette brutale irruption d'une autre tribu blanche sur leur territoire soulève une crainte immédiate chez les Afrikaners installés face aux Xhosas de la frontière nord. Non sans raisons. Dans leur volonté d'accompagner la renaissance économique de la colonie par la transformation de son statut, les Anglais vont attiser la colère des fermiers hollandais. Cela commence par la promulgation d'un décret abolissant la pratique de l'esclavage. Cette généreuse idée brandie par les activistes de la London Missionary Society condamne sur-le-champ toute une génération de Boers à s'épuiser à la tâche faute de personnel agricole. Vient ensuite une ordonnance qui accorde aux esclaves libérés le droit de choisir leurs employeurs, et même de devenir propriétaires de la terre où ils travaillent. Le nouveau pouvoir reconnaît enfin aux Noirs la possibilité, en cas de mauvais traitements, de traîner leurs employeurs devant un tribunal. Ce dernier tient des assises itinérantes à travers le territoire. On l'appelle le « Black Circuit Court ». L'un des jugements qu'il prononce manque de déclencher une guerre civile entre Boers et Britanniques.

L'affaire éclate pourtant comme un simple fait divers. Soupçonné d'avoir maltraité l'une de ses servantes khoï, un fermier boer refuse de se laisser arrêter par les policiers noirs à la solde des autorités britanniques. Il est abattu. Aussitôt son frère et soixante colons se lancent à la poursuite des meurtriers. Le frère est tué et six de ses compagnons arrêtés. Ils seront jugés, condamnés à mort et pendus. Le drame bouleverse la colonie. Les fermiers hollandais ont désormais leurs martyrs.

Les frictions entre Boers et Britanniques ne tardent pas à se multiplier. D'autant que ces derniers entendent manifester leur pouvoir dans tous les domaines, y compris l'anglicisation forcée de toutes les couches de la population blanche, Boers compris. Écoles, administrations, échanges commerciaux, tribunaux… l'anglais devient la langue imposée. Même dans les lieux de culte où des pasteurs venus d'Écosse mettent leurs confrères de l'Église réformée de Hollande en demeure de prononcer leurs prêches dans la langue de George III. Les fermiers hollandais qui ont épousé l'Afrique jusqu'à se donner le nom d'Afrikaners vont rétorquer au terrorisme linguistique des Britanniques par un surprenant défi. Ils en appellent au premier verset du chapitre 21 de l'Apocalypse, où saint Jean exalte le peuple hébreu devenu « un peuple nouveau marchant vers une Terre nouvelle ». Un peuple débarrassé des langues des idoles. Un peuple qui a retrouvé le parler de ses pères.

Eh bien, comme leurs modèles hébreux, les Afrikaners vont dans leur incarnation africaine parler une langue africaine. Maudit à jamais soit l'anglais des gouvernants du Cap, maudits soient le néerlandais des origines, le français, l'allemand des immigrants. Désormais et pour toujours les Afrikaners vont parler leur propre langue. Elle s'appellera l'afrikaans. Cet étonnant mélange de néerlandais, de créole portugais, de français et même de khoï et de malais devient très vite le ciment de leur identité africaine et le symbole de leur indépendance culturelle. Deux siècles plus tard, les chefs d'une Afrique du Sud souveraine utiliseront cette langue pour haranguer le monde entier depuis la tribune de l'Organisation des Nations unies. Mais, pour l'heure, ses inventeurs ont de plus graves soucis que de résister au diktat linguistique dont ils sont victimes. Les colons que Londres a expédiés dans sa nouvelle possession représentent une menace sérieuse. Ils sont bientôt quatre mille. Il faut leur trouver des terres et des pâturages. Certains se sont mis en route vers le nord et pointent déjà le nez à proximité des exploitations afrikaners implantées le long de la Fish River. Entre le danger de cette invasion blanche et la promesse d'une énième guerre de frontière avec leurs imprévisibles voisins xhosas, les fermiers hollandais s'inquiètent. Chaque soir après la récitation des psaumes, ils se rassemblent au centre de leurs *laagers*. Doivent-ils s'accrocher à tout prix aux espaces brûlants qu'ils ont défrichés mais dont d'autres, plus nombreux et plus forts, veulent aujourd'hui s'emparer, ou doivent-ils remonter dans leurs chariots et partir vers l'inconnu à la recherche d'une autre Terre promise ? La réponse sera une épopée de sang et de souffrance comme peu de peuples en connaîtront. Elle prendra le nom de « *Great Trek* », le « Grand Voyage ».

Des éclaireurs venus du nord et de l'est révèlent que l'intérieur du continent est largement inhabité. C'est donc dans cette double direction que les aventuriers du Grand Voyage s'en vont en ce début de mars 1835 à la recherche de terres libres sur lesquelles, en hommes libres, ils pourront élever leurs enfants selon les principes hérités de leurs ancêtres. Avant le départ, l'un de leurs chefs, un descendant de huguenots français nommé Piet Retief, expédie à un journal du Cap un message à l'intention de la Couronne britannique : « Nous quittons la colonie avec la pleine assurance que le gouvernement anglais n'attend rien de nous. Et qu'à l'avenir, il nous laissera, sans s'en mêler, nous gouverner nous-mêmes. » C'est un ultime adieu au pharaon d'Angleterre et à son royaume du Cap. L'adieu d'un peuple qui brûle à présent de trouver une terre de Canaan bien à lui pour y proclamer la république dont il rêve, celle qui sera capable d'apporter à l'Afrique l'illumination de la révélation chrétienne.

Afin de soulager le travail des attelages et de faciliter le franchissement des obstacles, les chariots des treks d'autrefois ont été reprofilés et perfectionnés. Équipés d'un double toit contre la chaleur et les intempéries, de coffres agrandis pouvant abriter les vêtements, la literie, les ustensiles, les vivres et les armes des familles les plus nombreuses, ce sont des engins remarquablement adaptés à la terrible aventure qui les attend. Facilement démontables, ils peuvent franchir à dos d'hommes les rivières les plus profondes, les cols les plus abrupts. Des branchages à la place des roues arrière font office de freins dans les descentes les plus raides. Baptisés « chariots de la liberté » par les aventuriers du Grand Voyage, ils seront pendant des semaines, des mois, des années, les auxiliaires irremplaçables de leur marche vers la Terre promise.

Cette marche commence par le départ, à l'aube du 15 mars 1835, de deux colonnes d'une centaine de chariots chacune. Des renseignements fournis par un trafiquant d'ivoire confirment que la région serait à peu près vide de populations indigènes. Ce qu'ignorent les voyageurs, c'est la raison exacte de ce vide apparent. Aucun n'a entendu parler du génocide qu'un certain roi zoulou nommé Shaka a fait subir quelques années plus tôt aux tribus vivant dans la partie orientale du pays. Le monarque sanguinaire faisait éventrer les corps dc ses victimes pour délivrer leur âme qu'il croyait prisonnière de leurs viscères. Partout où il passait, il exterminait ses adversaires par empalement, lapidation, noyade, strangulation ou tout simplement par immersion dans un cours d'eau infesté de crocodiles.

Après chacun de ses raids, il se retirait avec son butin dans son fief de la province du Natal, au bord de l'océan Indien. Terrifiés à l'idée que Shaka revienne les achever, les survivants des tribus décimées s'enfuyaient alors aux quatre coins du pays, ce qui expliquait pourquoi certaines régions pouvaient sembler dépeuplées. Ce n'était qu'une illusion. Un joli comité d'accueil se prépare en fait à recevoir les Boers en marche avec leurs chariots. Au nord, entre les fleuves Vaal et Orange, ce sont les Griquas, des métis d'origine khoï, qui sont armés de fusils. Encore plus au nord, sur les hauts plateaux du Transvaal, un dissident du peuple zoulou nommé Mzilikazi contrôle plusieurs milliers de kilomètres carrés avec vingt mille guerriers. Au sud, derrière les escarpements rocheux des Maluti, c'est la tribu des Basothos et son roi qui occupent le terrain. Enfin, tout à l'est, c'est le domaine de Dingane, le successeur du féroce roi zoulou Shaka mort assassiné quelques années plus tôt, et de sa tribu plus puissante et plus conquérante que jamais.

Outre les bêtes fauves, les crocodiles, les serpents, la nature africaine offre d'autres dangers à ceux qui osent la défier. Des essaims de mouches tsé-tsé et de moustiques porteurs de paludisme fondent sur les voyageurs dès qu'ils pénètrent dans la fournaise du Niaqualand. Leurs morsures font les premières victimes du Grand Voyage. Pour leur échapper, les rescapés obliquent vers le massif du Drakensberg, la grande barrière montagneuse d'où ils espèrent atteindre les riches plaines bordant l'océan Indien. L'ascension des escarpements rocheux est un cauchemar. Parfois des hurlements jaillissent d'une pente particulièrement raide. C'est le signal qu'un chariot vient de basculer au fond d'un précipice avec son attelage et ses occupants. Il faut sans cesse démonter et remonter les véhicules pour passer les obstacles, et transporter à pied leurs chargements.

Plusieurs convois partis de lieux différents se rejoignent. Leurs chefs ne tarderont pas à devenir des figures de la légende afrikaner. Outre le huguenot Piet Retief, auteur du message d'adieu à l'Angleterre, on trouve de simples fermiers. Ils s'appellent Andries Pretorius, Gert Maritz, Andries Potgieter. C'est l'attaque du convoi commandé par ce dernier qui donne le signal de la révolte des Noirs contre l'invasion afrikaner. Le 15 octobre 1836, dix mille guerriers Ndebele fondent sur la colonne de Potgieter. Celui-ci se replie aussitôt sur une colline et forme avec ses chariots un *laager* très serré. Chaque adulte dispose de trois fusils approvisionnés en cartouches par les femmes et les enfants. La fusillade fait quatre cents victimes parmi les assaillants alors que les Boers ne déplorent que la perte de deux des leurs.

Le soir de cette victoire, le huguenot Piet Retief sera élu président de la future République afrikaner et les chefs des sept colonnes seront faits membres du Volksraat, le premier conseil de cette même République que tous jurent de proclamer à la première occasion. Les chariots se remettent en route. Les premiers atteignent, en octobre 1837, un comptoir de commerçants et d'aventuriers anglais établi sur les bords de l'océan Indien qui porte le nom de Durban. L'endroit est magnifiquc, mais il n'est pas question de s'installer dans ces parages sans d'abord négocier l'acquisition de terres avec le roi zoulou Dingane dont la tribu occupe la région. Celui-ci exige une importante quantité de bétail en échange des espaces convoités. Le 6 février 1838, Piet Retief accompagné de soixante hommes et d'un troupeau de deux cent cinquante bêtes à cornes se présente devant le kraal royal. Comme le veut la coutume, la petite troupe marque sa confiance en se laissant désarmer. Mal lui en prend. Aux cris de « *Dingaan Bulalani Abatageti !* – Tuez les sorciers blancs ! », la délégation est massacrée, empalée, livrée aux vautours.

La sauvagerie du crime ébranle gravement l'espérance des Afrikaners de vivre en paix avec ceux que Dieu a placés sur leur chemin vers la Terre promise. Ils se doivent de venger Piet Retief. Mais avant, leur nouveau chef, le fermier Andries Pretorius, veut haranguer ses forces. Il brandit son chapeau haut de forme beige et grimpe sur le coffre d'un chariot. « Si Dieu nous permet de châtier les Zoulous, nous ferons de la date de cette victoire un jour que les générations futures célébreront éternellement pour la plus grande gloire de Dieu ! » s'écrie-t-il dans un concert d'ovations. Cette date du 9 décembre deviendra celle de la fête nationale de l'Afrique du Sud. Pour l'heure, il n'est question que d'écraser le roi zoulou.

Des éclaireurs à cheval signalent la présence de plusieurs milliers de guerriers zoulous à proximité d'un convoi arrêté au bord d'un affluent de la rivière Buffalo. Pretorius commande aussitôt la disposition en *laager* de ses soixante-quatre chariots. Par précaution, il fait attacher les véhicules entre eux. Puis il embusque plusieurs dizaines de cavaliers sur chaque bord de la rivière. Ponctués par la voix de l'aumônier récitant des versets de la Bible, des cantiques montent alors dans la nuit. « Les Zoulous vont surgir pour nous massacrer, chantent les défenseurs, mais la parole de Dieu est là qui va les arrêter. » À l'aube, tandis que le brouillard se lève sur la rivière, les Boers chantent toujours. Pour le féroce roi Dingane et ses hordes impatientes, c'est le moment de passer à l'attaque. Une première vague, suivie d'une deuxième puis d'une troisième, se jette sur le convoi. Durant quatre heures, les cadavres zoulous s'entassent les uns sur les autres devant les roues des chariots. « Les femmes avaient à peine le temps de recharger nos fusils d'un peu de poudre et d'une cartouche que nous étions prêts à abattre un nouvel assaillant », racontera un combattant. Pretorius ordonne une sortie à cheval et écrase définitivement les forces zouloues qui laissent plus de trois mille morts. Des survivants tentent de s'échapper à la nage, rougissant de leur sang l'eau de la rivière. L'histoire de la nation afrikaner a désormais sa légende. En prenant la couleur du sang, la Buffalo River est devenue la « Blood River », la rivière du sang de la vengeance.

Soutenus par six mille Boers accourus de tout le centre du pays, les vainqueurs de la Blood River annoncent aussitôt l'annexion de la région et proclament l'avènement d'un État libre et indépendant, la République de Natalia. Au cœur d'une vaste plaine, ils en fondent la capitale qu'ils baptisent du nom des deux héros de leur courte histoire, Piet Retief et Gert Maritz. Avec leur République et sa capitale aux toits de chaume de Pietermaritzburg, les Afrikaners sont cette fois certains d'avoir définitivement atteint leur Terre promise et conquis leur place au soleil. L'illusion sera de courte durée. Car l'autonomie de la tribu blanche des chariots ne plaît pas du tout aux rigides bureaucrates britanniques qui gouvernent au Cap. Les Boers, qui avaient espéré que la Couronne ne se mêlerait plus de leurs affaires après leur départ vers le nord, découvrent qu'ils se sont lourdement trompés. Les Anglais n'hésitent pas à envoyer une force militaire annexer la province voisine du Natal pour empêcher les Afrikaners d'utiliser les facilités maritimes du port de Durban. Leurs soldats sont commandés par l'un des plus célèbres officiers de leur armée. Le capitaine Thomas Charlton Smith n'a qu'un bras. Il a perdu l'autre à la bataille de Waterloo.

Cette fois, les principaux ennemis des Afrikaners ne sont plus les tribus noires mais les Anglais.

Ceux-ci multiplient les provocations envers Andries Pretorius, le président de la République de Natalia, et ses partisans qui ont acheté des terres de la région pour s'y installer. Ils attaquent les villages, s'emparent des troupeaux, mettent le feu aux chariots. De sérieuses escarmouches se produisent qui préfigurent la grande guerre anglo-boer qui éclatera à la fin du siècle. Surtout, les Anglais prétendent imposer leur philosophie humaniste absolument contraire aux conceptions du peuple afrikaner. Qu'il s'agisse de l'esclavage ou des discriminations raciales, les mentalités anglaises et afrikaners sont aux antipodes les unes des autres. Plutôt que de répondre par les armes aux harcèlements britanniques, Andries Pretorius et ses amis préfèrent finalement plier bagage. La première république libre du peuple boer n'aura duré qu'une seule floraison de roses. Les chariots de la liberté se remettent en route, cette fois en sens inverse, repassant la terrible chaîne du Drakensberg en direction des deux grands fleuves qui partagent le centre de l'Afrique australe, l'Orange et le Vaal. Des communautés boers installées sur leur parcours au milieu de populations noires pacifiques accueillent chaleureusement les voyageurs. Bientôt naît l'idée d'effacer l'échec de la malheureuse République de Natalia par la fondation d'un nouvel État. Quand il franchit les rives de l'impétueuse rivière qu'un missionnaire avait jadis baptisée du nom des princes de Hollande, Andries Pretorius n'a aucune hésitation. Le nouvel État souverain des Boers s'appellera la République libre d'Orange.

Les ambitions de l'infatigable fermier ne s'arrêtent pas là. À peine la République d'Orange avec son conseil exécutif de vingt-quatre membres voit-elle le jour, qu'il lance ses chariots dans la brousse en direction du nord jusqu'aux rives d'une autre rivière, le Vaal. Il voit dans ce puissant cours d'eau une frontière naturelle pour délimiter un deuxième État boer indépendant. Pretorius a déjà en tête le nom de ce nouveau territoire. Ce sera la République sud-africaine du Transvaal. Dans un geste d'action de grâces, des citoyens enthousiastes construisent une église qu'ils dédient à leur chef. Bientôt, une capitale naîtra autour de ce sanctuaire. Elle s'appellera Pretoria.

État libre d'Orange, République sud-africaine du Transvaal, les héros de l'épopée du Grand Voyage ont gagné le formidable pari de leur indépendance et de leur liberté. Jamais les tribus noires de la région n'oseront leur contester la propriété de ces espaces qu'elles ont abandonnés dans leur fuite devant les massacreurs de l'armée zouloue du roi Shaka. Jamais non plus les gouvernants britanniques n'oseront prétendre que les Boers, parce qu'ils étaient jadis des citoyens de la colonie du Cap, sont toujours des sujets britanniques. La nation afrikaner est aujourd'hui libre et souveraine. Une victoire qui marquera sa mémoire collective, ses comportements, ses structures économiques et mentales, et, par-dessus tout, sa politique de survie devant toutes les menaces qui guetteront son avenir.

En cette année 1852, il manque à cette victoire la reconnaissance officielle de Londres. Londres qui ne cesse de répéter que les périls de l'Afrique sont si grands qu'il vaut mieux avoir ces maudits Boers avec soi plutôt que contre soi. Le 18 janvier 1852, dans le salon d'une auberge des bords de la rivière Strand décoré de têtes de lions empaillées, le gouvernement de Sa Majesté accomplit enfin le geste historique que réclamaient Pretorius et la nation boer : il reconnaît l'indépendance des territoires situés au nord de la rivière Vaal rassemblés au sein de la République sud-africaine du Transvaal. Deux ans plus tard, une autre convention anglo-boer consacre cette fois l'existence de l'État libre d'Orange. Pour les Afrikaners, c'est l'aboutissement, la ratification ultime de leur Grand Voyage. En ce milieu du XIXe siècle, deux cents ans exactement après le débarquement à la pointe du cap de Jan van Riebeeck et de son petit groupe de jardiniers venus de Hollande pour faire pousser des salades, le sud du continent africain compte désormais deux républiques boers souveraines. Il s'agit d'un bloc aussi vaste et peuplé que la colonie britannique du Cap et l'État anglais du Natal.

Entre les deux ensembles se font jour des différences immédiates. Côté britannique, c'est un vent de liberté politique qui souffle aussitôt sur la pointe des Tempêtes. La Grande-Bretagne dote en effet sa province du Cap d'un gouvernement représentatif, d'un parlement, et d'une constitution. Celle-ci proclame que tous les habitants âgés de plus de vingt et un ans jouissent automatiquement du droit de vote, quelles que soient leur race, couleur de peau ou religion, pourvu qu'ils gagnent au moins cinquante livres par an. Les Noirs peuvent donc se porter candidats aux fonctions électives. Du côté des Boers, on appréhende la situation d'une façon toute différente. La nation afrikaner ne peut oublier ses douloureuses expériences face aux Zoulous, aux Khoï, aux Xhosas, et le prix qu'elle a dû payer pour acheter le droit de vivre sur sa terre promise d'Afrique. Maintenant qu'elle est en position de force et que ses voisins de couleur observent une attitude pacifique, elle doit définir la nature des relations qu'elle veut entretenir avec eux. Tout au long de leur Grand Voyage, les patriarches boers n'avaient cessé de s'interroger sur les conditions de leur coexistence future avec les peuples qui les environnaient. Poussés à la fois par leur volonté de préserver leur identité et par leur conviction calviniste que Dieu assigne à tous les peuples un lieu particulier favorable à leur épanouissement, ils avaient finalement choisi. La nation afrikaner vivrait *à côté* des autres races, couleurs et cultures du continent. Les patriarches avaient trouvé dans les versets de la Bible la justification théologique de cette séparation. En son chapitre consacré à la Tour de Babel, le livre de la Genèse n'affirmait-il pas que Dieu avait « dispersé ses peuples sur toute la face de la terre pour que chacun puisse y édifier sa cité » ? Cela ne veut pas dire que les Afrikaners refuseront aux autres races, couleurs et cultures le droit de se développer. Mais que ce droit ne pourra s'exercer qu'à la place que Dieu a choisie pour les unes et pour les autres. Une place qui sera forcément différente de celle réservée aux enfants du peuple élu. L'article premier du texte fondateur du nouvel État libre d'Orange stipule que « seuls les Blancs sont citoyens de la République ». Quant à la nouvelle Constitution de la République du Transvaal, elle se montre encore plus intraitable en déclarant que « la nation ne reconnaît aucune égalité entre les Blancs et les indigènes ». Déjà, des berges de la rivière Orange aux riches plaines du Nord, se profile en pointillé le système raciste qu'un siècle plus tard les Afrikaners imposeront par la force à toute l'Afrique australe.

Les deux enfants qui jouent en cet après-midi du 28 mai 1867 près de la modeste exploitation agricole de leurs parents ne connaissent pas le message du prophète Josué. « Cherchez et cherchez encore et Dieu finira par combler votre obstination », affirme pourtant l'envoyé de Dieu dans le livre culte du peuple afrikaner. Le petit caillou qu'aperçoivent dans la poussière Erasmus, onze ans, et sa sœur Louisa, neuf ans, n'est qu'un fragment de pierre comme il en traîne des millions sur cette terre aride aux confins du pays griqua sous contrôle britannique et de la vallée de l'Orange appartenant aux Boers. D'un habile coup de pied, le jeune Erasmus envoie le fragment minéral dans une case de sa marelle. Puis il rentre chez lui avec sa sœur. Le lendemain matin, quand les deux enfants reviennent, le caillou est toujours là. Le soleil éclaire cette fois le sol d'une lumière rasante. Du coup, le petit caillou lance des éclairs qui intriguent le garçon. Il le ramasse et le met dans sa poche. Le soir, il le montre à un colporteur de passage. L'homme paraît incrédule. Il insiste néanmoins pour emporter la petite pierre afin de la faire voir par des commerçants de son village. La réaction de ces derniers est unanime : il s'agit bien d'un vulgaire caillou. Le colporteur s'acharne. Il veut un autre avis. Il connaît dans la bourgade voisine de Colesberg un médecin qui a pour ami un bijoutier. Après un examen approfondi, celui-ci émet aussitôt un avis formel. C'est un diamant, un somptueux diamant de vingt et un carats et demi. Quand il a la chance de tenir ce joyau entre ses doigts, le gouverneur britannique de la colonie est si ému qu'il n'hésite pas à déclarer que « ce diamant représente le roc sur lequel va se construire l'avenir triomphant de l'Afrique du Sud ». L'image est osée, mais inspirée. D'autant qu'un berger de la tribu griqua qui promène ses chèvres dans la même région ne tarde pas à découvrir un autre caillou qui pèse, lui, la bagatelle de quatre-vingt-trois carats et demi. Une merveille qu'on baptisera « l'Étoile de l'Afrique du Sud ». Elle rapporte au jeune Noir cinq cents moutons, onze génisses, un cheval et un fusil, bref une fortune, même si le diamant vaut, en réalité, mille, dix mille fois plus. Cette double découverte va bouleverser l'image rurale et sans éclat que donne au monde l'Afrique du Sud. D'un seul coup, ce territoire vaguement oublié du patrimoine impérial britannique devient un eldorado susceptible d'affecter des millions d'existences.

Des prospecteurs se précipitent. Ils sont bientôt des centaines, des milliers que ni la fournaise, ni la dureté du sol, ni les assauts des moustiques porteurs de paludisme ne rebutent. Certains sont venus de Californie et même d'Australie. C'est alors que survient un miracle : la découverte d'un filon gigantesque enfoui dans une cheminée de lave proche d'une ferme appartenant à deux pauvres paysans. Ceux-ci s'appellent Johannes et Dietrick De Beer, un nom qui va bientôt briller comme une comète au firmament du marché mondial du diamant. Car les hordes de prospecteurs se sont mises à grignoter comme des fourmis les entrailles de la ferme des De Beer. Ils réalisent bientôt le trou le plus profond jamais creusé par l'homme. L'immense cratère recèle tellement de trésors que les chercheurs lui donnent le nom de Kimberley, en hommage au comte de Kimberley, le ministre britannique des Colonies qui n'a pas hésité à annexer cet eldorado au profit de la Grande-Bretagne. Puis les chercheurs se syndiquent pour fonder la Diggers' Republic, la République des prospecteurs de Kimberley. Les Boers de l'État voisin d'Orange s'insurgent vigoureusement. D'après les cartes géographiques annexées au traité de paix qu'ils ont signé avec Londres, la parcelle de territoire où se situe la ferme des frères De Beer est bel et bien située à l'intérieur des frontières de leur république. Les chefs de la tribu griqua qui nomadise depuis soixante-dix ans dans les mêmes parages revendiquent eux aussi la propriété des lieux. Quant aux Britanniques, ils affirment que la région a de tout temps fait partie de leur sphère d'influence en Afrique centrale.

Des bruits de guerre commencent à se répandre. La découverte par un enfant d'un diamant dans la poussière du Veld va-t-elle déclencher une guerre entre les Boers et les Anglais ? Elle fera pire. Elle introduira sur la scène politique et économique de l'Afrique du Sud un acteur qui va décupler les prétentions impériales de la Grande-Bretagne.

Ce phénomène de frêle constitution s'appelle Cecil John Rhodes. C'est le fils d'un pasteur anglican du comté du Hertfordshire. Il n'a que dix-sept ans quand il débarque dans le port de Durban pour soigner, auprès d'un frère propriétaire d'une plantation de coton, la tuberculose qui le ronge. La douceur du climat du Natal lui réussit si bien qu'il peut au bout de quelques mois se lancer dans l'aventure qui motive en réalité son voyage : faire fortune. Il se précipite à Kimberley pour vendre aux prospecteurs du matériel de forage et des denrées alimentaires. Il gagne tellement d'argent qu'il achète plusieurs concessions minières. Son influence s'étend bientôt jusqu'au Cap où il réussit à faire voter par le parlement des crédits pour la construction d'une ligne de chemin de fer allant du Cap jusqu'à Kimberley. En 1880, la capitale du diamant est ainsi reliée à la capitale politique et administrative de la colonie britannique. Au bout de six ans, les poches pleines, il rentre en Angleterre pour terminer à Oxford son cursus universitaire. C'est là, dans ses méditations sur les bancs de Trinity College, qu'il élabore les grandes lignes d'un vaste rêve impérial fondé sur son intime conviction que les Britanniques doivent conquérir le monde pour le bien de l'humanité. Comme les Boers, mais sans s'être jamais frotté à l'idéologie de Calvin, Rhodes croit en la prédestination des peuples, en premier lieu à celle de l'*Homo britannicus* dont la mission n'est rien d'autre, selon lui, que la domination de l'univers. Quand il retourne en Afrique à l'âge de vingt-sept ans, nanti de son diplôme universitaire, Rhodes entreprend aussitôt de se donner les moyens de réaliser ses ambitions dévorantes. Il se fait élire député du Cap puis, s'alliant avec les frères De Beer, il rachète une à une la totalité des mines de diamants sud-africaines. Il contrôlera bientôt quatre-vingt-dix pour cent de la production du pays, une position qui lui permet de devenir l'un des principaux acteurs de la politique britannique en Afrique du Sud. Pour mieux servir ses projets, il crée une société privée, la British South Africa Company, dont il fait une sorte d'État dans l'État en obtenant pour elle les droits de police, de commerce, d'exploitation minière et de création de voies ferrées sur un immense territoire situé entre l'Angola et le Mozambique. Un jour, ce territoire portera le nom du jeune homme poitrinaire qui, selon la légende, était arrivé en Afrique avec une pelle et un dictionnaire de grec pour tout bagage. Il s'appellera la Rhodésie. Construction de plusieurs lignes de chemin de fer unissant les différentes régions sous influence britannique ; amorce du projet grandiose d'une voie ferrée qui, du Cap jusqu'au Caire, scellerait l'unification de toute l'Afrique sous les plis de l'Union Jack ; écrasement systématique des tribus qui s'opposeraient aux desseins hégémoniques des maîtres du Cap... Cecil John Rhodes incarne à lui seul le rêve d'une domination impériale absolue de l'Afrique du Sud.

Les circonstances le servent miraculeusement. Après l'épopée des diamants, voici que les entrailles de l'Afrique australe crachent un nouveau trésor : l'or. L'or qu'un pauvre paysan du nom de George Harrison découvre un matin de mars 1881 en retournant la terre de la petite ferme qu'il exploite dans l'est du Transvaal. Le lieu s'appelle Witwatersrand, la Crête des eaux blanches. Contrairement aux diamants de Kimberley, le précieux métal se présente à l'état de petits cristaux d'une faible teneur disséminés dans des couches de quartz. Cela suffit pour attirer une ruée de prospecteurs armés de pioches et de pelles. Mais ces outils se révèlent très vite incapables de dégager les pépites profondément enfouies dans le sol. L'extraction de l'or nécessite l'emploi d'une technologie poussée soutenue par de vastes capitaux et d'immenses réservoirs de main-d'œuvre. L'insatiable diplômé d'Oxford ne laissera pas l'aventure se dérouler sans lui et sans l'intervention de ses nombreuses sociétés.

Mais les grands bénéficiaires de la saga aurifère, ce sont d'abord les Boers du Transvaal.

En quinze ans, les pitoyables revenus de leur république vont se trouver multipliés par vingt. À côté de leur capitale Pretoria, une ville nouvelle sort de terre, Johannesburg. Dix ans après la construction des premières huttes destinées aux prospecteurs, la ville compte déjà plus de quatre-vingt mille habitants. Cette population cosmopolite arrive en majorité d'Europe. Les Afrikaners qui se méfient de ces immigrants les gratifient de l'appellation méprisante d'« *uitlanders* », étrangers. À cette vague blanche vient s'ajouter une marée de Noirs qui affluent vers les gisements pour s'y faire employer comme mineurs ou comme manœuvres. Les Boers craignent d'être submergés. Pour la première fois, leur civilisation traditionnelle, rurale, patriarcale, archaïque, organisée autour des valeurs familiales et de l'étude de la Bible dans un système d'autoproduction ct d'autosuffisance, se trouve en contact avec un monde urbain et industrialisé qui menace, à terme, de les engloutir.

Mais les disciples de Calvin savent que Dieu veillera, quoi qu'il arrive, à la survie de son peuple. Face aux ambitions dévorantes de l'Anglais millionnaire devenu Premier ministre de la colonie du Cap, Dieu place en effet la silhouette massive d'un homme qui a vécu toute son enfance dans les chariots du Grand Voyage. Ce sera un choc de géants à l'extrémité méridionale du continent africain entre deux personnages qui incarnent au plus haut degré les vertus du courage et du patriotisme. Petit, râblé, le menton et les joues bordés d'un collier de barbe soigneusement taillé, les yeux globuleux d'un batracien, une épaisse chevelure noire enduite d'huile de coco et couverte en permanence d'un chapeau haut de forme, Paul Kruger, soixante-deux ans, dit Oncle Paul, est une icône de la nation afrikaner. À onze ans, il reçoit son baptême du feu lors d'une attaque des guerriers Nbedele contre le convoi du Grand Voyage à bord duquel se trouve sa famille. Trois ans plus tard, il tue son premier lion d'un coup de lance et, la même année, il perd son pouce gauche en abattant à la carabine un rhinocéros. À seize ans, armé cette fois d'un antique mousquet, il met en fuite une troupe de Zoulous qui s'était infiltrée dans le *laager* familial. Marié à dix-sept ans, il s'installe comme paysan chasseur de fauves dans les immensités vierges du petit Karoo. Veuf à vingt et un ans, il se remarie à la cousine de sa femme qui lui donne seize enfants. Partisan fanatique de la cause afrikaner, il est élu à trente-neuf ans commandant en chef des « Kommandos du Transvaal », ces escadrons à cheval d'une foudroyante mobilité qui constituent le fer de lance de la petite armée de la jeune République boer. Profondément religieux, Kruger milite avec ardeur au sein d'une des branches les plus intégristes de l'Église réformée de Hollande, celle des « doppers » qui ne chantent jamais de cantiques parce que leurs paroles ne figurent pas dans les textes des Écritures. En honnête Boer respectueux du message de Calvin, il est persuadé que Dieu a envoyé les trekkers du Grand Voyage au Transvaal pour qu'ils s'épanouissent sur la terre qu'Il leur a promise. Convaincu de la suprématie de la race blanche, il tient les Noirs en piètre estime. L'une de ses premières interventions politiques sera de faire interdire aux migrants venus travailler dans les mines de circuler librement sur le territoire de la République. Il les obligera à porter sur eux un passeport intérieur et les parquera dans des ghettos proches de leurs lieux de travail, préfigurations des townships concentrationnaires qui verront le jour un siècle plus tard. Mais c'est surtout contre l'Angleterre à peau blanche que l'austère petit homme va déployer son implacable énergie. Contre cette Angleterre qui a ruiné ses humbles fermiers de parents en donnant la liberté aux trois esclaves qu'ils employaient pour cultiver leur lopin de terre; cette Angleterre qui ne cesse de comploter la prise de contrôle des Républiques boers pour former avec ses colonies du Cap et du Natal une puissante confédération britannique dominant tout le cœur de l'Afrique australe; cette Angleterre agacée de voir tomber tant d'or dans les coffres du Transvaal et de l'État d'Orange.

Le 12 avril 1877, cet agacement se concrétise par un coup de force. À midi, un envoyé du gouvernement du Cap proclame à dix mille citoyens du Transvaal rassemblés sur le parvis de la cathédrale de Pretoria que la Grande-Bretagne a pris la décision d'annexer leur République. L'annonce provoque un séisme de stupeur à travers le pays. Aussitôt éclatent des appels à la résistance. À l'initiative de Kruger, la population se mobilise dans un sursaut de patriotisme et d'unité nationale. Dans les lieux de culte, dans les écoles, sur le théâtre des manifestations, les orateurs rappellent que le peuple boer est propriétaire d'un patrimoine que personne ne peut lui ravir. Dieu lui a donné une langue, Dieu lui a donné une terre, Dieu l'a désigné pour apporter la civilisation à l'Afrique du Sud. Bienheureuse nation afrikaner! Quarante ans après qu'un héroïque Grand Voyage a scellé son unité, voici qu'un coup de force étranger cimente à nouveau et sans doute pour toujours son existence et son identité. Paul Kruger lance ses commandos à cheval contre des fermes britanniques. Dès les premiers affrontements, les journaux de langue afrikaans de tout le continent, y compris ceux de la colonie britannique du Cap, exaltent par d'émouvants reportages l'héroïsme des défenseurs du Transvaal. Dans un article occupant toute sa une, l'influent *Die Patriot* déclare en avril 1878 : « Les cœurs de tous les vrais Afrikaners vibrent avec vous. » L'autre nation boer, l'État libre d'Orange, proclame son soutien total à sa République sœur. Les Anglais commencent à redouter un soulèvement général des Afrikaners. Jamais en effet l'unité des descendants des premiers colonisateurs de l'Afrique australe ne s'est manifestée avec une telle ardeur. L'élan unanime ne laisse aucune place aux tièdes. On retrouve bientôt des corps flottant sur les eaux du Vaal. Pour la première fois, on va se battre Blancs contre Blancs. Commandées par un fermier autodidacte du nom de Piet Joubert descendant d'un huguenot français arrivé en 1688 du Vaucluse, les forces afrikaners remportent une première victoire contre des unités britanniques sur une colline près de Pretoria. Quant aux cavaliers de Kruger, ils font partout merveille. Les unes après les autres, les garnisons anglaises occupant le Transvaal sont encerclées et réduites au silence. Ni Cecil Rhodes, principal instigateur de l'annexion du territoire, ni aucun dirigeant du Colonial Office de Londres ne s'attendaient à pareille réaction. Dans l'ivresse de leurs succès militaires, les Boers portent Kruger à la présidence du pays. Devant cinq mille patriotes enthousiastes, le vieux chef fait hisser les couleurs du Transvaal au sommet de l'hôtel de ville de la petite cité de Paardekraal où il a installé son quartier général. Puis il accepte de rencontrer à Pretoria les envoyés du pouvoir britannique. En deux jours de discussions acharnées, le petit Boer aux cheveux gominés réussit à faire annuler l'annexion de son pays. Les Afrikaners retrouvent la propriété du Transvaal. Cecil Rhodes fait aussitôt payer aux Boers leur succès. Il leur interdit de construire la voie ferrée entre le Transvaal et l'océan Indien qui pourrait seule désenclaver leur République. Il les met ensuite en demeure de laisser librement transiter sur leur territoire les milliers d'ouvriers noirs que les planteurs de canne à sucre anglais du Natal sont allés engager au Mozambique. Il leur impose enfin de laisser un libre passage aux travailleurs recrutés en Afrique centrale par les propriétaires britanniques des mines de diamants de Kimberley. Autant de diktats qui soulèvent la colère de Kruger et de son gouvernement si soucieux de limiter tout déplacement de Noirs sur le territoire national. Mais surtout, c'est la question du statut des uitlanders, ces étrangers de race blanche qui travaillent dans les mines d'or proches de Johannesburg, qui va dramatiquement empoisonner les relations entre les Boers du Transvaal et l'Angleterre, avant de leur porter un coup fatal. Ces étrangers ont afflué en masse d'Europe et des États-Unis après les grandes découvertes aurifères de 1881. Ils exigent d'être traités comme des immigrants, ce que refusent les Boers qui ne veulent à aucun prix leur accorder la nationalité sud-africaine ni aucun des droits civiques qui lui sont associés. Kruger a officiellement annoncé que « ces visiteurs n'ont qu'à s'en aller s'ils ne sont pas satisfaits de leurs conditions de vie ». Les Britanniques, Cecil Rhodes en tête, n'ont pas apprécié ce discours. Décidément « ce petit peuple arrogant », comme Rhodes qualifie les Boers, « doit être mis au pas ».

Le plan d'un coup d'État visant à renverser le pouvoir boer au Transvaal est alors secrètement préparé. Il repose sur l'idée d'un soulèvement intérieur des uitlanders qu'une expédition de l'armée anglaise venue de l'extérieur viendrait épauler. L'affaire est soigneusement organisée. Des armes sont introduites à Johannesburg et mises à la disposition des conjurés. Dès la réussite de l'opération, le haut-commissaire britannique se précipitera du Cap à Pretoria pour proposer aux belligérants la constitution immédiate d'une assemblée chargée de décider du sort du territoire. Majoritaires, les uitlanders pourront dès lors imposer leur volonté de faire du Transvaal un État autonome sous protectorat britannique. Ils proclameront aussitôt l'adhésion de cet État à l'ambitieuse Fédération des pays d'Afrique du Sud rêvée par Cecil Rhodes. Mais le rêve de Rhodes ne se réalisera pas. La colonne britannique n'arrivera jamais à Johannesburg. Elle est interceptée et anéantie par les commandos à cheval de Kruger avant d'avoir pu rejoindre les uitlanders insurgés. Ceux-ci sont capturés et jetés en prison. Brisé, Cecil Rhodes jette l'éponge. Il démissionne de sa fonction de Premier ministre de la colonie du Cap et rentre dans son Angleterre brumeuse.

Pour éclatant qu'il soit, ce succès ne rassure pas entièrement les Boers. Kruger et les siens pressentent que l'Angleterre va vouloir laver son humiliation et redoubler ses efforts pour atteindre l'objectif ultime de sa politique coloniale : s'emparer des gisements d'or du Transvaal, même s'il faut pour cela se lancer dans une guerre en bonne et due forme avec « le petit peuple arrogant ». Parfaitement renseigné sur ces intentions belliqueuses, Kruger décide de prendre des précautions. Fort du soutien de Guillaume II d'Allemagne avec lequel il entretient des relations privilégiées, il fait acheter vingt mille fusils Mauser à répétition pour remplacer les obsolètes pétoires Martini à un coup équipant ses soldats. De France, il fait venir une petite artillerie composée notamment de quatre vieux canons Schneider de 155 mm rescapés de la guerre de Crimée capables d'envoyer des obus de quarante-trois kilos à plus de dix kilomètres. De leur côté, les Anglais font transporter jusqu'à la frontière du Transvaal plusieurs batteries démontées sur leurs navires de guerre ancrés dans les ports du Cap et de Durban.

Mais les deux pays ne sont pas encore prêts à en découdre par les armes. Joseph Chamberlain, le très prudent ministre britannique des Colonies, voudrait gagner du temps. L'heure d'aller hisser l'Union Jack sur les mines de Witwatersrand peut attendre. Il sait que l'armée britannique n'est pas prête. Certes, ses renforts sont bien en route depuis les différentes garnisons de l'Empire, mais ils ne sont pas encore arrivés. Chamberlain prend donc l'initiative d'inviter le président du Transvaal à Londres pour explorer avec lui les possibilités de régler pacifiquement les différends entre les deux pays. L'Afrikaner aux airs de prophète avec son collier de barbe se montre soucieux lui aussi d'obtenir les bonnes grâces de son hôte. Il propose d'emblée de diminuer de façon substantielle les taxes que son pays prélève sur les profits de l'industrie aurifère. Puis il offre de réduire de quinze à cinq le nombre des années de résidence au Transvaal que les Uitlanders devront justifier pour obtenir la nationalité de la République boer. À ses yeux, ces deux concessions devaient satisfaire les principales exigences britanniques. Pauvre Kruger ! Ses propositions recueillent si peu d'intérêt qu'il se réfugie dans une violente colère. Ses yeux proéminents lancent des éclairs. Il fait des moulinets avec sa canne. Va-t-il perdre son sang-froid et sortir en claquant la porte ? C'est ce que souhaitent sans doute ses interlocuteurs. Car, si une guerre doit éclater, les Anglais veulent que ce soit les Boers qui prennent devant l'Histoire la responsabilité de la déclarer.

L'intraitable petit Afrikaner toujours chapeauté de son haut-de-forme gris ne tarde pas à combler les espérances britanniques. Deux jours après son retour à Pretoria, le lundi 8 octobre 1889 à dix-sept heures, il adresse un ultimatum au gouvernement de Sa Majesté. Celui-ci doit retirer ses forces des frontières du Transvaal dans un délai de quarante-huit heures et interrompre le débarquement de nouvelles troupes. La mise en demeure ne reçoit même pas l'aumône d'une réponse. L'horloge de l'Histoire est déjà en marche. Dans deux jours, devant les regards perplexes des quelques millions de Noirs qui vivent avec elles sur ce morceau de paradis africain, deux grandes nations blanches adorant un même Dieu, croyant dans les mêmes valeurs même si leurs conceptions du monde sont opposées, vont s'empoigner à mort pour la possession et le contrôle de quelques kilomètres de galeries souterraines gorgées de métal jaune.

Combien sont-ils en ces dernières années du siècle les fils et les petits-fils des fermiers hollandais du Grand Voyage qui ont fait souche sur la terre promise des immensités du Transvaal et de l'Orange ? Trois cent mille, quatre cent mille, femmes et enfants compris ? Tous sont des ruraux qui, par leur courage, leur endurance et leur fidélité à leur mode de vie ancestral, ont réussi à transformer de vastes espaces de la brousse africaine en un authentique jardin d'Éden. De colline en colline, tout le Veld est à perte de vue semé de fermes d'élevage, d'exploitations agricoles, de coquettes bourgades commerçantes qui écoulent les productions locales à travers toute la zone australe du continent. Curieusement, les spectaculaires découvertes des diamants et de l'or dans les entrailles de leurs deux Républiques ont peu affecté les habitudes de ces gens plus attachés au respect des valeurs prêchées par la Bible qu'à celles des marchés de la finance internationale. Une vision que reflète parfaitement l'armée qu'ils se sont donnée pour assurer leur défense. Une armée de paysans habillés en civil, âgés de seize à soixante-dix ans, montés sur de petits chevaux rapides comme l'éclair, divisés en unités de cent à deux cents cavaliers qu'ils appellent des « Kommandos ». Avec leurs chapeaux de brousse en feutre au bord droit relevé, leur cartouchière bourrée de balles en travers de la poitrine, leurs bottes de cuir à lacets, ils sont les dignes héritiers des trekkers du Grand Voyage. Pour armement, ils portent une des carabines Mauser achetées en Allemagne par leur président, un engin à huit coups dont les Anglais apprécieront à leurs dépens la portée et la diabolique précision. Mais surtout, ce qui fait la force de cette armée populaire, c'est la qualité de ses chefs, tous très jeunes, tous élus par les citoyens de leurs villages pour leur parfaite connaissance de la région qu'ils vont avoir à défendre. Le plus célèbre est un athlète à lunettes et barbiche nommé Jan Smuts. Avec Louis Botha, Barry Hertzog et d'autres chefs afrikaners, il deviendra un héros de légende que les Anglais eux-mêmes choisiront comme partenaire quand l'heure sera venue de faire la paix.

Cette armée à cheval peut aussi compter sur quelques éléments d'infanterie et d'artillerie et surtout sur plusieurs brigades d'étrangers venus se mettre au service de la cause boer, pour la plupart des Hollandais, des Allemands, des Irlandais et même deux cent cinquante Russes dont l'un deviendra général. Parmi ces volontaires se trouve un Français, un ancien colonel de la Légion étrangère, le comte de Villebois-Mareuil, qui voit dans cette guerre l'occasion de venger l'humiliation que les Anglais ont fait subir deux ans plus tôt à la France dans la ville soudanaise de Fachoda. Promptement baptisé par les Boers le « La Fayette de l'Afrique du Sud », il tombera le 5 avril 1900 à la tête de son commando, atteint par trois balles en pleine poitrine. Impressionnés par sa bravoure, les Anglais l'enseveliront dans les plis d'un drapeau français et lui rendront les honneurs.

Face à ces soixante mille paysans-guerriers qui compensent leurs manques occasionnels de discipline par un héroïsme hors du commun, devant leurs camarades étrangers animés d'un égal courage, se dresse la mythique armée en tuniques rouges de l'impératrice Victoria. Une armée haute en couleur, disciplinée, composée de professionnels et commandée par des chefs prestigieux, qui n'a aucune intention de se laisser humilier par quelques milices villageoises. Une armée qui va investir dans cette guerre des forces colossales, plus de quatre cent cinquante mille hommes provenant de tout l'Empire y compris de dominions aussi lointains que le Canada et l'Australie. Mais à dix ou quinze combattants contre un, il faudra presque trois ans à cette armée d'élite pour bousculer et finalement écraser les commandos de paysans du « peuple élu ».

Pour ce peuple si religieux, la guerre commence par une fervente mobilisation spirituelle. Pas une ferme, pas une chapelle, pas un lieu public où ne sont lus plusieurs fois par jour des passages des livres de Samuel, de Daniel ou les prophéties de Joël assurant aux fils des aventuriers du Grand Voyage que « Dieu ne les abandonnera jamais en cette heure cruciale de leur destin ». De leur côté, les pasteurs de l'Église réformée de Hollande ne cessent de courir les villes et les villages pour répandre les paroles du fameux discours dans lequel Isaïe renouvelle l'engagement pris par le Seigneur de créer pour son peuple « des Cieux nouveaux » afin qu'il vive « une exaltation perpétuelle ». Mais de toutes les invocations, c'est la prophétie de Joël, rédigée alors qu'une invasion de sauterelles dévastait la terre de Canaan, qui réussit à enflammer le mieux la détermination des Afrikaners en ces premiers jours de guerre, Joël qui promet que « le Seigneur aura pitié de son peuple et dispersera les armées qui le menacent ».

Aucun des deux camps ne semble nourrir la moindre illusion : la guerre ne sera ni fraîche ni joyeuse. Elle ne sera pas non plus une guerre éclair. Bien qu'ils affrontent des forces supérieures en nombre et en armement, les commandos à cheval et la petite artillerie boer infligent d'emblée une série de cuisantes défaites à leurs adversaires pourtant aguerris par leurs campagnes d'Afghanistan et du Soudan contre des guerriers aussi coriaces que les Pathans de la passe de Kyber et les Madhistes du haut Nil. Dans l'attente de leurs renforts, les Anglais se sont enfermés dans une stratégie défensive qui fait pour l'instant le jeu de la mobilité afrikaner. Au Natal à l'est, dans les régions de Kimberley et de Colesberg à l'ouest et au sud, les cavaliers paysans du président Kruger triomphent sur les trois premiers fronts de ce conflit dont le vieux chef aux yeux de batracien est fier de revendiquer la paternité. Sièges et attaques frontales tournent partout à l'avantage de ses forces, même si le coût de chaque victoire s'élève souvent à des centaines de morts, de blessés, de prisonniers.

En tout cas, la guerre offre au président du Transvaal la satisfaction de voir s'en aller les uitlanders. Persuadés que les Boers vont les massacrer, ces chercheurs d'or s'enfuient en masse de Johannesburg. Les journaux montrent leurs photos s'entassant, l'air défait, dans des wagons à bestiaux avec pour tout bagage une pipe au coin des lèvres, sur le crâne un chapeau melon ou une casquette, et une chaîne de montre en or à la boutonnière de leur gilet. Au moins, se réjouit l'inflexible Kruger, le Transvaal sera-t-il débarrassé de ces exploiteurs à peau blanche venus piller ses richesses pour le compte de spéculateurs britanniques et américains.

Dans cette portion d'Afrique où ils ne représentent qu'un cinquième de la population, les Blancs des deux camps appréhendent la réaction des Noirs. Ces derniers vont-ils rester les spectateurs passifs d'un conflit dont beaucoup savent qu'il risque d'affecter gravement leur avenir ? Boers et Britanniques ont conclu un accord tacite pour mettre les Noirs à l'écart de leur confrontation. Ils n'enrôleront aucun individu de couleur dans leurs forces armées. Ce bel accord sera violé sans vergogne. Au plus fort du conflit, l'armée britannique comptera quelque cent mille combattants de couleur portant l'uniforme des soldats de Victoria. Beaucoup de poitrines arborent des médailles récompensant des actes de bravoure. De leur côté, les Boers créeront des milices indigènes qu'ils feront patrouiller le long des frontières du Transvaal et de l'Orange. Mais ils se montreront d'une extrême réticence à impliquer davantage les kaffirs dans ce conflit entre Blancs. Tiraillés entre leur nationalisme sourcilleux et leur intransigeante politique de ségrégation, les Afrikaners veulent préparer l'avenir. Le conflit terminé, vainqueurs et vaincus devront s'entendre sur la place qu'il faudra attribuer dans la nouvelle configuration du sous-continent aux peuples de couleur qui l'habitent. Pour les quatre cent cinquante mille Anglais qui seront alors sur le point de rentrer chez eux, la question n'aura guère d'importance. Mais pour les trois ou quatre cent mille Boers persuadés que la terre qu'ils défendent leur appartient de droit divin, et que les Noirs n'y sont que des étrangers de passage voués au seul rôle de domestiques, ce sera une question de vie ou de mort.

L'énorme machine de guerre britannique s'est mise en route. Commandés par lord Roberts, un ancien de l'armée des Indes aux larges moustaches blanches, les Anglais lancent une offensive générale en direction du Transvaal et de l'Orange. Le 15 février 1900, ils parviennent à dégager Kimberley. Transmise par la nouvelle invention du télégraphe, une information met aussitôt en ébullition toutes les Bourses de l'univers : l'extraction des diamants vient de reprendre dans la plus profonde excavation du monde. Les Boers résistent furieusement. De part et d'autre, les pertes sont terribles. Bientôt les chevaux des commandos sont montés par des garçons de dix ans et des vieillards à barbe blanche qui se jettent comme des sauterelles sur les batteries anglaises. Les jeunes généraux boers aux airs de maréchaux napoléoniens réussissent en sept jours de corps à corps féroces à freiner l'avance britannique vers le nord. L'audace des cavaliers surgissant de la brousse pour y replonger aussitôt ne connaît pas de limites. Ils font dérailler les trains, sauter les ponts, exterminent les unités isolées. Échappant à des milliers de poursuivants, ils lancent des raids jusque sur les côtes de l'Atlantique et de l'océan Indien. Mais tout cet héroïsme est impuissant à stopper définitivement les tuniques rouges. Le 13 mars 1900, celles-ci pénètrent dans Bloemfontein, la capitale de l'État libre d'Orange. Huit jours plus tard, l'Angleterre proclame l'annexion à la Couronne du territoire qu'elle rebaptise « Colonie du fleuve Orange ». L'événement est célébré en grande pompe car il coïncide avec l'anniversaire de la reine Victoria. Quatre semaines plus tard, lord Roberts fait son entrée dans Pretoria, la capitale du Transvaal. Les uitlanders honnis par Kruger sont prêts à revenir pour arracher de nouvelles pépites aux mines de Witwatersrand. L'impérialisme britannique a atteint son ultime objectif.

Mais la guerre n'est pas finie. Les présidents des deux Républiques boers s'efforcent de maintenir à tout prix une fiction d'indépendance nationale. Ils déplacent leurs gouvernements de ville en ville à mesure de l'avance britannique. Indomptable, Kruger croit qu'il peut jouer une dernière carte. Coiffé de son légendaire haut-de-forme, il s'embarque pour l'Europe où il espère trouver des appuis en faveur de la cause du peuple afrikaner. À Marseille où commence sa tournée, il reçoit un accueil populaire triomphal. Les Boers reprennent espoir : le prestige international dont jouit l'Oncle Paul est tel qu'il remportera la victoire diplomatique qui viendra heureusement contrebalancer une situation militaire de plus en plus désespérée. Ils seront déçus. L'accueil réservé au vieux chef par les responsables politiques européens n'est pas aussi chaleureux que celui des populations. Aucun gouvernement ne veut prendre le risque de se brouiller avec la Grande-Bretagne en soutenant ouvertement la cause du dirigeant afrikaner. Même son ami Guillaume II lui ferme sa porte. Brisé, Kruger se réfugie en Suisse où il mourra sans avoir revu les vertes collines de son Transvaal bien-aimé. Mais ses compatriotes inscriront à jamais son nom sur sa terre promise. Ils délimiteront dans le nord-est du pays un territoire presque aussi vaste que la Belgique où ils rassembleront tous les spécimens de la faune animale et florale de l'Afrique. À cette république de la nature unique au monde, ils donneront le nom de celui qui avait tué son premier lion à quatorze ans. Elle s'appellera le Kruger National Park.

La guerre totale. Pour en finir avec l'acharnement fanatique des Boers, l'Angleterre décide d'employer les grands moyens. Elle remplace son commandant en chef par le plus célèbre général de son armée, un géant à la tête carrée barrée d'une moustache poivre et sel qui vient de se couvrir de gloire en plantant l'Union Jack sur la grande mosquée de Khartoum, la capitale du Soudan. Horatio Kitchener, cinquante et un ans, va écraser sans merci ces enragés d'Afrikaners comme il a exterminé les légions du Prophète dans les sables du haut Nil. Pour neutraliser leurs commandos qui font encore régner la terreur dans les rangs de ses tuniques rouges, il décide de changer de stratégie en modifiant son dispositif. Il va emprisonner l'ennemi dans une toile d'araignée de huit mille fortins circulaires dispersés à travers le Transvaal et l'Orange. Occupée par une garnison d'une quinzaine d'hommes, chacune de ces forteresses miniatures est entourée d'un fossé et protégée par une arme nouvelle qui vient à peine de sortir des tréfileries de la ville britannique de Sheffield : des rouleaux de fils de fer barbelés. Cinquante mille kilomètres de ces fils hérissés de pointes acérées seront déroulés, avant que d'autres milliers de kilomètres emprisonnent des dizaines de milliers de civils dans les premiers camps de concentration des temps modernes. Car la guerre totale, telle que la pratique le nouveau général en chef, ne se limite pas aux opérations militaires. Pour empêcher que les ultimes commandos de cavaliers boers ne trouvent refuge auprès de la population, Kitchener lance une politique de la terre brûlée. Une à une, les fermes du Transvaal et de l'Orange sont systématiquement incendiées, le bétail abattu, les récoltes détruites, les cultures dévastées, les familles arrêtées, séparées, déportées dans des camps dont le nombre avoisine une quarantaine à la fin de 1901. À cette date, plus de cent dix-huit mille femmes et enfants sur une population totale de trois à quatre cent mille Boers sont internés, ainsi que quarante-trois mille Noirs restés fidèles à leurs maîtres. La malnutrition, l'absence de soins et d'hygiène, les épidémies de typhus, de typhoïde, de dysenterie qui sévissent dans ces mouroirs surpeuplés provoquent de tragiques hécatombes. Dans le seul camp de Kroonstad, le taux de mortalité chez les adultes atteint trente-cinq pour cent, et quatre-vingt-huit pour cent chez les enfants. « Seigneur, qu'avons-nous fait pour mériter un tel châtiment », pleure bientôt tout un peuple avec son prophète Jérémie. Pendant la seule année 1901, vingt-huit mille civils boers dont vingt-deux mille enfants périssent, soit près de dix pour cent de la population du Transvaal et de l'Orange. Au total, une génération entière d'Afrikaners aura disparu de sa terre promise.

La guerre, pourtant, continue. Les survivants des derniers commandos à cheval refusent de déposer les armes pour écrire une des pages les plus glorieuses de l'histoire afrikaner. N'ayant plus de munitions pour leurs Mauser, ils se battent avec les Enfield pris sur les morts britanniques. Leurs vêtements de cavaliers paysans sont en lambeaux et ils doivent se résigner à endosser les tuniques rouges de leurs adversaires tombés au combat. Parfois ils ne trouvent pour s'habiller qu'un sac de blé qu'ils percent de trous pour y passer la tête et les bras. Beaucoup n'ont plus de chevaux et c'est à pied, en portant leur selle sur le dos, qu'ils poursuivent le combat jusqu'au moment où ils ont la chance de retrouver une monture. Ils ne sont plus qu'une poignée, moins de seize mille au début de 1902 face aux quatre cent mille soldats de Kitchener. En Europe et en Amérique, les opinions publiques commencent à s'indigner. En Grande-Bretagne même, l'opposition libérale au Parlement n'a pas de mots assez durs pour dénoncer l'intransigeance de la politique britannique. Des contacts secrets établis l'année précédente entre Kitchener et Louis Botha, le jeune général en chef des Boers, ont pourtant permis d'envisager une cessation des combats. Vaine rencontre car les conditions posées par les deux camps sont restées inconciliables, les Britanniques exigeant des Boers l'abandon de toute idée d'indépendance, alors que ces derniers font de celle-ci un préalable absolu.

Un an plus tard la situation a évolué. Les cavaliers des derniers commandos boers sont à bout de munitions tandis qu'en plusieurs points du territoire des tribus commencent à se soulever. Quant aux Boers habitant la province du Cap, ils font savoir qu'ils ne prendront pas les armes contre les Anglais. Enfin, certaines divergences apparaissent dans le front de la résistance afrikaner. Le 11 avril 1902, le vice-président qui a succédé à Kruger à la tête de la défunte République du Transvaal et son homologue de l'État libre d'Orange décident d'approuver l'ouverture de négociations officielles avec l'adversaire. Tous deux sont parfaitement conscients qu'un accord devra fatalement passer par la renonciation des Afrikaners à leur indépendance.

Le 31 mai 1902, une tente dressée dans la petite ville de Vereeniging proche de Pretoria accueille, sur le coup de minuit, les signataires du traité qui met un terme au carnage qui ensanglante depuis trois ans l'Afrique australe et que les historiens et les producteurs de Hollywood appelleront « la guerre des Boers ». Une guerre d'un coût exorbitant. Elle a fait sept mille morts et cinquante-cinq mille blessés du côté anglais, et trente-trois mille victimes du côté afrikaner. La défaite oblige les citoyens du « peuple élu » à faire une croix sur leur identité politique. Soixante ans après la spectaculaire évasion de leurs pères à bord des chariots du Grand Voyage, les voici contraints de se fondre dans le giron de l'ennemi. Sous la tente de Vereeniging, le Dieu des Écritures les a condamnés au plus terrible des châtiments : devenir des sujets de Sa Gracieuse Majesté britannique.

La désolation. Des milliers de villages, de hameaux, de fermes rayés de la face de l'Afrique. Une agriculture en lambeaux. Un siècle de labeur, d'ingéniosité, d'amour, de courage, réduit en poussière. Quatre mille hommes exilés dans les lointaines brumes de Sainte-Hélène. Des milliers de femmes et d'enfants mourant de faim derrière cinquante mille kilomètres de fils de fer barbelés.

Les Britanniques peuvent savourer leur victoire. Ils ont anéanti deux États et deux armées à quelque neuf mille kilomètres de leurs côtes. Comme hier aux Indes, en Afghanistan et en Égypte, ils vont pouvoir imposer encore une fois la *Pax britannica* à un peuple conquis. Et pourtant, cette guerre contre les Boers, ils ne l'ont pas gagnée. Pas vraiment. Car le conflit a renforcé, comme aucun autre événement, la conviction mystique des Boers d'appartenir à un peuple choisi. De leur impitoyable confrontation avec les régiments de la plus grande puissance militaire du monde, ils sortent plus sûrs d'eux-mêmes que jamais. Cette guerre leur a fourni une toute nouvelle génération de héros à admirer, d'autres martyrs à honorer, de nouveaux objectifs à réaliser. Une épopée de souffrance et de mort est venue s'ajouter à celle du Grand Voyage dans l'histoire sacrée du Volk afrikaner. Sans doute les Anglais ne s'en rendent-ils pas encore compte. Mais cette guerre a spectaculairement éveillé la conscience nationale et forgé l'unité de cette nation de paysans qu'ils viennent de mettre à genoux.

Si les républiques que les Boers acclamaient jadis apparaissaient parfois comme de nébuleuses entités, ce n'est plus le cas aujourd'hui. Des hommes, des femmes, des enfants se sont battus, ont souffert, sont morts pour préserver l'indépendance de ces États. Tout un peuple considère désormais que celle-ci fait partie de son patrimoine historique dont la survie dépend au premier chef du rétablissement de cette indépendance. L'indépendance de cette terre qu'ils ont faite leur, cette terre sans laquelle le peuple afrikaner ne peut à leurs yeux développer sa culture, sa langue, son identité. Peu importe si des gens sont morts pour le Transvaal ou bien pour l'État libre d'Orange. Grâce à cette guerre, tous les Boers ont pris conscience d'appartenir à une seule et même nation. *Ons vir jou Suid-Afrika.*

Emportés par l'ivresse de leur victoire militaire, les Britanniques ne font guère attention au sursaut nationaliste intervenu chez leurs adversaires. Ils ont un plan mûri de longue date pour asseoir leur domination sur les anciennes républiques boers. Ce plan consiste à encourager d'urgence l'immigration massive de citoyens britanniques sur les deux territoires afin d'y installer une majorité capable d'imposer les volontés de Londres à une population boer désormais minoritaire. En parallèle, se développera une politique d'anglicisation systématique de toutes les activités des Afrikaners, à commencer par les structures de leur système éducatif. Premier objectif de cette vaste opération : interdire l'enseignement de l'afrikaans en tant que langue nationale et imposer l'usage exclusif de l'anglais. De jeunes enseignants fraîchement diplômés d'Oxford sont déjà sur place, prêts à se rendre dans toutes les écoles pour y précipiter l'afrikaans dans les oubliettes de l'Histoire. Mais l'entreprise rencontre une résistance imprévue. Partout les Boers refusent fanatiquement de se laisser voler le langage sacré qu'ils ont inventé durant leur Grand Voyage afin de cimenter à jamais leur identité. Des incidents éclatent. On brûle les livres en anglais. Les enseignants sont chassés, parfois malmenés, aux cris de « Allez-vous-en ! Nos enfants ne seront jamais des enfants anglais ! » Quant au projet de faire venir en masse des citoyens d'outre-Manche, ses résultats ne sont guère plus encourageants. Les promesses de hauts salaires dans les mines d'or ou les industries nouvelles ne parviennent pas à convaincre les citoyens de Sa

Gracieuse Majesté d'abandonner en grand nombre leur île brumeuse pour s'expatrier sous l'ardent soleil d'Afrique et faire pencher l'équilibre de la population blanche en faveur des Britanniques. Londres devra inventer d'autres stratagèmes pour construire l'avenir de l'Afrique australe. Peut-être chercher une entente avec les Boers, créer avec eux ce grand ensemble territorial unifié de race blanche dont rêvait si passionnément Cecil Rhodes ?

Pour l'instant, les vaincus du Transvaal et de l'Orange rentrent chez eux panser leurs plaies. Rude épreuve car pour une fois les promesses de leur Bible bien-aimée ne correspondent pas à la réalité. Il n'y a ni « Cieux nouveaux » ni « exaltation perpétuelle » dans le décor d'apocalypse qu'ils découvrent. Outre leurs fermes détruites, leurs cultures dévastées, leurs animaux disparus, beaucoup retirent des ruines les corps d'épouses, d'enfants, de parents qu'ils avaient laissés en allant rejoindre leurs commandos. Harcelés par la folie meurtrière des cavaliers paysans de Kruger, les soldats aux tuniques rouges les ont tous massacrés. Parfois les revenants se trouvent confrontés à des bandes de squatters noirs installés dans ce qui reste de leurs fermes. L'expulsion de ces intrus donne lieu à de vifs affrontements. Ils résistent, s'accrochent, implorent. Bientôt, le Veld est sillonné de misérables colonnes marchant vers le nord sans jamais s'écarter des chemins, sauf pour creuser en hâte sur le bas-côté un trou où ensevelir un petit corps mort de faim ou de dysenterie.

Tristes tropiques, décidément ! Pour comble de malheur, la fin des combats coïncide avec une sécheresse qui anéantit l'espérance de faire revivre les exploitations qui avaient fait la fierté des Boers.

De vastes portions du pays prennent la tonalité des sables du désert du Kalahari. Pour échapper à cette nouvelle malédiction, les damnés du Veld n'ont plus qu'un recours : chercher refuge dans une ville. À Johannesburg, par exemple, où même au plus fort de la guerre le mythe du métal jaune n'a jamais cessé d'enfiévrer les imaginations. Une cité de cent mille habitants s'est bâtie en quelques années. Outre les uitlanders revenus en masse dès la fin des hostilités, des dizaines de milliers de Noirs se sont abattus sur la ville, attirés par l'appât du travail au fond des mines et dans les nouvelles usines qui surgissent à un rythme effréné autour du plus grand filon d'or du monde. Un eldorado qui réclame tant de main-d'œuvre que ses promoteurs font venir de Chine et des Indes des bateaux entiers de coolies. Crépitante, cosmopolite, débordante de vitalité, Johannesburg est déjà la plus grande ville du continent et l'épicentre d'une révolution industrielle qui excite les appétits des capitalistes de Londres et de toute l'Europe. À cause des nombreux juifs européens qui, fuyant les pogroms, sont venus s'y installer, certains la surnomment la Nouvelle Jérusalem, une appellation qui plaît fatalement aux paysans traumatisés du Transvaal et de l'Orange qui, en ce début des années 1900, se mettent en route vers ses lumières. Pour eux, c'est un nouvel exode, un nouveau Grand Voyage qui commence, comme au siècle précédent, mais cette fois sans chariots ni *laagers*. Une migration à pied, une sorte de *trek* intérieur vers une destination connue d'avance, une marche en famille à travers plaines et collines peuplées de bêtes sauvages, de serpents, de nuées de moustiques. Animés par leur foi inébranlable dans les promesses de la Bible, les marcheurs sont certains qu'Isaïe va, enfin, les conduire vers ces « Cieux enchantés » que Dieu réserve aux enfants qu'Il a élus entre tous. « Ne craignez rien, Jéhovah nous emmène vers son domaine sacré », répètent les patriarches à leurs familles avec les accents de Moïse apercevant la Terre promise depuis le sommet du mont Nébo.

Infortuné peuple de Jéhovah ! Il n'y a rien de « sacré » dans la « terre promise » où il arrive. Comme toutes les agglomérations nées du boom industriel, Johannesburg est une ville avant tout inhumaine. Ici, les capitalistes de Londres ne font aucune différence dans le recrutement des forçats de leurs usines. Petits Blancs, Noirs, Chinois, Indiens sont à la même enseigne dans cette fourmilière que la pauvreté transcende à tous les niveaux. Rude découverte pour les fiers paysans du Veld, habitués à des horizons sans limites et soudain contraints de s'enfermer dans un monde concentrationnaire. Eux qui ont toujours cru en la vocation de droit divin de l'homme blanc de construire son univers pour y régner en maître, ou s'y sentir au moins égal à défaut de supérieur, voilà qu'ils doivent boire jusqu'à la lie l'amer calice de l'humiliation. Voilà qu'ils doivent supplier pour obtenir un emploi, accepter la honte d'être surveillés dans l'accomplissement de la moindre tâche, endurer brimades et coups comme de vulgaires kaffirs. Le souvenir idéalisé de leurs fermes, de leurs champs, de leurs bêtes soutient leur courage. Ils feront face, même si le rêve de faire demi-tour et de rentrer chez eux hante leurs esprits, car c'est là-bas, dans les champs défrichés de leurs mains, que reposent à jamais, ils en sont sûrs, les valeurs héritées de leurs aïeux. Pour glorifier cet attachement, nombre de familles défient l'inhumanité de leur nouveau cadre de vie en élevant symboliquement un mouton ou une chèvre dans l'arrière-cour de leur exil urbain.

Deux siècles plus tôt, leurs aïeux avaient utilisé la couleur de leur peau pour proclamer leur supériorité raciale. Ils avaient fait le serment solennel de défendre cette couleur en vivant partout et toujours à part des populations noires qui les entouraient. Et voilà que leurs descendants se voyaient soudain obligés de renoncer à ce dogme. À Johannesburg et dans toutes les cités industrielles de la nouvelle Afrique du Sud, les Boers sont en effet devenus des petits Blancs que les chefs d'industrie britanniques traitent sur le même plan que les Noirs. Les uns et les autres forment deux prolétariats parallèles, engagés dans une même course pour la survie. Dans ce match impitoyable, le seul atout que possèdent les Afrikaners, c'est la blancheur de leur peau, gage éternel d'un statut racial supérieur. Car même dans ces fourmilières si inhumaines pour tous, le fait d'être blanc reste malgré tout le symbole privilégié d'une condition vouée à la domination des autres. Tout Afrikaner, même vêtu de loques, sait que sa couleur de peau lui promet un avenir meilleur que celui des Noirs. Il croit fermement que c'est au peuple blanc qu'appartiendra l'Afrique du Sud de demain. Dans trente, quarante ou cinquante ans peut-être. Mais il est une chose dont les Boers sont sûrs : quel que soit le temps qu'il leur faudra attendre, c'est dès aujourd'hui qu'il leur faut se préparer. Ainsi, les concentrations urbaines où s'entassent les émigrés du Veld deviennent-elles autant de laboratoires où l'on se met à inventer les conditions de l'avenir. La tâche est difficile. Car c'est une chose d'accepter de partager l'embauche avec des travailleurs noirs, c'en est une autre de consentir à vivre avec eux. Or, c'est bien une promiscuité totale que les banlieues ouvrières imposent à leurs habitants. Pour les Afrikaners, il n'existe pas de pire menace contre l'intégrité du Volk, pas de plus grand danger pour la sauvegarde de leur identité de Blancs. Cette intimité forcée risque en effet de faire perdre au « peuple élu » la conscience de sa supériorité raciale et aux Noirs leur respect ancestral pour les Blancs. À moins qu'elle ne favorise tout simplement un métissage coupable entre les races. Terribles perspectives dans tous les cas que seule l'application d'une ségrégation totale et immédiate peut empêcher.

C'est à la mise en œuvre de celle-ci que s'attaquent donc en priorité les Afrikaners des banlieues les plus menacées. *Kaffirs out!* devient leur slogan. Les rapports se tendent. Des incidents éclatent entre communautés, entraînant des violences. Les Noirs finissent par se résigner. Ils quittent en masse les quartiers où leurs maîtres d'hier s'acharnent à imposer le concept de ségrégation totale inventé jadis par leurs aïeux sur les routes de leur conquête africaine. Ce concept qu'on appellera un jour l'« apartheid ».

Ils ont perdu la plus cruelle des guerres. Ils ont vu d'autres Blancs tuer leurs femmes et leurs enfants et incendier leurs fermes. Ils ont enduré les humiliations du travail forcé en usine. Pis, ils ont dû cohabiter avec les kaffirs. Mais il faut le reconnaître, les descendants des héros du *Great Trek* n'ont jamais pour autant abandonné la vertu d'espérance prêchée par les Saintes Écritures. Et voilà qu'ils se voient récompensés. Quatre ans après la douloureuse signature de l'arrêt des combats sous la tente de Vereeniging, l'Afrique australe connaît une révolution politique. Le 12 janvier 1906, les conservateurs au pouvoir en Grande-Bretagne depuis vingt et un ans sont battus par le parti libéral. Un parti qui n'a cessé de dénoncer avec vigueur la politique britannique en Afrique. Les Boers ont des raisons de crier victoire : le nouveau Premier ministre, lord Campbell-Bannerman, a toujours montré de bonnes dispositions à leur égard et porte l'un des héros de leurs commandos, le fougueux général à chapeau haut de forme Jan Smuts, en particulière estime.

Le résultat de ces bonnes dispositions est une offre magique. Faisant fi du passé, Londres propose à ses adversaires d'hier de ressusciter l'indépendance de leurs républiques du Transvaal et de l'Orange. Chaque État disposera d'un gouvernement et d'un parlement autonomes. Une fois constitués, les deux pays s'uniront aux deux colonies britanniques du Cap et du Natal pour former une Union sud-africaine sur l'ensemble du territoire de l'Afrique australe. Ainsi le vieux rêve de Cecil Rhodes verra-t-il enfin le jour. Le rêve d'une Afrique du Sud où les antagonismes religieux, culturels, historiques entre Blancs ne seraient plus inconciliables, bref, une Afrique du Sud qui battrait d'un même cœur, celui des Boers et des Anglais réconciliés autour d'une même vision nationale. L'affaire ne va pas forcément de soi. Les négociations achoppent sur d'âpres marchandages. D'abord, pour le choix d'une capitale. Les Anglais du Cap affirment que seule leur cité peut incarner cet honneur alors que les Afrikaners du Transvaal, d'ailleurs soutenus par les Britanniques du Natal voisin, arguent que Pretoria offre un site idéal en raison de sa situation centrale et de la proximité des mines d'or. Quant aux représentants de l'Orange, ils proposent la « ville des roses » de Bloemfontein sur le haut plateau du Veld comme un compromis idéal. En définitive, toutes les propositions sont retenues. Pretoria devient la capitale administrative ; Le Cap, la capitale parlementaire ; Bloemfontein, la capitale judiciaire. Bref, un État à trois têtes.

Quant à l'avenir du peuple noir, les quatre pays fondateurs de l'Union ne parviennent à aucun accord. Après la défaite des Boers, les Noirs avaient espéré que la politique libérale des Anglais dans la colonie du Cap, où ils jouissaient depuis 1854 d'un droit de vote limité, serait étendue à l'ensemble de l'Afrique du Sud. Espoir vite balayé. Traumatisés par le cauchemar de leur cohabitation forcée avec les travailleurs des banlieues industrielles, les Boers refusent d'accorder aux kaffirs le moindre droit de vote dans la nouvelle Union sud-africaine. Ainsi, le rêve fugitif d'un avenir intégré que certains chefs de tribu et certaines élites formées par les Églises protestantes avaient pu nourrir devait-il à jamais s'évanouir. Pis encore, les Afrikaners que des élections portent à la tête du pays en 1912 accouchent aussitôt d'une disposition qui proclame l'exclusion pure et simple des Noirs de la communauté nationale. Cette loi porte le nom de *Native Land Act*, la loi indigène sur la terre. Elle aboutit à la plus grande spoliation territoriale de l'Histoire car elle prétend diviser le sol de l'Union en zones réservées aux Blancs et en zones attribuées aux Noirs.

Des équipes de géomètres découpent la carte du pays en une mosaïque de parcelles distinctes. Chacune est délimitée, mesurée, cadastrée, enregistrée. Alors qu'ils sont douze fois plus nombreux que les Blancs, les Noirs n'héritent que de 7,3 pour cent de la superficie totale du territoire sud-africain. Le découpage les prive des meilleures terres ainsi que de toutes les ressources minières et industrielles. La loi leur interdit par ailleurs d'acquérir des terres en dehors des parcelles qui leur ont été attribuées et de résider dans les zones réservées aux Blancs. Des centaines de milliers de pauvres gens se trouvent du jour au lendemain obligés d'abandonner leurs villages, leurs fermes, leurs écoles, leurs églises, leurs cimetières pour rejoindre les réserves qui leur sont assignées. Sept ans plus tard, une nouvelle loi, l'*Urban Areas Act*, crée des ghettos baptisés « townships » où doivent obligatoirement se regrouper les Noirs travaillant dans les entreprises industrielles et les mines. Le ton général de la politique des nouveaux dirigeants afrikaners envers les Noirs est donné : à cause de leur couleur, ils appartiennent à une race inférieure qui doit être géographiquement séparée des communautés blanches. Ils seront donc considérés comme des étrangers dans leur propre pays, car ce pays appartient désormais aux seuls membres du peuple choisi par Dieu pour imposer la révélation chrétienne sur la terre d'Afrique. Dans sa lointaine tombe du plat pays de Zélande, Jan van Riebeeck doit se retourner de bonheur. Ce partage est l'ultime avatar de sa haie d'amandiers amers, ces arbres qu'il avait, deux siècles et demi plus tôt, plantés pour ériger une frontière entre le territoire des premiers colons et le reste du continent.

Certes, les Afrikaners ont conquis le droit de gouverner la nouvelle Union sud-africaine. Un succès qu'ils doivent au fait qu'ils ont remporté les élections parce qu'ils sont majoritaires au sein de la population blanche. Mais les vrais chefs du pays sont en réalité les capitalistes britanniques qui règnent en maîtres sur toute l'activité économique nationale. Ils contrôlent la production de l'or, des diamants, du charbon et gèrent les principales entreprises. Cette domination leur permet de peser de façon écrasante sur les orientations de la politique intérieure et extérieure. Les Afrikaners se résignent. Ils acceptent que le pays qu'ils gouvernent devienne un dominion de l'Empire britannique et entre dans le Commonwealth. Sur le siège du gouvernement, comme sur tous les bâtiments officiels, c'est donc l'Union Jack qui flotte dans le ciel africain. Une humiliation que les descendants du Grand Voyage atténuent toutefois en intégrant aux couleurs du drapeau celles du Transvaal et de l'Orange. Et surtout en obtenant que l'afrikaans soit proclamé langue nationale de la nouvelle Union, au même titre que l'anglais.

Ces chicaneries politiques sont peu de chose en regard de la situation d'extrême pauvreté dans laquelle se trouvent plongés un grand nombre de petits Blancs réfugiés depuis la fin de la guerre dans les *English Cities*. Non seulement ils doivent y subir la concurrence d'une main-d'œuvre de couleur meilleur marché, mais la promiscuité raciale qu'ils sont contraints d'accepter risque à terme de mettre leur identité de Blancs en danger. On dénombre bientôt l'existence d'un million de sang-mêlé portant presque tous des noms afrikaners et ne s'exprimant qu'en afrikaans. Terrifiées par l'ampleur de ce métissage, des milliers de familles s'en retournent vers leurs campagnes d'origine où elles vont bientôt constituer un misérable prolétariat agricole. Un jour, ces pauvres Blancs apporteront leurs suffrages aux champions d'un nationalisme extrémiste qui promettra de garantir à jamais la suprématie des Blancs sur l'ensemble du pays. Pour les réfugiés des *English Cities*, comme pour tous les descendants du *Great Trek*, la victoire politique de ces extrémistes sera le cadeau final de Dieu à ceux qui luttent et souffrent depuis trois siècles pour se faire une place bien à eux sous l'ardent soleil de l'Afrique australe.

Mais en ce tout début du xxe siècle, le petit peuple afrikaner est encore loin d'entrevoir la réalisation de son rêve. Bien des menaces se profilent à l'horizon. À commencer par celle des élites noires qui tentent de se dresser contre les oppresseurs blancs. Fraîchement sorti des universités de Columbia et d'Oxford, un jeune avocat de trente-quatre ans aux allures de dandy londonien a décidé de lancer un mouvement d'opposition et d'en prendre la tête. Il s'appelle Pixley Seme. Il a rassemblé autour de lui les responsables des principales ethnies, tribus et royaumes du pays. Son inspirateur est un confrère, l'Indien Mohandas Gandhi, qui, par la seule arme d'une résistance passive, a réussi à libérer des chaînes de la ségrégation le million d'Indiens installés en Afrique du Sud. Le 8 janvier 1912, Pixley Seme réunit les principales composantes de la communauté noire dans le grand théâtre de Bloemfontein, la petite ville de l'État d'Orange où siège le pouvoir judiciaire du pays. Plusieurs centaines de militants, d'observateurs, de journalistes sont présents. Faisant taire leurs ancestrales rivalités, les chefs des Xhosas, des Finjos, des Zoulous, des Tongas, des Basutos et des Griquas inaugurent la rencontre en entonnant d'une voix unanime le vieil hymne africain : « *Lizalise dinga Dwgalako tixo we Nyasino !* – Nous sommes tous un même peuple ! Que Dieu protège l'Afrique ! »

Grisé par cet enthousiasme, Pixley Seme propose la création immédiate d'une organisation militante destinée à lutter pour la promotion de l'unité de tous les Africains et la défense de leurs droits. Ainsi naît, au soir d'une étouffante journée de l'été austral, l'African National Congress, la machine emblématique qui va incarner la croisade non raciale et non violente des Noirs sud-africains pour la conquête de leurs droits à l'égalité et à la liberté. Ses initiales d'ANC porteront durant trois générations l'espérance du peuple noir en une Afrique de justice et de réconciliation. Jusqu'au jour béni où l'une de ses idoles deviendra, après vingt-huit ans passés dans les geôles blanches, le premier président d'une Afrique du Sud multiraciale et démocratique.

La réponse des Afrikaners à la grand-messe de Bloemfontein sera donnée six ans plus tard dans l'arrière-salle enfumée d'une brasserie de Johannesburg. Les trois Blancs attablés devant leurs chopes de bière ce 5 juin 1918 sont à peine âgés d'une trentaine d'années. Le premier est employé aux chemins de fer, le deuxième exerce un ministère de pasteur dans une banlieue populaire et le troisième est maçon sur le chantier d'une filature en construction. Ce dernier s'appelle Henning Klopper. Il a le visage carré des paysans des hauts plateaux du Veld. Avec pour tout bagage une bible offerte par sa mère, il a quitté la petite ferme familiale à l'âge de seize ans pour chercher du travail dans la grande ville alors en pleine expansion grâce à la ruée vers l'or. Comme ses deux complices, Henning Klopper a partagé, jour après jour, l'existence précaire d'un prolétariat blanc soumis aux lois impitoyables d'un capitalisme toujours en quête d'une main-d'œuvre meilleur marché. Puisque aucune grève ni aucune revendication populaire ne semblent pouvoir contraindre les gouvernants de Pretoria à se pencher sur le sort des masses exploitées, l'espérance devra venir de la base. Convaincus que les Afrikaners sont injustement traités dans le pays de leur naissance, Klopper et ses compagnons ont décidé de créer une organisation capable de prendre en main leur destin. Ainsi naît, dans cette brasserie, le Broederbond, la « Ligue des frères », une fraternité secrète qui aura pour première mission d'assister les pauvres dans les villes, d'aider les paysans défavorisés, de créer des entreprises exclusivement afrikaners, y compris des banques et des organismes de prêt. Mais la Ligue ne sera pas qu'une société d'assistance. Elle aura la responsabilité d'incarner la mystique du destin afrikaner. N'est-ce pas Dieu Lui-même qui a voulu que le peuple afrikaner impose sa présence sur cette parcelle d'Afrique ? C'est donc de Dieu que ce peuple a reçu la vocation de dominer les autres races et de Dieu encore qu'il tient le droit de remplacer l'actuelle coalition gouvernementale faite d'Afrikaners modérés et de libéraux par un exécutif ultranationaliste capable d'être un vrai champion de la race blanche. Diffusé clandestinement, le message se répand dans la société blanche. Des enseignants, des juristes, des médecins, des banquiers s'engagent par dizaines dans cette franc-maçonnerie militante qui, pour des raisons de secret, ne possède ni adresse ni numéro de téléphone. Les candidats ne sont acceptés qu'après une enquête approfondie. Sont-ils des fidèles assidus de l'Église réformée ? Ont-ils inscrit leurs enfants dans une école afrikaner ? L'afrikaans est-il leur langue usuelle ? Y a-t-il des cas de divorce dans leurs familles ? Lors d'une cérémonie d'initiation au caractère religieux très affirmé, tous doivent jurer qu'ils ne trahiront jamais l'organisation ou l'un de ses membres, et qu'ils ne discuteront jamais de leurs activités, fût-ce avec leurs épouses. Le Broederbond devient ainsi la moelle épinière d'un nationalisme afrikaner intransigeant. Il en sera à la fois l'inspirateur, le laboratoire et l'armature, guidant sa destinée dans l'ombre, à l'abri des regards. Véritable noyau dur au service de la suprématie blanche, la Ligue des frères portera un jour au pouvoir les prophètes d'une idéologie raciste qui conduira l'Afrique du Sud au désastre.

L'un des principaux artisans de cette course fatale est né dans une banlieue du Cap portant le nom mythique de Van Riebeeck, le premier Hollandais qui ait mis le pied sur la terre africaine presque trois siècles plus tôt. C'est un géant d'un mètre quatre-vingt-dix au double menton et au visage tout en longueur. De petites lunettes cerclées de fer et un éternel nœud papillon d'un blanc immaculé lui donnent un aspect particulièrement sévère. Daniel François Malan, cinquante-quatre ans, est un ancien clergyman de l'Église réformée de Hollande devenu journaliste après avoir fondé le premier quotidien sud-africain de langue afrikaans. Mais c'est avant tout son activisme dans les rangs du Parti national, le mouvement politique au pouvoir, qui a fait de lui la figure emblématique de la mobilisation blanche contre le péril noir. Il critique avec violence les lois de ségrégation raciale instaurées par les premiers gouvernants afrikaners. Certes, ces dispositions rejettent les Noirs sur une infime partie du pays ou les enferment dans des ghettos sur leurs lieux de travail, mais il s'agit, affirme-t-il, d'une législation en trompe l'œil plus théorique qu'effective. Car à sa grande indignation, aucun de ces textes n'a reçu la sanction officielle d'un vote du Parlement. Ce qu'il exige, c'est un dispositif de séparation raciale entre Noirs et Blancs inscrit comme un dogme dans la Constitution elle-même. Nationaliste fanatique, l'homme aux petites lunettes cerclées de fer n'est pas un tribun mais sa voix rauque attire toujours les foules quand elle affirme que « les Afrikaners ont reçu la mission sacrée d'édifier une forteresse calviniste à l'extrême sud du continent ». « Notre renaissance et notre survie dépendent de notre conviction d'appartenir à un peuple choisi par Dieu pour cette mission », répète-t-il en toutes occasions. Ses prises de position agacent et inquiètent naturellement les plus modérés des Afrikaners et surtout les libéraux anglais qui partagent avec eux l'exercice du pouvoir. Mais le discours enthousiasme ceux que Malan veut nourrir du mythe de leur supériorité divine.

Poussé par ses amis du Broederbond, il décide un jour de passer à l'action. Il rompt avec le Parti national et les cercles au pouvoir pour créer sa propre formation. Par défi, il la baptise « Parti national *purifié* ». Aux élections législatives de 1934, ce dernier ne récolte que dix-neuf députés sur les cent cinquante que compte le Parlement de l'Afrique du Sud blanche. Mais avec ces dix-neuf élus fanatiquement convaincus d'être les gardiens du Graal, le vase céleste incarnant la longue marche des hommes à la poursuite de leur rédemption, Daniel François Malan est sûr de posséder un outil idéal pour imposer un jour au pays sa vision diabolique d'une Afrique du Sud définitivement affranchie de la menace des kaffirs.

Le mystérieux aristocrate allemand qui débarque un matin de 1934 dans le bureau du directeur de l'université de Stellenbosch va servir d'une façon inattendue les ambitions extrémistes du président du Parti national purifié. Il s'appelle Gustav comte von Durcheim. Se présentant sous le couvert du service culturel de l'ambassade du IIIe Reich à Pretoria, il déclare avoir été chargé par le ministère de la Culture de son pays d'inviter une trentaine d'étudiants sud-africains à venir perfectionner leurs études supérieures dans les universités allemandes. La proposition est si alléchante que les dirigeants universitaires du Cap et de Pretoria n'ont aucun mal à recruter des candidats.

L'un d'eux est un brillant docteur en psychologie de vingt-sept ans nommé Hendrik Verwoerd. Fils d'un pasteur hollandais émigré en Afrique du Sud,

Verwoerd a découvert le pays des Boers à l'âge de deux ans. Toute son enfance et son adolescence ont baigné dans la mystique de la cause afrikaner. La maison des Verwoerd dans la banlieue du Cap est un havre d'accueil pour les exclus de la compétition entre Boers et Britanniques. À peine sorti du lycée, Hendrik a rejoint les rangs du Broederbond dont il est devenu l'un des animateurs pour la région du Cap. C'est là qu'au cours d'une session parlementaire, il rencontre l'homme qui va devenir son messie. Entre le fondateur du Parti national purifié et l'étudiant en psychologie, c'est un coup de foudre. L'un et l'autre partagent la même certitude que le peuple afrikaner n'est pas l'œuvre des hommes mais la création de Dieu. Et que le devoir des élites est de promouvoir par tous les moyens sa mobilisation ethnique contre les dangers qui le menacent.

Malan voit partir son jeune disciple avec désespoir. Il ne sait pas que ce voyage en Allemagne va façonner l'homme qui deviendra le bras armé de sa politique raciste avant d'en devenir le maître tout-puissant.

Comme l'a laissé prévoir à ses interlocuteurs le comte von Durcheim, un tapis rouge accueille à Berlin les jeunes Sud-Africains arrivant des austères campus de leurs provinces poussiéreuses. Immédiatement répartis dans les facs d'histoire des meilleures universités, ils profitent de l'enseignement prodigué à l'élite de la jeunesse du IIIe Reich. Leur initiation commence par un voyage dans le temps à la découverte des auteurs romantiques allemands qui, un siècle et demi avant Hitler, ont rallumé la flamme du nationalisme germanique. Ceux-ci ont pour noms Fichte, Herder, von Schlegel. Avant toute chose, ils prônent la réhabilitation de la *Muttersprache*, la langue maternelle qui incarne à leurs yeux la quintessence de l'âme allemande. C'est un message que les jeunes visiteurs enregistrent avec une intensité particulière, eux dont les pères ont dû se forger leur propre langue – l'afrikaans – afin d'affirmer leur identité et résister au monde anglophone qui tentait de les dominer. Ils assurent ensuite que seule la caractéristique commune d'être allemand peut assurer la rédemption de la nation. Et enfin, tous ensemble, ils exaltent la primauté des valeurs du sang, de l'individu, de la terre et de la race.

Hendrik Verwoerd et ses camarades sont subjugués par le message. L'idéologie prônée par Adolf Hitler n'est donc pas un produit de sa seule imagination. Elle vient des profondeurs de l'histoire allemande. Comment ne pas être impressionné par cette découverte ? Tout en appelant les masses à communier dans l'idéal du *Blut und Boden*, du sang et de la terre ; tout en exaltant la notion de « peuple » et de « race », le maître du IIIe Reich parle de renouveau historique, développe la vision d'une révolution à la fois nationaliste et anticapitaliste, condamne en même temps le communisme et le libéralisme. Autant de thèmes d'une cruciale réalité pour les représentants d'un peuple minoritaire étranglé tout à la fois par l'impérialisme industriel et commercial des Britanniques et la pression de millions de Noirs affamés de justice.

Les visiteurs s'aperçoivent rapidement que ces mots sacrés de « sang », de « terre », de « race » qui comptent tant pour eux ont dans la bouche de leurs hôtes une signification précise. La lecture d'un banal entrefilet dans la page des informations générales d'un quotidien de Berlin apprend un jour à Verwoerd que le congrès du parti nazi vient de promulguer une loi sur la citoyenneté allemande qui retire à tous les citoyens de race juive la jouissance de leurs droits civiques. Quelques jours plus tard, un autre entrefilet annonce le vote d'une autre disposition dénommée « loi sur la protection du sang et de l'honneur allemands », laquelle interdit les mariages entre juifs et Allemands. Les unions déjà contractées seront automatiquement dissoutes et les relations sexuelles entre les deux races désormais bannies. La nouvelle loi défend par ailleurs aux juifs d'employer à leur service des domestiques allemandes âgées de moins de quarante-cinq ans.

De toutes les expériences germaniques qu'ils ont la chance de vivre, aucune ne frappera les jeunes Sud-Africains aussi fortement que les grand-messes du régime auxquelles ils sont régulièrement conviés. « Ce sont toujours des manifestations spectaculaires se déroulant au milieu d'un océan de drapeaux et de bannières rouge et noir ornés de croix gammée, racontera Verwoerd dans une lettre. Tout le long du parcours, des foules survoltées acclament les troupes et les dignitaires installés dans d'énormes limousines découvertes protégées par des gardes du corps. Parfois, debout dans l'une des voitures, il y a Hitler qui salue interminablement, le bras levé. La vision du chef bien-aimé provoque un regain d'ovations qui confinent à l'hystérie. Les camarades allemands qui nous servent de guides participent à ce délire collectif comme autant d'insectes au milieu d'une fourmilière en folie. Puis vient le temps des discours que la multitude écoute dans un silence religieux. Quand la voix du Führer se met à marteler l'espace, on dirait que Dieu parle à l'Allemagne. Nos camarades prennent un air quasi mystique pour nous traduire ses paroles. Dans ces discours, il est toujours question de peuple supérieur, de race élue, de fierté reconquise, de nation purifiée et, bien sûr, de l'avènement d'un Reich appelé à régner pendant mille ans sur l'Allemagne et le monde. » Un jour, à Nuremberg, l'étudiante qui a pris l'habitude d'accompagner le Sud-Africain dans ces grand-messes lui saisit la main. Elle s'appelle Helga. Elle maintient son étreinte durant tout le discours de Hitler. À certains moments, ses ongles s'enfoncent dans sa paume au point de lui faire mal. Comme si elle voulait faire pénétrer dans sa chair les paroles déchaînées de son idole répercutées par les batteries de haut-parleurs disposés à travers l'immense place couverte d'oriflammes. Helga est blonde. Hendrik aime son visage volontaire et ses yeux bleus un peu tristes. Elle incarne la jeune fille allemande telle qu'il l'avait imaginée dans ses lectures. Un jour, à la fin d'un *stryddag*, une de ces retraites aux flambeaux dont Nuremberg est si friande, Helga prend à nouveau la main de son compagnon et lui déclare avec une ferveur encore plus intense que d'habitude : « Hendrik, sois certain d'une chose, le Führer ne s'adresse pas seulement au peuple allemand. Sa vision est universelle. Son concept de race supérieure s'applique à toutes les nations qui luttent pour imposer à leurs ennemis la pureté des valeurs de leur héritage. Les Blancs d'Afrique du Sud font partie de ces nations privilégiées. Un jour, ils choisiront un chef qui saura faire triompher les valeurs de leur langue, de leur race, de leur couleur de peau. »

Avant qu'il retourne dans son lointain pays, la jeune Allemande veut compléter l'initiation de son ami en l'entraînant à l'un de ces spectacles dont les chorégraphes du régime nazi ont le secret. Elle l'emmène à Berlin assister à la cérémonie d'ouverture des Jeux olympiques qui doit se tenir en présence d'Adolf Hitler. Le couple a la chance d'être placé dans une tribune proche de celle occupée par le Führer. À la fin de l'épreuve du cent mètres qui ouvre le cycle des compétitions, Hendrik Verwoerd voit le visage du dictateur soudain blêmir. Ses lèvres minces sous sa courte moustache se sont crispées dans une grimace de colère. Jaillissant comme un diable de sa boîte, Hitler se lève brusquement. En moins d'une seconde, il a disparu, entraînant à sa suite l'aréopage de dignitaires qui l'accompagne. En bas sur la piste, une triple haie d'athlètes fait cercle autour du vainqueur tandis que des gradins de l'immense stade archicomble déferle une avalanche de hourras et d'applaudissements. Jamais aucun coureur n'a remporté cette épreuve reine du cent mètres en un temps aussi court. L'auteur de cet exploit a couru en dix secondes et deux dixièmes. C'est un Américain de vingt-deux ans. Il s'appelle Jesse Owens. Bafouant toutes les lois de l'hospitalité et toutes les traditions olympiques, le prophète de la race aryenne n'a pas voulu serrer la main d'un athlète qui venait d'entrer dans le panthéon du sport moderne en battant les meilleurs sprinters allemands. Sa victoire a humilié l'Allemagne. Pour le dictateur, c'est une offense d'autant plus insupportable que l'Américain appartient à une race de sous-hommes. Jesse Owens est noir.

Comme on peut s'y attendre, le retour au bercail des jeunes visiteurs de l'Allemagne hitlérienne suscite une curiosité passionnée. On se presse pour écouter leurs récits, recueillir et discuter le fruit de leurs expériences. Les méthodes employées par le dictateur nazi pour imposer son concept de race supérieure peuvent-elles s'appliquer à l'Afrique du Sud ? Quelle leçon tirer du cri d'un messie proclamant à l'un des peuples les plus évolués de la planète qu' « enfin est arrivé le combat décisif de la race contre la masse » ? Doit-on rester insensible à ces mythes de « Volk », de « sang », de « terre » que le dictateur allemand brandit à tout instant pour mobiliser son peuple ?

Ainsi que Daniel François Malan et tous ses amis du Broederbond vont le découvrir, Hendrik Verwoerd revient d'Allemagne avec les réponses à toutes ces interrogations. Un de ses camarades, un jeune diplômé en histoire politique nommé Nico Diederich, rend compte à son retour de sa découverte du IIIe Reich dans un libelle qu'il intitule : *Le Nationalisme en tant que philosophie de la vie.* Véritable brûlot inspiré des thèmes les plus extrêmes de l'idéologie nazie, ce texte exhorte carrément les Afrikaners à balayer l'ordre existant au profit d'un système fondé sur la suprématie raciale qui les distingue des autres peuples. Malan et les nationalistes afrikaners ne sont certes pas encore prêts à se lancer dans une aventure aussi radicale. Mais les graines de la tempête ont été semées. Peu d'années s'écouleront avant que la vie de millions d'êtres soit dévastée, que des communautés entières soient détruites, que tout un pays devienne un hideux patchwork de couleurs, de races, de tribus, au seul prétexte que soit imposé ce qu'en revenant d'Allemagne un étudiant gagné par l'idéologie nazie appellera « la loi naturelle de Dieu ».

Pour l'heure, agissant sous le couvert d'un secret fanatique, la fraternité du Broederbond s'active à aider les Afrikaners à prendre en main leur destin. Se faisant le champion absolu de la suprématie raciale de l'homme blanc, elle se voue à la conquête ultime du pouvoir par l'élimination méthodique de tous les Afrikaners modérés et des anglophones libéraux des différents rouages de l'État.

Aucun journal ne révélera la rencontre qui se tint le 15 mai 1938 derrière les rideaux tirés d'une élégante maison du centre du Cap. Cette date restera enfouie dans les secrets de l'Histoire. Même les spécialistes n'en retrouveront pas la trace. C'est pourtant ce jour-là que bascule dans la fatalité d'une tragédie le destin de l'Afrique du Sud. Les quatre hommes assis autour de la table du salon sont réunis pour mettre au point la campagne électorale qui portera dès que possible au pouvoir le Parti national purifié de Daniel François Malan et décidera de la stratégie d'action que ce parti devra mettre en œuvre une fois à la tête de l'État. La maison où se tient la réunion appartient à un membre éminent de la fraternité du Broederbond. À peine entrés dans le salon, les visiteurs ont compris d'un coup d'œil l'importance de leur rencontre. Ils découvrent en effet, accrochée aux murs, une collection de tableaux montrant les visages familiers des principaux héros de l'histoire afrikaner. Dans un cadre doré se trouve, bien sûr, le portrait en collerette blanche de Jan van Riebeeck, l'homme qui lança la Hollande dans l'aventure africaine. L'indomptable président Paul Kruger, avec ses yeux de batracien et son légendaire chapeau haut de forme ; Andries Pretorius, l'héroïque chef de guerre qui écrasa l'armée zouloue avant de donner son nom à la capitale du pays ; le général Jan Smuts, le sabreur à moustache qui mit en déroute des escadrons en tuniques rouges avant de se réconcilier avec les Anglais pour gouverner le premier État sud-africain, tous les héros d'une courte mais glorieuse histoire sont réunis sur les murs de cette pièce où sont aujourd'hui rassemblés ceux qui incarneront peut-être la nouvelle génération de chefs qu'attendent les Blancs d'Afrique du Sud. Posé sur une console éclairée par un projecteur se trouve un dernier portrait encadré d'un sobre liséré vert et rouge, les couleurs du Transvaal et de l'Orange. Les visiteurs ont reconnu sans peine le sévère visage à longue barbe triangulaire coiffé d'une calotte de velours noir de Jean Calvin. C'est à coup sûr auprès de lui et des autres figures décorant les murs de ce salon que les quatre visiteurs vont chercher l'inspiration de leurs prochains rendez-vous avec l'Histoire.

Autour de Daniel François Malan sont assis ses trois plus proches collaborateurs, Hendrik Verwoerd d'abord qui, depuis son retour d'Allemagne, s'est engagé à plein temps aux côtés du chef du Parti national purifié. Sa mission principale est d'établir un contact permanent avec la base du vote afrikaner, d'évaluer à tout moment les forces et les capacités des petits Blancs à se mobiliser au service d'un objectif national. En face de Verwoerd est assis un grand garçon aux airs de professeur, le visage barré d'une moustache en brosse et de lunettes sans monture. Piet Meyer est le fils d'un ancien camarade de séminaire de Malan. Âgé d'à peine trente ans, c'est l'un des principaux dirigeants de l'Église hollandaise réformée locale. Après avoir complété ses études de théologie à Amsterdam, il a, lui aussi, fait le voyage de Berlin pour étudier l'histoire dans plusieurs universités nazies. Une expérience qui en a fait un admirateur inconditionnel des méthodes de purification ethnique hitlériennes. À son retour au Cap, il s'est marié. Ayant donné le prénom Izan à son premier enfant, des esprits malveillants ont fait courir le bruit qu'Izan est l'anagramme du mot « nazi », ce dont Piet Meyer s'est toujours ardemment défendu. Mais c'est moins pour ses sympathies germaniques que pour sa place au sein de l'Église réformée de Hollande que Malan compte sur le concours du jeune ecclésiastique. Car il sait quel atout essentiel sera le soutien de la Nederdinste Gereformeerde Kerk dans le combat qu'il faudra mener pour s'emparer des leviers du pouvoir. Malan ne doute pas du respect dont il jouit lui-même dans les milieux cléricaux. Après tout, n'est-il pas un ancien dignitaire de la vénérable institution ? N'a-t-il pas lui-même maintes fois promis qu'elle donnerait toujours sa bénédiction à ceux dont l'objectif est d'apporter « l'éclatante et pure lumière du christianisme sur le continent noir » ?

La réunion compte un quatrième participant. Personne ne connaît la mentalité des masses susceptibles de porter Malan au pouvoir mieux que

Henning Klopper, l'ancien paysan qui fonda jadis, après avoir partagé la vie misérable des ouvriers blancs des banlieues de Johannesburg, la fraternité du Broederbond. La société secrète compte aujourd'hui plusieurs milliers de membres et ses réseaux noyautent tous les rouages de l'économie et de la politique. C'est un formidable instrument de conquête. Tous savent que Klopper en est le chef occulte.

Après de brèves paroles de bienvenue, Malan ouvre le débat de sa voix légèrement rauque.

— Le moment est venu de proposer d'urgence à notre peuple une idée susceptible de rallier ses énergies pour nous permettre de partir à la conquête du pouvoir, déclare-t-il en substance. Mais quelle idée ? Nous sommes ensemble ici pour en débattre. Car je ne vous le cache pas : l'apocalypse est à notre porte. La marée noire est prête à nous engloutir. Les quelques mesures de ségrégation prises par l'actuel gouvernement n'ont pratiquement eu aucun effet. Les Noirs n'ont jamais respecté les dispositions de la loi sur la terre censée les exclure de quatre-vingt-douze pour cent du territoire national. Depuis trente ans, je m'époumone à réclamer un système politique où un kaffir serait condamné à rester un kaffir. Avec quel succès ? Voyez ces quartiers de District Six ou de Sophiatown où Blancs et Noirs forniquent et même se marient à tout va !

Malan esquisse un rictus de dégoût. Puis il continue en martelant cette fois son discours :

— Tant que les lois censées réglementer la coexistence des Blancs et des Noirs de ce pays ne feront pas partie d'un arsenal législatif formellement inscrit dans la constitution d'un État sud-africain, ce spectre d'une pollution raciale ne fera que s'aggraver. Avec les conséquences que je vous laisse imaginer…

Malan pousse alors un long soupir. Il paraît soudain désabusé. Mais tout de suite, il se reprend.

— Hendrik, qu'as-tu à proposer ?

Les narines de l'ancien étudiant des universités de Berlin et de Munich frémissent. Depuis deux ans qu'il est rentré d'Allemagne, Hendrik Verwoerd n'a pas cessé, lui aussi, d'être hanté par le spectre d'un raz de marée noir engloutissant la toute petite minorité blanche de son pays. Quatre millions de Blancs face à vingt-quatre millions de Noirs, le match est en effet trop inégal. Le dictateur nazi peut se permettre d'expulser les juifs hors des frontières allemandes, ou de les enfermer dans des camps, ceux-ci ne représentent qu'une infime fraction de la population de son Reich. Par l'énormité de leur nombre, les Noirs d'Afrique du Sud ne peuvent pas être les juifs des Afrikaners. Hendrik est convaincu qu'il n'existe qu'une seule façon de résoudre le problème.

Il tapote la table avec la pointe de son crayon.

— Il faut que nous inventions un système qui nous permette de coexister avec les non-Blancs de ce pays, déclare-t-il. Nous n'avons pas d'autre choix. Coexistence pour moi ne veut pas dire « mixité ». Coexistence pour moi signifie « vivre à côté ». À côté mais sé-pa-rés. C'est cette très ancienne idée qu'avançaient déjà nos aïeux, selon laquelle nous devons vivre à côté mais séparés des Noirs, que nous devons aujourd'hui proposer formellement au peuple sud-africain. Cette coexistence, nous devons la fonder sur un principe, une doctrine, une idéologie qui puisse, à long terme, préserver notre survie en tant que peuple : autrement dit sur un *apartheid*, sur une séparation totale, absolue, intraitable, entre nous et les autres races et cultures sud-africaines.

Le mot qui mettra bientôt l'Afrique du Sud au ban des nations civilisées est une expression néerlandaise qui signifie exactement ce concept de « séparation ». Il a claqué comme un coup de feu dans le paisible salon orné de ses illustres portraits.

Malan hoche plusieurs fois la tête. Il semble soulagé.

— Ériger un mur entre les Noirs et les Blancs est en effet notre seul espoir d'échapper aux périls dus à notre infériorité numérique, approuve-t-il. C'est peut-être aussi notre seul espoir d'échapper à une guerre civile entre les communautés de ce pays.

Conscient des peurs du peuple afrikaner devant l'avenir, il ajoute :

— Sans doute la promesse d'une séparation physique, politique, administrative, entre les couleurs, les races, les cultures, les langues de ce pays, encouragera-t-elle notre peuple à vouloir assumer la responsabilité de gouverner l'Afrique du Sud, explique-t-il. Mais pour qu'il en ait la volonté, il faut d'abord qu'il soit convaincu en son âme et conscience que tel est le désir de Dieu.

Il se tourne vers Piet Meyer, le jeune dirigeant de l'Église hollandaise réformée :

— Piet, aucune voix ne peut encourager cette conviction mieux que celle de notre Église, déclare-t-il. Cet apartheid que nous invoquons tout à coup aujourd'hui sera forcément source d'injustices, de discriminations, peut-être de brutalités. Or, notre peuple est profondément religieux. Il risque de reculer devant la perspective de faire souffrir d'autres enfants de Dieu. Pour le rassurer, il faut que notre Église lui fournisse à travers ses dix mille représentants une justification en quelque sorte « théologique » susceptible de l'exonérer de tout sentiment de culpabilité.

Meyer réfléchit un instant.

— Fournir cette justification théologique ne devrait pas être un problème, admet-il. Dans leur majorité, les membres de notre clergé adhèrent depuis longtemps à ce concept de séparation physique entre les différentes races de notre pays. Car en fait ce concept s'appuie sur l'enseignement même de l'Ancien et du Nouveau Testament. Rappelez-vous ce chapitre 11 de la Genèse dont les versets 6 à 9 sur la Tour de Babel montrent que Dieu a expressément voulu séparer les peuples de la terre en leur faisant parler des langues différentes.

Verwoerd indique qu'il souhaite intervenir.

— Je suis d'accord, Piet, avec l'importance de ces références bibliques, mais pour judicieuses qu'elles soient, elles ne sauraient à mon avis absoudre les craintes que va générer l'imposition d'un système aussi radical qu'un apartheid.

Il considère un à un ses interlocuteurs.

— Pardonnez-moi de toujours revenir à Hitler. Mais ce qui m'a peut-être le plus frappé dans son entreprise, c'est qu'il a réussi à faire croire à tout un peuple de braves paysans, de braves commerçants, de braves ouvriers, de braves fonctionnaires et de braves intellectuels, qu'ils appartiennent tous à une race « supérieure ». Et qu'en vertu de cette supériorité, le peuple allemand peut exiger l'élimination physique de tous ceux que son chef a décidé de qualifier de « sous-hommes », tels les juifs, les tsiganes, les homosexuels, les malades mentaux et je ne sais qui encore… Dans la patrie de Goethe, de

Kant, de Nietzsche, de Rilke, au pays de Wagner et de Beethoven, un seul homme est parvenu à convaincre soixante-dix millions de « monsieur tout-le-monde » qu'ils constituent tous ensemble une race de seigneurs ! C'est extraordinaire, non ?

L'admiration de l'ancien étudiant résonne à travers le salon.

— Nous devons copier Hitler, conclut-il. Pour balayer leurs craintes, nous devons convaincre nos compatriotes blancs qu'ils appartiennent à une race supérieure.

— Je suis complètement d'accord avec Hendrik ! s'exclame aussitôt le représentant de l'Église hollandaise réformée. N'est-ce pas Dieu Lui-même qui a proclamé la supériorité raciale des Afrikaners lorsqu'Il leur a donné comme une Terre promise ce morceau d'Afrique, comme Il avait naguère donné aux Hébreux la terre d'Israël ? Du fait de ce cadeau, les Afrikaners se sont trouvés investis d'une mission divine : séparer les différentes races et cultures de ce pays pour que chacune puisse fleurir et s'épanouir dans un lieu particulier choisi par Dieu. Les Bantous au Transkei, les Zoulous au Natal, les Xhosas au Transvaal, les métis et les Indiens ailleurs… Mes amis, je suis certain d'être l'interprète des théologiens de notre Église quand je vous affirme qu'instaurer un apartheid dans ce pays ne sera ni un péché ni un crime. Ce sera au contraire une façon de servir la volonté divine qui veut que soient séparés les différents peuples vivant sur cette terre. Les Afrikaners trouveront en outre dans l'apartheid un rempart idéal protégeant leur race élue par Dieu pour dominer le reste de sa création.

— Piet, as-tu réfléchi à la façon dont nous devons convaincre les Afrikaners de leur appartenance à une race supérieure ? s'inquiète alors Malan.

— Bien sûr ! Tout d'abord par un minutieux travail de terrain. Il faut mobiliser tous nos pasteurs, nos *dominees*, pour qu'ils organisent dans toutes les paroisses du pays des séminaires, des colloques, des séances de réflexion, des débats. Cela va prendre des mois, peut-être des années. Mais au bout du compte, nous aurons formé une armée de croisés prête à partir à la conquête du Graal !

L'allusion au vase symbolisant la marche mythique de l'homme vers sa rédemption allume un sourire sur toutes les lèvres. C'est alors que se fait entendre une voix restée muette jusqu'ici. Le naturel plutôt réservé de l'ancien maçon de Johannesburg Henning Klopper était bien connu de ses compagnons, ce qui rendait toujours ses interventions particulièrement attendues. Bien qu'il n'ait pas été un témoin oculaire des grand-messes hitlériennes, Klopper était probablement l'un des Sud-Africains qui connaissait le mieux les techniques utilisées par Hitler pour jeter l'Allemagne dans les tentacules de l'hydre nazie.

— C'est par une vaste mise en scène à base de symboles autant que par la prédication d'une idéologie que Hitler a réussi à envoûter le peuple allemand, déclare-t-il posément. Il y a, dans le style employé par le chef du IIIe Reich, un modèle qui devrait inspirer nos responsables politiques. Or, comme le sait mieux que quiconque notre cher Daniel François Malan ici présent, une certaine apathie semble paralyser ces jours le petit peuple blanc. Pour le secouer, sans doute faudrait-il ressusciter devant lui quelques grands mythes de son histoire, organiser des fêtes, l'inviter à défiler en fanfare derrière ses drapeaux et les oriflammes hérités de son glorieux passé. Bref, mes amis, il faudrait faire du Nuremberg !

L'exhortation provoque une vive surprise. « Faire du Nuremberg » au Cap, à Durban, à Pretoria, à Johannesburg, quelle extravagante idée ! Malan a déchaussé ses lunettes et se met à astiquer fébrilement les verres avec son mouchoir. Verwoerd et Piet Meyer tapotent nerveusement le bord de la table de la pointe de leur crayon. Klopper s'empresse de rassurer ses compagnons.

— J'ai une idée à vous proposer, annonce-t-il. Notre histoire nationale est pleine de symboles, pleine d'épopées magnifiques toutes capables d'enflammer les imaginations de nos compatriotes, de galvaniser leurs volontés. La plus belle selon moi est notre grande migration d'il y a un siècle, quand nos aïeux se sont enfuis du Cap avec leurs femmes, leurs enfants et leurs bibles à bord de chariots tirés par des bœufs pour aller conquérir de nouveaux territoires. Cette épopée que nos aïeux ont appelée *The Great Trek* – le Grand Voyage –, est l'événement le plus emblématique de notre histoire, celui que vénèrent tous les Afrikaners avec le plus de ferveur. Je vous propose de rassembler quelques chariots et de les lancer dans une reconstitution à grand spectacle de cette aventure sur les routes et les chemins allant du Cap à Pretoria. Mille deux cents kilomètres d'une nouvelle marche héroïque qui rappelleront les droits imprescriptibles des nôtres sur le pays qu'ils ont hérité de Dieu. Leur épopée a duré cinq ans. Elle a définitivement scellé le mariage de nos pères avec la terre d'Afrique.

Les paroles de Klopper font sensation. Elles permettent de clore la réunion sur un véritable projet d'espérance. Voilà une reconstitution du passé qu'aucun chorégraphe du IIIe Reich n'aurait désavouée. Dès le lendemain, Klopper passe à l'action. Il déploie une imagination débordante. Il fait construire neuf chariots rigoureusement identiques à ceux du Grand Voyage qu'il baptise du nom d'un héros, d'un haut lieu ou d'un fait gravés dans les mémoires. Le chariot qui porte le nom de Piet Retief rappelle la haute figure du chef afrikaner qui tenta de s'entendre avec les Zoulous mais qui fut lapidé à mort par leur roi. Celui d'Andries Pretorius évoque l'héroïque officier dont le portrait orne le salon où Malan et ses disciples se sont rencontrés. À la tête de quatre cent soixante-huit trekkers, Pretorius a exterminé trois mille Zoulous au bord de la Buffalo River rebaptisée la Blood River, la rivière de Sang. Un autre chariot porte le nom de Weenen, la vallée des larmes où furent massacrés durant leur sommeil deux cent quatre-vingt-un hommes, femmes et enfants, et leurs deux cents serviteurs. Celui qui s'appelle Sarel Cilliers honore un ancien pasteur du Cap qui, en pleine bataille, harangua ses compagnons du haut d'un affût de canon pour leur demander de se réunir chaque année à la même date, eux et leur postérité, pour une célébration d'action de grâces en souvenir de leur sacrifice. Depuis ce jour de 1838, le 16 décembre est devenu une date sacrée dans le calendrier afrikaner. Les noms d'autres chariots rendent hommage à des enfants, comme ce jeune Dirkie Lys qui refusa de s'enfuir pour mourir auprès du corps blessé de son père. Ou cette petite Johanna que sa mère, frappée à mort, cacha au fond du chariot familial avant d'expirer.

Jamais Adderley Street, la célèbre avenue du Cap, n'a connu pareille affluence. De toute la ville, des banlieues, des cités voisines, plus de cent mille Blancs sont accourus ce 8 août 1938 pour assister au départ du grand pèlerinage imaginé par Henning Klopper. Avant de se hisser sur le timon du Piet-Retief, l'ancien maçon désigne de son chapeau haut de forme l'imposante statue de Jan van Riebeeck, le premier Hollandais arrivé sur la terre d'Afrique. « Prions, mes amis, pour que notre voyage unisse tous les Afrikaners de ce pays », s'écrie-t-il. Tirés chacun par huit paires de bœufs, les neuf chariots s'ébranlent alors sous les ovations de la multitude. Ils vont gagner la capitale Pretoria, située à douze cents kilomètres, par des itinéraires différents. Dans toutes les localités traversées les attend un comité d'accueil présidé par le *dominee* de la paroisse et le représentant local de la fraternité du Broederbond. À chaque étape, des fermiers remplacent les attelages fourbus par des bêtes fraîches. Le passage des pèlerins déclenche partout une telle ferveur que l'on débaptise les rues pour leur donner le nom des grandes figures de la migration du siècle précédent. À Boksburg, la Seventh Street devient ainsi la rue Sarel Cilliers, en souvenir de l'ancien révérend du Cap. Pour rendre un hommage encore plus vibrant à leurs aïeux, des milliers d'hommes se laissent pousser la barbe, endossent pantalons et gilets de cuir, se coiffent du chapeau à bord relevé des trekkers d'autrefois. Les femmes revêtent les longues robes à fleurs de leurs épouses et courent jusqu'aux chariots pour faire bénir leurs bébés par les équipages.

Des fanfares, des drapeaux claquant au vent, accueillent les pèlerins sur tous les champs de bataille du siècle précédent, preuves poignantes de la fidélité du peuple afrikaner aux mythes de son passé. À Fordsburg, les ouvrières d'une usine s'habillent de tenues traditionnelles pour saluer d'un déluge de fleurs le passage d'un attelage. Près de Johannesburg, ce sont les gueules noires d'une mine de charbon qui sortent de leur puits pour ovationner les voyageurs et leurs bêtes. À l'entrée de la capitale, des milliers de torches brandies par des scouts engloutissent les arrivants dans un océan de feu. Deux immenses flambeaux symbolisant la flamme de la liberté et celle de la race blanche précèdent la procession des torches. Ils sont partis du Cap quatorze jours plus tôt, portés de relais en relais par de jeunes coureurs. Un fleuve illuminé long de plus d'un kilomètre escorte la file des chariots qui monte vers la colline où s'élève le monument érigé à la gloire des voyageurs du siècle précédent. À mesure qu'ils arrivent, les porteurs de torches jettent leurs flambeaux dans un gigantesque feu de joie. Des femmes se précipitent aussitôt vers le brasier pour enflammer le coin d'un mouchoir ou un pli de leur robe afin de garder un souvenir de la grandiose kermesse. D'autres foyers s'embrasent sur les collines autour de Pretoria. La capitale entière est bientôt encerclée d'un collier incandescent symbolisant la liberté et la gloire de l'homme blanc. « La colline est en feu. Un feu afrikaner ! Le feu enthousiaste de la jeune Afrique du Sud ! » s'exclame une porteuse de torche âgée de seize ans.

Une mer humaine d'au moins deux cent mille personnes envahit bientôt la colline. C'est le plus grand rassemblement dans toute l'histoire du peuple afrikaner. Bouleversé par l'ampleur du spectacle et par la féerie du décor illuminé, Daniel François Malan monte alors sur la tribune érigée en son honneur. D'abord cassée par l'émotion, sa voix retrouve très vite les accents que mérite cette grandiose rencontre. Malan sait faire parler son cœur. « Comme les héros de la Blood River ont par leur sacrifice sauvé la race blanche, s'écrie-t-il en tentant de couvrir le tonnerre des applaudissements, c'est aujourd'hui le devoir des Afrikaners de se battre pour que l'Afrique du Sud reste à jamais la terre de l'homme blanc ! »

« *Eie Volk, eie taal, eie land !* – Notre peuple, notre langue, notre terre ! » Ce pourrait être un slogan lancé par Adolf Hitler aux foules allemandes. Ce sera celui de Daniel François Malan au lendemain de la grand-messe des chariots sur les collines de Pretoria. Galvanisé par les récits que lui ont rapportés de leur voyage dans le IIIe Reich ses jeunes partisans, conforté par le soutien unanime des membres de la fraternité du Broederbond, le chef du Parti national purifié n'hésite pas à comparer son combat pour le pouvoir à celui du dictateur nazi. Certes, la doctrine de l'apartheid qu'il va progressivement expliquer à ses électeurs et le national-socialisme ne sont pas de même nature. Mais l'un et l'autre sortent du même chaudron d'insatisfactions nationales et de souffrances économiques. Les flammes du renouveau allumées par Hitler, la vision d'une révolution nationaliste et anticapitaliste rejetant à la fois le communisme et le libéralisme tout en exaltant les notions de « peuple », de « sang », de

« race » ont définitivement séduit Malan et les idéologues afrikaners. La bataille pour ces concepts de « sang » et de « terre » n'est-elle pas après tout celle menée par les Israélites de la Bible pour atteindre la Terre promise ? En conquérant le pouvoir, les Afrikaners ne démontreront-ils pas que Dieu veut que l'Afrique du Sud soit pour toujours la propriété des Blancs ?

« *Die kaffer op sy plek* – Le nègre à sa place. » Dans la cosmologie dévoyée qui va inspirer le programme électoral du Parti national purifié, la devise s'impose très vite comme un article de foi. La chose peut paraître surprenante car une certaine ségrégation raciale imprègne déjà la plupart des sphères de la vie sud-africaine. Chaque cité possède en effet son quartier noir séparé fait de baraques en bois qu'on appelle *the location*, comme pour souligner la non-identité des Noirs qui l'habitent. Le soir, presque partout, la cloche du couvre-feu vide subitement les résidences et les commerces blancs de leurs domestiques et employés de couleur. La ségrégation règne aussi dans les bus et dans les trains. Il y a des guichets pour les Noirs dans les bureaux de poste et dans les banques. Dans les hôpitaux, même dans les salles d'opération, Noirs et Blancs sont soignés séparément. Les Noirs ne fréquentent pas les écoles des Blancs et ne sont pas enterrés dans les mêmes cimetières. Mais, sauf dans le travail, ces manifestations de séparation ne sont pas formellement rendues obligatoires par une loi ou un règlement. Cela se passe ainsi, plus ou moins par habitude. Les Noirs et les Blancs vivent dans des mondes distincts. Ils ne se rencontrent jamais, sauf dans des relations de maîtres et de serviteurs. Bien qu'aucune disposition législative n'interdise les mariages mixtes, ceux-ci sont extrêmement rares. Dans la province du Cap, les métis de sexe masculin jouissent du droit de vote au Parlement. Les Blancs considèrent cependant ces privilégiés comme les sujets d'une race inférieure qui ne pourront jamais appartenir à la civilisation blanche. Mais il ne s'agit pas tant d'un système que d'un mode de vie. Sa nature pragmatique plutôt qu'idéologique rend possible quelques exceptions, tels ces quartiers de District Six et de Sophiatown où Noirs, métis et Blancs pratiquent une coexistence raciale qui permet de croire que tout progrès n'est pas interdit. Malan dénonce avec violence de telles dérives qui menacent à ses yeux la pureté de la race. Bientôt, se rassure-t-il, l'application de l'apartheid lui donnera les moyens d'y mettre fin. Une politique qu'il mènera sans états d'âme puisque les objectifs de ce dogme sont conformes à la loi de Dieu et bénis par l'Église. Gare aux Afrikaners qui oseront s'y opposer ! Ils seront immédiatement sanctionnés comme « traîtres à la race ». Les descendants d'un peuple d'individualistes vont devenir une nation de conformistes. Car l'heure est venue pour tous les Afrikaners de se fondre dans le même moule d'une implacable idéologie.

L'homme que Malan a chargé de la mission capitale de préparer l'application pratique de cette idéologie est celui de ses intimes qui le premier prononça le mot d'apartheid. L'ancien étudiant qui avait vu Hitler quitter le stade des Jeux olympiques de Berlin pour ne pas avoir à serrer la main d'un athlète noir était devenu le grand prêtre de la campagne du Parti national purifié pour les élections cruciales de mai 1948. Mêlant une imagination sans bornes à une compétence hors pair, Hendrik Verwoerd s'activait à préparer la stratégie que le parti devrait appliquer en cas de victoire. C'est naturellement à la mise en œuvre de cet apartheid dont il s'était fait l'instigateur qu'il consacre en priorité ses forces. Séparer les communautés d'un pays entier dans toutes les expressions de leurs existences est une entreprise gigantesque qui n'a pas de précédent dans l'histoire de l'humanité. Il faudra recruter et former des légions de géomètres, d'ethnographes, de spécialistes du cadastre, d'urbanistes, de contrôleurs d'impôts, de policiers, de conducteurs de bulldozers, de déménageurs, d'agents de toutes compétences urbaines et rurales. Il faudra collecter et imprimer des dizaines de milliers de cartes, de plans, de titres de propriété. Il faudra pouvoir mettre sur fiches plusieurs millions d'individus. Il faudra rédiger les centaines de lois que le Parlement sera appelé à voter. Il faudra pouvoir réquisitionner les bâtiments et bureaux nécessaires à l'installation d'un gigantesque quartier général uniquement destiné à la conduite des opérations décidées.

Qui sait, en cette fin des années 1940, que Hendrik Verwoerd et son équipe de fourmis sont déjà prêts à promulguer pas moins de mille sept cent cinquante mesures de ségrégation différentes pour que les Blancs puissent à jamais régner seuls sur l'Afrique du Sud ?

Deuxième partie

Les bulldozers du Premier ministre

Le Grand Voyage du peuple des chariots atteint enfin sa destination finale. Le 28 mai 1948, deux cent quatre-vingt-seize années et vingt et un jours après que le premier Hollandais a mis le pied sur la terre d'Afrique, dix ans après l'appel solennel de Daniel François Malan du haut des collines de Pretoria, l'heure tant espérée de la rédemption est arrivée. Dieu va donner à son peuple la place qu'Il a choisie pour lui sur la terre africaine. Par six cent vingt-quatre mille cinq cents voix de majorité et quatre-vingt-neuf sièges sur cent cinquante-quatre, le Parti national purifié et ses alliés ont remporté les élections générales de l'Union sud-africaine.

Midi sonne à l'horloge du Parlement du Cap quand apparaît à la tribune de l'assemblée l'architecte de ce résultat. Pour marquer que cette victoire signifie bien l'avènement d'une ère nouvelle, ce n'est pas dans l'anglais officiel utilisé par les précédents maîtres du pays qu'il s'adresse à ses pairs mais en afrikaans, le langage guttural que s'est forgé le peuple afrikaner au cours de son long pèlerinage à travers l'Afrique. Levant les bras vers les députés, Daniel François Malan s'écrie : « L'histoire des Afrikaners révèle une volonté et une détermination qui permettent de penser que le destin de notre peuple n'est pas l'œuvre des hommes mais la création de Dieu. L'Afrique du Sud nous appartient enfin. Prions Dieu pour qu'il en soit toujours ainsi. » Le sobre discours soulève un séisme dans l'enceinte jusque-là silencieuse. Des gens de tous bords se lèvent, tapent du pied, applaudissent, lancent des acclamations ! Ils ont du mal à croire ce qu'ils viennent d'entendre. C'est tout à coup un débordement d'orgueil, une vision de revanche. Jamais les boiseries de teck qui tapissent les murs de la noble institution n'ont résonné d'un pareil chahut. On pleure, on s'étreint, on se congratule. La vague des hourras gagne tous les bancs, y compris ceux de l'opposition. Soudain un chant s'élève de toutes les travées. Puissant, généreux, martial, c'est l'hymne national des Blancs qui glorifie leur épopée sur la terre d'Afrique du Sud. Étrange victoire, remportée par un peu plus de la moitié de la minorité blanche qui ne représente elle-même qu'un cinquième de la population totale. Peuplé de cinq millions de Blancs et de vingt-cinq millions de Noirs sur un territoire deux fois et demie plus grand que la France, le pays dont hérite l'ancien clergyman est une surprenante mosaïque où le meilleur et le pire se côtoient avec plus d'intensité et de brutalité que nulle part ailleurs en Afrique. C'est un pays qui accueille ses animaux sauvages dans de somptueuses réserves mais qui entasse dans un chapelet d'ignobles ghettos des millions de ses habitants. Un pays dont le sous-sol gorgé d'or et de diamants a fourni au sceptre du roi d'Angleterre Édouard VII un caillou de cinq cent quatre-vingt-dix carats mais qui condamne deux enfants noirs ou métis sur trois à aller pieds nus à l'école, quand toutefois il existe une école. Un pays qui compense l'extrême pauvreté économique de la majorité de sa population par une richesse culturelle et une ferveur religieuse sans égales dans le reste du continent. Un pays d'une intense spiritualité où quatre-vingt-dix pour cent des Noirs et des métis adorent le Dieu de justice et d'amour de leurs oppresseurs blancs, où six cent mille hindous vénèrent autant de divinités que l'Afrique entière compte d'habitants ; un pays qui possède quelques-uns des hôpitaux les plus modernes du monde mais où des centaines de milliers de familles n'ont que des guérisseurs pour les soigner ; un pays où les femmes des campagnes conjurent leur stérilité en se parant de colliers qu'elles ne pourront plus enlever jusqu'à leur mort ; où les jeunes mâles des tribus zouloues doivent tuer un lion d'un coup de sagaie pour être acceptés par leur clan. Un pays qui produit plus d'acier, de charbon, de cuivre, d'uranium et de bois précieux que n'en consomment l'Inde et le Brésil, mais qui ne parvient pas à offrir une assiette quotidienne de millet ou de patates douces à des millions de ses enfants. Un pays doté d'infrastructures routières, ferroviaires et aériennes que beaucoup de nations européennes peuvent lui envier mais qui laisse croupir un nombre incalculable de ses ouvriers dans de sordides dortoirs comparables aux baraquements des camps nazis ou des goulags soviétiques. Un pays qu'une myriade de partis et d'associations politiques pousse à une révolte permanente. Un pays où trois à quatre cent mille petits Blancs travaillant dans l'agriculture et les mines vivent au-dessous du seuil de pauvreté à cause de la concurrence d'une main-d'œuvre noire payée à vil prix. Bref, un pays de tous les extrêmes, regorgeant d'atouts et de richesses mais gangrené de brutalités et d'injustices que seule une main de fer au service d'un projet politique peut espérer maîtriser.

Une malicieuse coïncidence veut que l'Afrique du Sud ait un autre rendez-vous historique ce matin du 28 mai 1948. À peine le carillon du monumental édifice aux splendides façades victoriennes du Parlement du Cap a-t-il sonné l'heure de la victoire électorale des Afrikaners, qu'une cérémonie commence dans un faubourg à quelques encablures de l'opulente ville blanche. « Vous entrez ici au pays des merveilles ! » proclame un graffiti sur le mur d'une petite maison victorienne aux balcons de fer forgé plantée à l'entrée de District Six. C'est ainsi que ce quartier se trouve désigné sur les cartes géographiques de la ville. Ici, dans un labyrinthe de ruelles, de places et de vieilles bâtisses abritant un fouillis d'échoppes, de gargotes, de tavernes, de cafés, de marchands d'épices, de tripots, d'ateliers d'artistes et de logements, cohabitent soixante mille Noirs, métis, Indiens, Malais et Blancs. Beaucoup de Blancs viennent chaque soir des quartiers bourgeois pour déguster les ragoûts pimentés du bistrot d'Alex ou s'enivrer de bouteilles bon marché de vin de la région de Paarl. Avant d'aller griller un joint de cannabis ou une pipe d'opium à côté du salon de coiffure du Grand Canyon. Quant aux pensionnaires des innombrables bordels, tout le monde s'accorde à reconnaître qu'elles font davantage pour la paix raciale en Afrique du Sud que les sermons des pasteurs de toutes les églises réunies. District Six est un véritable îlot de tolérance et de fraternité où la pauvreté est parvenue à gommer la plupart des différences. L'endroit insuffle même au reste de la grande métropole un dynamisme, un optimisme, qui suscitent la fierté et l'admiration de tous, qu'ils soient blancs ou de couleur. N'est-ce pas dans ses tavernes et sur ses placettes qu'est né, entre autres, le jazz africain, une musique dont les connaisseurs affirment qu'elle vaut celle des cabarets de La Nouvelle-Orléans, un jazz qui a son idole en Dollar Brand, un trompettiste aussi adulé que le mythique Satchmo.

Ce qui fait la principale originalité du quartier, c'est toutefois son goût pour la fête. Presque chaque jour, ses ruelles et ses places retentissent des fanfares de quelque procession honorant un événement ou une célébration de ce microcosme de religions, de cultures, de traditions. Les pauvres de District Six ne sont nullement des déracinés ni les vaincus d'un karma pourri, mais au contraire de vibrantes preuves du pouvoir éternel de l'homme à surmonter tous les coups de l'adversité.

La fête d'aujourd'hui est une réplique du célèbre Coon Carnival, la kermesse qui chaque premier de l'an enflamme le quartier de ses danses, de ses chants, de ses costumes étincelants. À sa tête, avance en se dandinant avec un plaisir évident l'une des plus célèbres figures locales, un Noir baraqué d'un mètre quatre-vingt-dix au torse zébré d'estafilades. Les habitants lui doivent une bonne partie des initiatives qui font de District Six un lieu si bouillonnant de vie et d'imagination. Barnabas Zanzibari, trente-sept ans, est le propriétaire d'une taverne d'Eaton Square, une petite place bordée de maisons victoriennes délabrées qui révèlent que le quartier a connu autrefois des temps meilleurs. Zanzibari est suivi de ses deux acolytes habituels : Apollon Davidson, un métis moulé dans ses jeans qui exerce la profession de tatoueur sur Upper Ashley Street, et un autre Africain vêtu d'une gandoura bordée d'un ruban couvert de paillettes. Tout le monde connaît Salomon Tutu. C'est le coiffeur « jet » du quartier, un authentique sculpteur de chevelures afro dont la réputation s'étend bien au-delà des murs de District Six. Les trois personnages sont suivis d'une fanfare de fifres, de trompettes et de tambours qui entraîne dans son sillage une foule d'hommes, de femmes et d'enfants en costumes et chapeaux multicolores.

Ce matin de mai, District Six est en ébullition. Un événement presque insignifiant secoue le quartier, un événement pourtant hautement symbolique de la volonté des hommes et des femmes de couleur de ce pays de s'opposer à la tyrannie raciste que se préparent à leur faire subir leurs concitoyens blancs. Le cafetier Barnabas Zanzibari, le tatoueur Apollon Davidson et le coiffeur Salomon Tutu vont inaugurer au nom de toute la population de District Six la première pissotière multiraciale installée au « pays des merveilles ».

L'édicule s'élève tout en bas d'Upper Darling Street, au cœur d'un petit square planté de quelques chétifs buissons d'acacias. Il est plutôt coquet avec son toit en forme de terrasse et ses deux entrées décorées de céramiques peintes. L'intérieur est d'une propreté immaculée avec ses rutilantes vasques de porcelaine blanche fixées aux murs et ses robinets et ses tuyaux de vieux cuivre étincelants. Une pancarte alerte sur les dangers des maladies vénériennes, une autre recommande aux utilisateurs de « s'avancer au plus près des réceptacles pour ne pas risquer de souiller le sol de la moindre goutte d'urine ». Il est par ailleurs annoncé que cracher est un délit passible d'une amende de cinq rands.

Une fois tout le monde rassemblé autour du petit édifice, Zanzibari grimpe sur une pierre et s'adresse à ses concitoyens. « Ce que nous inaugurons aujourd'hui est beaucoup plus qu'une vespasienne, déclare-t-il. C'est un lieu où des hommes de toutes les races et de toutes les couleurs vont pouvoir ensemble satisfaire un besoin de la nature. » Puis, bombant le torse, il ajoute : « Sous ce toit, il n'y aura plus ni Noirs, ni sang-mêlé, ni Indiens, ni Blancs, mais des créatures de Dieu vivant côte à côte un moment de paix raciale et d'harmonie. » Quelqu'un dans l'assistance lève la main pour interpeller l'orateur. « Frère, lance-t-il, est-ce que le gouvernement ne va pas s'empresser de fermer notre pissotière parce qu'elle viole les interdits de la ségrégation raciale ? » Zanzibari esquisse un sourire rassurant : « Pour l'instant, les lois raciales de ce pays ne s'appliquent qu'aux lieux publics, réplique-t-il vivement. Une pissotière n'est pas exactement un lieu public puisque son usage est de nature privée. Pour l'interdire, il faudrait le vote d'une loi spéciale mettant hors la loi l'exercice interracial d'un acte naturel voulu par Dieu. » L'explication est un peu compliquée, mais elle enchante l'assistance qui se met à applaudir frénétiquement. Zanzibari lève alors les bras pour demander le silence. Une expression de bonheur illumine soudain son visage. L'instant crucial est arrivé. Il s'écrie : « Messieurs, je vous invite à prendre possession de votre pissotière. »

Une douzaine d'hommes sortent des rangs. Zanzibari a atteint son but. Il y a parmi eux des Noirs, des sang-mêlé, des Indiens, des Malais et aussi deux membres de la minorité blanche du quartier. Chacun s'incline respectueusement en entrant. On entend les gargouillis prolongés d'une chasse d'eau, aussitôt noyés dans les éclats de la fanfare. Les résidents de District Six ont réussi à défier le chant de victoire qui ébranle les murs du Parlement. Un jour, c'est sûr, toute l'Afrique du Sud pourra uriner de concert dans une même fraternité raciale.

Pour les vingt-cinq millions de Sud-Africains de couleur qui n'ont pas eu le droit de jeter leur bulletin de vote dans les urnes des élections de ce mois de mai 1948, c'est la consternation. Alors qu'un nouveau concept d'égalité et de dignité a commencé à se répandre à travers le monde colonisé, alors que les grandes nations impérialistes d'Occident sont en train de renoncer à leur hégémonie sur les peuples qu'elles dominaient depuis des générations, alors que l'Organisation des nations unies vient d'accueillir une centaine de nouvelles nations indépendantes, l'Afrique du Sud blanche s'engage dans le chemin inverse.

Partout dans l'immense pays des gens se réunissent pour commenter cette terrible réalité et imaginer les conséquences qu'elle aura sur leur destin. Nulle part l'une de ces rencontres n'atteint autant de gravité et de signification que celle qui rassemble ce 28 mai dans la matinée trois hommes au n° 8115 Orlando West, une township noire dans la banlieue de Johannesburg. L'adresse correspond à l'un des deux mille cabanons au toit de tôle ondulée qui s'alignent à perte de vue sur un plateau aride qui prendra un jour le nom de Soweto. Seules les familles justifiant d'une occupation dans une zone blanche ont le droit de louer l'une de ces bicoques dépourvues d'eau courante, d'électricité et de sanitaire.

Le logement se compose d'un recoin servant de cuisine et de deux pièces minuscules faisant office de dortoir, salle à manger et lieu de réunion. C'est là que réside, avec son épouse Evelyne, vingt-sept ans, et ses deux enfants de deux et un an, un jeune avocat stagiaire de vingt-neuf ans originaire d'une famille princière du pays xhosa. Grand, athlétique, le visage mangé d'un duvet de barbe, ses cheveux crépus soigneusement divisés en deux par une raie, toujours élégant dans l'unique costume qu'il possède, l'homme ne manque pas d'allure. La douceur de sa voix qui semble venir du fond de sa poitrine et le sourire qui flotte comme une auréole autour de son visage lui donnent une distinction naturelle qui commande le respect. Son prénom lui a été donné par le révérend britannique de la petite école du Transkei où il a appris à lire et à écrire. Un jour, des millions d'Africains en délire acclameront ce nom comme celui d'un messie. Il s'appelle Nelson Mandela.

Mandela lève les yeux vers ses compagnons venus le rejoindre pour faire un premier diagnostic de la situation.

— Nous devons nous attendre au pire, déclare-t-il en substance. Ils ont axé toute leur campagne sur le *swart gevaar* – « le danger noir » – et n'ont cessé de s'appuyer sur leur slogan du « nègre à sa place ». Ne rêvons pas, les amis. Leur apartheid est peut-être un concept nouveau mais c'est une vieille idée. Ce n'est rien d'autre qu'un système oppressif grâce auquel ils vont pouvoir codifier une fois pour toutes les lois et les habitudes qui, depuis trois siècles, maintiennent les Noirs de ce pays dans une position inférieure. Il faut préparer tout de suite notre défense.

– Tout de suite ! confirme fiévreusement Olivier Tambo, vingt-six ans, l'un des visiteurs venus spécialement de Johannesburg où il enseigne les mathématiques dans une école chrétienne.

Comme Mandela, Tambo est un militant engagé de la résistance noire à l'oppression blanche.

– Cette victoire électorale des Afrikaners ne doit pas nous faire peur, intervient alors de sa voix placide Walter Sisulu, le troisième comparse de la réunion, car nous savons maintenant qui sont nos ennemis.

On ne peut imaginer personne plus différente de Mandela que ce petit homme trapu de trente-deux ans qui exerce la profession de clerc dans un cabinet immobilier de Johannesburg. Vêtu d'un blouson de cuir et chaussé de bottes de débardeur, c'est un homme à la force tranquille qui cherche toujours à analyser une situation sous un angle positif.

– Quels que soient nos ennemis, fait vivement observer Tambo, c'est la guerre qu'ils veulent nous imposer avec leur apartheid.

Mandela se lève et se met à tourner en rond dans le minuscule salon.

– Guerre ou pas, l'ANC doit réagir avec une extrême fermeté, déclare-t-il. Malan et ses Afrikaners doivent savoir que nous sommes prêts à nous battre pour nos revendications essentielles. Par exemple, l'abandon immédiat de la redistribution des terres et la fin de l'interdiction faite aux Africains d'exercer certains emplois… – Il se racle la gorge. – Pour la liberté de domicile, l'éducation obligatoire, les mariages entre Blancs et Noirs, on verra plus tard…

— Tu as raison, Nelson, acquiesce Sisulu, mais tu sais bien qu'il ne faut pas attendre grand-chose des responsables actuels de l'ANC. L'ANC est aujourd'hui une vieille baderne fatiguée plus soucieuse de sauvegarder les acquis du passé que de promouvoir les droits de notre peuple pour l'avenir.

La mythique organisation de défense de la cause noire née un soir de 1912 dans un théâtre de Bloemfontein n'avait cessé de mener une action non violente contre les discriminations, de dénoncer le racisme, de militer pour faire des Africains des citoyens à part entière. Profitant du vent de liberté que la Seconde Guerre mondiale avait fait souffler dans le monde colonial, l'organisation avait rédigé une charte des revendications africaines, au premier rang desquelles se trouvait le droit des Noirs à devenir des citoyens sud-africains. Comme l'écrirait plus tard Nelson Mandela : « Nous espérions que le gouvernement et les Sud-Africains ordinaires verraient que les principes pour lesquels ils combattaient en Europe étaient les mêmes que ceux que nous défendions chez nous[1]. »

1. Cette citation, comme toutes les suivantes attribuées à Nelson Mandela proviennent de sa remarquable autobiographie écrite en anglais et publiée dans son édition originale sous le titre *Long Walk to Freedom*, par Little, Brown and Company,

Persuadés que l'ANC aurait besoin de sang frais pour affronter l'épreuve de force à leurs yeux inévitable si les extrémistes blancs parvenaient au pouvoir, Mandela, Sisulu, Tambo et une poignée de jeunes militants avaient créé en 1943 une Youth League, une « jeune garde » au sein de la vieille organisation. Proclamant un nationalisme africain pur et dur et le rassemblement de toutes les tribus en une seule nation, cette jeune garde prônait ouvertement depuis cinq ans le renversement de la suprématie blanche et l'instauration immédiate d'une forme de gouvernement démocratique. Dans leur manifeste, les trois militants réunis ce matin dans le minable cabanon d'Orlando West allaient solennellement réaffirmer leur certitude que « la libération nationale des Africains sera réalisée par les Africains eux-mêmes » et que leur jeune organisation « doit être un laboratoire d'idées et une source de force pour l'esprit du nationalisme africain ». Malgré sa fermeté, leur credo perpétuait toutefois l'idéal de non-violence que l'ANC avait jadis reçu en héritage du Mahatma Gandhi. Mais pour combien de temps encore ?

À l'heure de leur triomphe, les champions de l'apartheid ne pourraient que se moquer de cette révolte désespérée jaillissant du fond d'une township par la bouche de trois jeunes Noirs. Dans les bâtiments de leur nouveau pouvoir juchés sur les collines fleuries de Pretoria, leur croisière raciale vers l'horreur a déjà commencé.

Londres, en 1994 et dans son édition de poche par sa division Abacus en 1995. Ce texte a été traduit en français par Jean Guiloineau et publié par Fayard en 1995 sous le titre *Un long chemin vers la liberté*. (Cf. bibliographie succincte en page 381.)

L'amour charnel. Le plus grand danger pour l'intégrité de la race. Hier la hantise d'Adolf Hitler et de ses purificateurs ethniques, aujourd'hui celle de Malan et de ses complices lancés sur la voie de l'apartheid. À peine installé dans son poste de général en chef du mouvement situé au premier étage de l'Union Buildings, le siège administratif du gouvernement enfoui dans les buissons de jacarandas, Hendrik Verwoerd s'attaque au problème. En quelques heures, il accouche de deux lois. Baptisées *Immorality Act* et *Prohibition of Mixed Marriage*, elles mettent hors la loi les relations sexuelles entre partenaires de races différentes. Toute infraction sera punie d'une peine ferme de sept années de réclusion. Votées en urgence, ces dispositions sont aussitôt portées à la connaissance du pays. Certes, elles ne concernent qu'une toute petite minorité de la population. Mais le droit de s'aimer librement était jusqu'ici l'un des seuls privilèges partagés par tous les Sud-Africains quelle que soit leur couleur de peau.

Dans les rares endroits où prévalent quelques exemples de mixité raciale, c'est la stupeur. L'irruption du coiffeur « jet » du quartier de District Six dans l'atelier de son voisin, le tatoueur Apollon, provoque même l'affolement. Le coiffeur brandit en effet la une du *Cape Times* du jour, barrée d'une énorme manchette « *New power to impose apartheid* – Le nouveau pouvoir impose l'apartheid », et d'un sous-titre annonçant l'interdiction sous peine de prison de toutes relations sexuelles entre Noirs et Blancs.

— Apartheid ? s'inquiète le tatoueur, qu'est-ce que cela veut dire au juste ?

Quelqu'un suggère d'aller chercher le cafetier Zanzibari, le responsable de la vespasienne multiraciale récemment inaugurée. Celui-ci arrive en courant. D'autres habitants se précipitent aussi. L'atelier du tatoueur est bientôt bondé. C'est normal car le lieu a toujours été le principal centre de rendez-vous politique du quartier. En sa qualité de tatoueur officiel, Apollon jouit en effet d'un respect très particulier. Par sa pratique il est une sorte de confesseur auprès duquel les habitants viennent exorciser leurs craintes et assouvir secrètement leurs fantasmes. Ses longs doigts efféminés armés d'aiguilles, de ciseaux, de fioles de teintures, tracent régulièrement sur la peau de ses clients des appels au bonheur, à la chance, à la fortune. Tout un catalogue de désirs aussi et parfois même de délires. Des femmes blanches viennent des beaux quartiers pour se faire tatouer sur le ventre un sexe noir en érection. D'autres réclament des serpents, des dragons, des symboles phalliques. Les hommes préfèrent les coqs, les aigles, les lions, les sabres. Des mendiants se font tatouer « *Please* » dans la paume d'une main et « *Thank you* » dans l'autre. Des truands réclament un carré de quatre points noirs sur le bras symbolisant les quatre murs d'une prison, avec un cinquième point au centre figurant le détenu sur le point de s'évader. Des marchands d'herbe, des drogués, des homosexuels, des lesbiennes, des prostituées encombrent aussi le salon pour faire graver dans leur chair quelque signe fétiche. Un excentrique s'est fait dessiner une fermeture Éclair au niveau de l'appendice avec la mention « ouvert par erreur ». Apollon lui-même s'est tatoué sur le cou un col de chemise et un nœud papillon. Quant à la pin-up toute nue imprimée sur la poitrine du boucher musulman de la rue d'en face, il a fallu toute l'adresse d'Apollon pour la recouvrir d'un voile le jour où le commerçant trouva une femme pour l'épouser.

L'assistance guette la réaction du cafetier devant la manchette du *Cape Times*.

— C'est une mauvaise nouvelle, déclare-t-il. Les Blancs vont construire un mur entre eux et nous.

— Est-ce que cela veut dire qu'ils prendront le meilleur du pays et ne nous laisseront que ce qu'ils ne voudront pas ? s'inquiète le coiffeur.

— Tu l'as dit, l'ami, confirme vivement le cafetier. Apartheid, cela signifie « séparation » en afrikaans. Les Blancs d'un côté, et tous les autres de l'autre.

Zanzibari dessine de la main une ligne imaginaire.

— Et nous les Blancs de District Six, de quel côté on va nous mettre ? s'enquiert soudain le petit homme à moustache qui tient la droguerie de Windsor Street.

Julius Samuel est juif. Il est marié à une métisse. Ses grands-parents ont immigré de Lituanie après les pogroms de la fin du siècle précédent. Sa famille compte parmi les plus anciennes du quartier. Avec quelques autres familles mixtes, elle est un exemple de l'harmonie raciale qui règne à District Six.

Le cafetier cherche une réponse.

— Peut-être que les Blancs t'obligeront à te séparer de ta femme et à venir chez eux, finit-il par dire en levant les bras tristement.

L'hypothèse fait naître une expression d'indignation sur les visages. District Six est une seule et même communauté. Personne ne doit jamais se trouver menacé d'être arraché au groupe.

— J'ai une idée ! annonce alors brusquement le coiffeur « jet ». Nous allons demander à Apollon de nous tatouer en grosses lettres sur la poitrine : « TOUS CONTRE L'APARTHEID ». Et nous irons défiler torse nu devant le Parlement du Cap.

Chacun baisse la tête, comme pour savourer religieusement l'extraordinaire proposition du coiffeur. Puis, soudain, quelqu'un crie : « Oui, tous contre l'apartheid ! » Malan et Verwoerd ne l'entendront pas, mais le cri aussitôt repris par tous ébranle les murs de l'atelier du tatoueur.

Conjurer le mélange des sangs ! Le nouveau pouvoir est décidé à se montrer inflexible. Il ira, s'il le faut, jusqu'à espionner les citoyens dans leur lit pour déceler toute relation susceptible de porter atteinte à la pureté de la race. Une première dans l'histoire des traques policières. À Johannesburg, la plus grande ville du pays, une banlieue mixte à six kilomètres du centre représente avec District Six une des principales cibles de l'obsession gouvernementale. Avec le clocher baroque de son église et ses toits de tuiles rouges enfouis dans les eucalyptus, elle ressemble de loin à un village de Toscane. De près, ce n'est qu'un enchevêtrement de baraques s'entassant le long de ruelles étroites en terre battue. Le quartier s'appelle Sophiatown, du nom de la fille du promoteur juif qui, au début du siècle, avait rêvé de construire ici une banlieue résidentielle pour les cadres blancs de l'industrie minière. Mais à peine le père de Sophia avait-il vendu ses premiers lots que la municipalité de Johannesburg avait eu la malencontreuse idée de creuser un énorme égout à ciel ouvert en bordure du quartier. Dépitée par cette profanation soudaine de son environnement, la clientèle blanche s'était désistée pour être aussitôt remplacée par des acquéreurs noirs trop contents de pouvoir acheter à bas prix un authentique titre de propriété leur permettant de s'installer à proximité d'une ville blanche. Ce document donnait en effet aux Africains habitant Sophiatown un sentiment de sécurité et d'indépendance qui se manifestait par un style de vie d'une remarquable insouciance. Cas presque unique en Afrique du Sud, des Noirs pouvaient mener ici une existence libérée des contraintes humiliantes, des interdits municipaux, et des barrières raciales. À l'heure où l'apartheid commençait ses ravages, des Sud-Africains de toutes races et de toutes couleurs pouvaient encore s'installer ici librement. Attirés par cette ambiance, de nombreux Blancs étaient même venus ici construire leurs propres maisons. De ce brassage était née une société multiraciale composée de journalistes, d'écrivains, de musiciens et même de politiciens. Bien sûr, selon les standards officiels, Sophiatown restait un bidonville où la densité de la population et la nature de l'habitat contredisaient toutes les normes de l'urbanisation moderne. Mais c'était une communauté humaine, vivante ; un lieu qui avait une âme, où les rires, la musique et la danse parvenaient à faire oublier la précarité de nombreuses existences.

L'un des personnages les plus populaires de cet endroit insolite est un géant blanc de presque deux mètres, portant le col dur des clergymen de l'Église anglicane. Trevor Huddleston, quarante-huit ans, est le pasteur de l'église locale du Christ-Roi. L'écho de ses prêches enflammés prônant l'intégration des Noirs dans une société sud-africaine réconciliée ne cesse d'agresser depuis vingt ans les oreilles racistes des nationalistes de Pretoria. Le révérend n'est pas la seule personnalité blanche résidant à Sophiatown. Il y a aussi l'écrivain de théâtre Athol Fugard et le romancier Peter Simpson, ainsi que plusieurs journalistes de renom. Tous ces Blancs apprécient de vivre au cœur d'une société noire détribalisée, moderne, composée elle aussi d'intellectuels, d'artistes, de musiciens. Sophiatown est par ailleurs réputée pour la beauté des tenancières de ses *shebeens*, les débits de boissons semi-clandestins qui font si intimement partie de la culture de tout quartier africain ; pour ses proxénètes, ses filles de joie et pour ses *tsotsis* – ses truands appartenant à deux bandes rivales, celle des Américains, ainsi surnommés parce que leurs membres s'appellent Gary Cooper, Humphrey Bogart ou Clark Gable, et celle des Berlinois reconnaissables à la petite croix gammée peinte sur leurs fronts. Mais c'est par-dessus tout à sa passion pour le jazz que le quartier doit son exceptionnelle notoriété. Comme dans les cafés et les ruelles de District Six, le jazz à Sophiatown est une culture en soi, l'occasion permanente de noyer le moindre conflit dans un déchaînement de trompettes et de saxophones.

Le cinéma Odin, une vaste salle située à l'entrée du quartier, devient chaque nuit le refuge de cette toxicomanie musicale. Avec des musiciens aussi réputés que le transfuge de District Six Dollar Brand dont la trompette bouchée a répandu sa légende jusqu'à La Nouvelle-Orléans. Avec le mythique roi du saxophone à lunettes noires Kippie Moeketsie et sa partenaire Miriam Makeba dont la voix envoûtante attire des fans depuis Johannesburg et même Pretoria. Chaque samedi jusqu'à l'aube, l'Odin projette devant des spectateurs en extase les derniers tubes cinématographiques de Hollywood où l'on peut voir Lena Horne chantant dans *Stormy Weather* ou *Black Velvet*. Au petit matin, les musiciens parcourent les rues pour répercuter à grands éclats de trompettes et de cymbales le message musical de leurs frères noirs d'outre-Atlantique. Les plus adulées de ces petites formations s'appellent les Manhattan Brothers et les Jazz Maniacs. Leurs orgies sonores se prolongent dans la fumée et l'alcool des *shebeens*, pour finir dans la matinée à la tête de quelque procession de mariage ou d'enterrement. Comme District Six au Cap, Sophiatown offre dans la banlieue de Johannesburg une image symbolique de ce que pourrait devenir une Afrique du Sud débarrassée de ses peurs et de ses haines.

Pour les oppresseurs d'aujourd'hui, cette image est une vision d'horreur, un *black spot* souillant la pureté de l'environnement de la plus grande ville blanche d'Afrique du Sud, l'incarnation même de la tragédie que fait planer sur leur pays le spectre du mélange des sangs.

Ils ne sont pourtant que quelques centaines sur trente millions de Sud-Africains, ces hommes et ces femmes qui osent défier l'*Immorality Act* en s'aimant ouvertement malgré leur différence de couleur. Monika de Villiers, vingt-six ans, est une grande fille blonde au joli visage piqué de taches de rousseur. Elle est née près du Cap où ses parents, descendants de huguenots, possèdent un prospère domaine viticole. Après son diplôme en sociologie à l'université afrikaner de Stellenbosch, son père l'a inscrite pour une année sabbatique à l'université de Birmingham, en Angleterre. Avec l'espoir secret qu'elle y rencontrerait l'homme de sa vie. Soucieux de soustraire leurs enfants aux incertitudes de l'avenir au pays de l'apartheid, nombre de parents afrikaners cherchent en ces années 1950 à les envoyer à l'étranger. Mais Monika ne souhaite à aucun prix quitter sa terre natale. Elle part en quête d'un emploi. Un jour, elle lit une petite annonce dans un journal. Une association de Johannesburg recherche des volontaires pour aller dans les townships enseigner leurs droits aux femmes africaines. Monika est séduite par cette proposition audacieuse. Elle fait sa valise, prend le train, et se présente à l'adresse indiquée. L'organisation occupe une petite pièce dans un immeuble de Johannesburg. C'est un Noir d'une trentaine d'années qui la reçoit. Il s'appelle Willi.

« J'ai tout de suite été frappée par la douceur du regard et de la voix de cet homme, racontera la jeune fille. Il m'a dit qu'il habitait à Sophiatown avec ses parents et que c'était pour enseigner dans ce quartier qu'il recherchait des spécialistes des droits civiques. J'étais le genre de personne dont il avait besoin. À l'université, j'avais étudié l'histoire et les relations humaines. Je connaissais par cœur la plupart des textes qui gouvernaient les rapports des citoyens avec les différentes administrations du pays. Le lendemain, Willi m'a proposé de l'accompagner à Sophiatown. Il m'a présentée à sa famille et à ses amis. J'étais sous le charme. Je n'avais jamais connu de Noirs. Il y avait chez lui quelque chose de si rassurant. Je commençai tout de suite à travailler.

« Je rentrais chaque soir en voiture à Johannesburg où un ami de mes parents m'avait prêté une petite maison qui s'appelait la Maison Blanche. Mais un soir je suis restée à Sophiatown. Cette nuit-là, Willi et moi nous avons fait l'amour sur le tapis du salon de sa maison comme deux enfants curieux l'un de l'autre. On entendait ses parents ronfler dans la pièce voisine et les lits de fer grincer dans la chambre de ses frères et ses sœurs. Les chiffres fluorescents du réveil lançaient une lueur verte sur nos corps, ce qui semblait nous recouvrir d'un voile lunaire. Parfois, les phares d'une voiture traversaient les rideaux de la fenêtre et nous arrosaient d'une rafale de lumière. L'*Immorality Act* venait juste d'être promulgué. J'étais paralysée par la peur. J'imaginais des voyeurs devant la porte. Les violeurs ! Les moralisateurs de la brigade des mœurs ! Oui, je les imaginais fracassant la porte, braquant leurs puissantes torches sur nous, vomissant des rires gras et des imprécations salaces : “Ah ! Ah ! Flagrant délit de baise entre une Blanche et un Noir !” Willi semblait moins inquiet que moi bien qu'il risquât beaucoup plus gros : jusqu'à sept ans de prison ferme… Mais non. Les phares s'éloignaient et notre amour redevenait lunaire.

« Pendant des jours et des nuits, notre idylle traversa ainsi Sophiatown avec insouciance, sans jamais rencontrer d'hostilité. Les parents de Willi m'adoptèrent comme leur fille. Sa sœur me tressa les cheveux à l'africaine. J'accompagnais Willi dans les *shebeens* où nous buvions un brandy-coca en écoutant de la musique funk américaine. J'avais fini par oublier que j'étais blanche. Je n'avais plus de couleur. J'étais transparente, une sorte de mutante acceptée en toute simplicité par les autres habitants de ce surprenant quartier.

« Notre insouciante lune de miel dura jusqu'à cette fameuse nuit où j'ai cru que la maison de Willi allait voler en éclats. Des policiers tapaient comme des fous sur la porte et les murs à coups de crosse de fusils et de botte. Ils criaient : "Police. Ouvrez !" Ils étaient au moins quatre. Ils voulaient pouvoir écrire dans leur rapport qu'ils avaient surpris une Blanche et un Noir en flagrant délit de violation de l'*Immorality Act*. Nous nous sommes rhabillés à toute vitesse et Willi m'a fait signe de sortir par l'arrière de la maison. Les enfants de son frère poussaient des cris. Son père et sa mère s'étaient levés. Dehors, un voisin m'a interceptée et jeté une couverture sur la tête. Puis il m'a poussée vers le petit cabanon des toilettes au fond du jardin et m'a enfermée à l'intérieur. J'entendais les policiers qui hurlaient : "Où est-elle ? Où est-elle ta putain de salope ?" Au bout d'un moment l'un d'eux a invectivé Willi : "Tu es un menteur ! Mets ton nez de sale kaffir dans ce drap. Il pue le foutre !" Ils ont recommencé à crier : "Où est ta putain ?" J'ai compris qu'ils ponctuaient chaque question d'un coup de poing dans la figure de Willi. C'était atroce. Je me suis débattue pour aller à son secours et me présenter à ces salauds, mais l'ami de Willi qui m'avait jeté la couverture sur la tête m'a retenue. Ne m'ayant pas trouvée, ils renoncèrent à embarquer Willi. Quand je pus revenir dans la maison, je lui proposai d'aller nous réfugier chez moi à Johannesburg. Dans la voiture, Willi s'était brusquement fait moins bavard, presque timide. Aujourd'hui, je sais que ce n'était pas la fatigue qui courbait ses épaules et vidait ses yeux de leur éclat habituel. Non. C'était la souffrance inscrite dans la nuit de son cerveau archaïque qui remontait à la surface à mesure que nous approchions de la Maison Blanche. On n'efface pas plusieurs siècles d'humiliation et d'esclavage en quelques nuits d'amour.

« Nous arrivâmes à la villa, tous feux éteints. Willi y pénétra comme un voleur. Et lorsque, dans le lit, il voulut me prendre dans ses bras, il ne bandait plus[1]. »

En ce début des années 1950, les hurlements terrorisés d'une fillette blanche du Transvaal oriental symbolisent mieux qu'aucun crime de sang la folie de Daniel François Malan et de ses complices chargés de mettre en place le régime de l'apartheid. Elle s'appelle Sandra Laing. Elle a huit ans. Elle habite Piet Retief, une petite ville qui porte le nom du chef afrikaner qui, au siècle précédent, avait été lapidé à mort par les Zoulous. Ses parents sont d'honorables commerçants respectés par toute la société blanche locale. Sandra est une élève appréciée de l'école municipale. Avec ses longues nattes et son teint légèrement hâlé, elle ressemble à toutes les autres petites filles de cet établissement uniquement fréquenté par des écoliers de race blanche. Or, voilà qu'un jour les parents d'une de

1. Témoignage inspiré d'Elisabeth D. dans *Afrique du Sud : Riche, dure, déchirée,* sous la direction de Georges Lory, collection Monde, HS n° 15, Éditions Autrement, Paris, 1985.

ses camarades viennent se plaindre auprès de la directrice. Ils prétendent que Sandra Laing n'est pas une Blanche authentique mais une métisse. Même si l'accusation paraît infondée, la directrice doit en tenir compte. Elle alerte le Bureau sud-africain des affaires raciales de Pretoria. Cet organisme nouvellement créé est l'autorité suprême en matière de classification raciale. Il dispose d'agences réparties dans tout le pays. Dirigées chacune par un magistrat, ces agences ont la charge de statuer souverainement sur la couleur et la race de tout citoyen sud-africain. L'un de ces magistrats se présente escorté de deux adjoints à l'école de Piet Retief pour examiner la petite Sandra. Blanche ou métisse ? Ils sont perplexes. Dans ce pays où sous l'effet du soleil la peau des Blancs arbore tant de nuances différentes, il est très difficile de décréter d'emblée qui appartient à une race plutôt qu'à une autre. Un seul test est considéré comme fiable. Inventé par un affidé de Verwoerd, ce procédé symbolisera bientôt l'une des tares les plus rocambolesques du nouveau régime.

Le représentant de la commission de classification dénoue avec précaution les nattes de la fillette. Puis il place un crayon dans le sillon de la raie qui divise sa chevelure. Si Sandra est bien de race blanche, le crayon va automatiquement glisser entre les mèches et tomber à terre. Dans le cas présent, la fine tige de bois bute sur une boucle. C'est la preuve que Sandra est métisse. Elle a été trahie par l'implantation légèrement crépue de sa chevelure. Le jour même, malgré ses larmes de désespoir, elle est jetée comme une pestiférée à la porte de l'école.

Des milliers d'autres crayons causeront de semblables traumatismes à mesure que le pouvoir imposera au pays les dispositions d'une nouvelle loi encore plus vicieuse que celle qui prétendait interdire aux Noirs et aux Blancs d'entretenir des relations sexuelles. Comme Hitler avait divisé les Allemands en différentes classes de surhommes et de sous-hommes selon qu'ils étaient de race aryenne ou de race juive, tsiganes ou autres, Verwoerd décide de subdiviser la population sud-africaine en quatre catégories distinctes : les Blancs, les Noirs, les métis et les Asiatiques. La loi qui consacre enfin le vieux rêve des Blancs de vivre dans un pays où toutes les races seraient clairement identifiées porte le banal nom administratif de *Population Registration Act*. Trois mots qui vont incarner un cauchemar national. Pour les troupes de Verwoerd d'abord, qui se trouvent subitement confrontées à la tâche surhumaine de recenser et mettre « en carte » des millions de Sud-Africains. Pour les Noirs, les métis, les Asiatiques ensuite, qui découvrent qu'un seul critère définit désormais leur existence. Un critère qui ne tient compte ni de leurs qualités ni de leurs mérites, mais de la seule couleur de leur peau.

Une ruche en pleine folie. Le superbe édifice à colonnades de Pretoria où siège depuis 1913 le pouvoir sud-africain ne désemplit pas jour et nuit. Hendrik Verwoerd et ses équipes de géomètres, d'ethnographes, d'urbanistes en cravate occupent tout un étage de l'énorme bâtiment qui servit de modèle au palais du vice-roi des Indes à New Delhi. Bureaux, salons, couloirs sont tapissés de cartes à grande échelle, de plans de villes, de tableaux synoptiques et de graphiques révélant les implantations des différentes populations, ethnies et tribus. Les murs de plusieurs pièces sont même recouverts de photos aériennes. Certes, la détection par satellites n'existe pas encore, mais les inquisiteurs de Pretoria ont imaginé l'impossible pour qu'aucun village, aucune ferme, aucune hutte de ce pays deux fois et demie plus grand que la France n'échappe au champ de leurs investigations. S'inspirant des méthodes utilisées par les nazis pour recenser les juifs d'Allemagne et des pays occupés par le Reich, le *Population Registration Act* impose à chaque citoyen de déclarer son groupe racial auprès de la municipalité de son domicile. Pour être reconnu comme blanc, un individu doit faire la preuve que ses deux géniteurs sont blancs et qu'il est accepté comme tel dans le milieu où il vit. Au moindre doute, dans le cas par exemple où un métis voudrait se faire passer pour un Blanc, des spécialistes interviennent. Ils interrogent proches et relations, procèdent au test du crayon, cherchent à déceler des traces de pigmentation autour des ongles et des globes oculaires. Dans un pays de peuplements si divers, déterminer à coup sûr la race d'un individu est une ambition follement téméraire. Combien de Blancs ont la mauvaise surprise de se retrouver soudain qualifiés de métis, combien de métis du Cap rétrogradent au rang de métis de Malaisie – on ne compte pas moins de sept catégories de métis selon la couleur plus ou moins sombre de la peau –, combien d'Indiens originaires du sud de l'Inde se voient tout à coup ramenés à la condition peu enviable de kaffir à cause de leur couleur très foncée ! Le bilan des commissions de classification raciale pour la première année de l'apartheid révèle que huit cents Sud-Africains ont été contraints de changer de race. Quatorze Blancs et cinquante Indiens sont devenus des métis ; dix-sept Indiens, des Malais ; quatre métis et un Malais, des Chinois. Quatre-vingt-neuf Noirs ont eu la chance d'être reclassifiés comme métis, et cinq métis la malchance de devenir des Noirs. Mais cinq cent dix-huit métis ont touché le jackpot en faisant une entrée officielle dans la race blanche des Afrikaners.

Que de drames provoquent ces brutales mutations raciales ! Obligation soudaine de déménager, de trouver une nouvelle école pour les enfants, de partir à la recherche d'un autre emploi. Sans parler des mariages ou des liaisons devenus hors la loi du jour au lendemain. Ou des gens qui, au sein d'une même famille, se retrouvent soudain de races différentes ! Certes, les commissions de classification n'ont pas toujours la tâche facile. Les journaux racontent le cas de trois jeunes enfants abandonnés que les autorités enferment pendant six mois dans un lieu secret avant de les reconnaître comme blancs. Ou celui de ce célèbre présentateur de télévision grièvement blessé dans un accident de la route qui meurt faute de soins parce que les préposés du centre de secours ne savent pas dans quel secteur – Blanc ou métis – il convient de l'admettre.

L'obligation imposée à chaque citoyen sud-africain de faire reconnaître la catégorie raciale à laquelle il appartient n'est qu'un prélude au vaste plan que préparent Verwoerd et ses équipes de Pretoria. Avec la promulgation d'une autre loi, le *Group Areas Act*, c'est un dépeçage de la carte de l'Afrique du Sud que l'admirateur de Hitler veut réaliser afin de séparer géographiquement toutes les communautés. Véritable pierre angulaire de l'apartheid, cette loi définit les lieux où les non-

Blancs devront se regrouper. Un savant découpage va permettre de confiner les Noirs dans les quelques zones urbaines désignées sous le nom de townships et surtout dans de lointains *homelands*, ou réserves, ou aussi bantoustans, destinés à devenir un jour des États autonomes. Cette nouvelle loi doit par ailleurs entraîner la disparition de ce que ses inventeurs considèrent comme des « anomalies », c'est-à-dire les rares quartiers habités par des gens de couleur au cœur même ou en bordure immédiate des villes blanches, tels District Six et Sophiatown. La loi prétend enfin systématiser les séparations ethniques au cœur des townships : à chaque groupe sa fraction de quartier selon qu'il s'agit d'une communauté de Zoulous, de Khosas, de Sothos, de Tswanas ou autres. Au final, cette loi et tous les additifs qui étendront son champ d'application au cours des années aboutiront à l'expulsion forcée de plusieurs millions de Noirs de zones désormais classées « zones blanches », vers des régions périphériques le plus souvent réputées pour leur pauvreté. À l'organisme chargé de procéder à la déportation des populations, l'imaginatif Verwoerd donne un nom qui masque astucieusement sa finalité. Il l'appelle le « Département de la coopération et du développement ». C'est une façon de rassurer les révérends de l'Église presbytérienne qui s'inquiètent des annonces de transplantations massives de populations. Verwoerd n'hésite pas à dissiper lui-même les craintes en déclarant que « les déplacements de Noirs ont pour objet de favoriser leur unité nationale, de protéger leurs intérêts ethniques et politiques, et d'améliorer leurs conditions de vie ». Il n'oublie jamais d'ajouter que les précautions sont toujours prises pour que « les communautés déplacées retrouvent des opportunités d'emploi comparables à celles dont elles bénéficiaient dans leur région d'origine ». Dans un débordement d'humanité, il va même jusqu'à déclarer que « tout est fait pour rendre ces transplantations aussi attractives que possible afin d'obtenir la coopération des gens concernés ». Pour le cas où des individus ou des groupes seraient tentés de résister aux expulsions, ou de contester leur légalité en portant plainte devant les tribunaux, il a inventé une disposition légale faite sur mesure. Appelée *Black Prohibition of Interdicts Act*, cette loi empêche la justice de s'opposer à l'action gouvernementale et autorise les forces de l'ordre à intervenir contre toute rébellion. Dans le cas où cette intervention serait confiée à l'armée, celle-ci pourra bénéficier du secret puisque une autre loi sud-africaine interdit la divulgation de toute action militaire.

Le zèle de Verwoerd et de ses complices s'exprime enfin par un déferlement de textes législatifs qui instituent des limites spécifiques aux contacts raciaux dans presque tous les domaines de l'existence : les logements, l'éducation, l'emploi, les distractions, le sport, les transports, les relations personnelles. Elles donnent une force légale à l'exercice de l'apartheid aussi bien sur les bancs des jardins publics que dans les autobus et les trains, les vespasiennes et les ascenseurs, les salles d'attente des gares, les théâtres, les cinémas, les auditoriums de musique, et même sur les plages. Elles excluent les Noirs des universités gouvernementales et prétendent même leur interdire de participer aux cérémonies du culte dans les églises blanches. À la cathédrale catholique du Cap, les fidèles de couleur ne peuvent recevoir l'eucharistie avant que le dernier Blanc ait quitté la table de communion. Rien ne fera mieux connaître dans le monde la tragédie de l'apartheid que ces harcèlements que bien des Sud-Africains qualifieront eux-mêmes de « *petty apartheid* », apartheid de pacotille.

Pacotille ou pas, ils expriment avec autant de force que les grandes lois de séparation raciale la volonté fanatique des nationalistes afrikaners d'imposer partout et toujours une distance physique entre les Blancs et les autres. D'ailleurs, la politique de transplantation des différentes communautés noires dans une multiplicité de ghettos veut démontrer que l'Afrique du Sud n'est pas un seul et même pays mais une mosaïque de pays différents. Pas question de favoriser nulle part l'éclosion de quelque *melting pot*. Certes, les Blancs peuvent avoir besoin des Noirs comme main-d'œuvre. Mais ce besoin doit rester ponctuel et exclure toute cohabitation. Jamais à court d'imagination, Verwoerd invente même une loi imposant une zone tampon d'au moins cinq cents mètres entre une township noire et la ville blanche qui exploite la sueur de ses habitants. Cinq cents mètres d'un terrain vague, d'un *no man's land* destiné à marquer la séparation entre les peuples, entre la civilisation chrétienne et la barbarie africaine, entre les descendants blancs de Jan van Riebeeck et les Bushmen des jungles d'Afrique.

Les nazis avaient contraint les juifs à arborer leur condition de paria sous la forme d'une étoile de David à six branches de couleur jaune cousue sur leurs vêtements. Les applicateurs du système de l'apartheid inventent un autre symbole pour obliger les Noirs à reconnaître leur état de sous-hommes. Il s'agit d'un petit carnet cartonné de quatre-vingt-douze pages de couleur rouge ou verte que chaque citoyen de couleur, homme et femme, doit être en mesure de présenter à toute autorité sous peine d'incarcération immédiate. Dénommé *reference book* ou simplement *pass*, ce document d'identité est une sorte de passeport intérieur sans lequel aucun citoyen de couleur ne peut se déplacer ni travailler dans quelque région du pays que ce soit. Il contient tous les éléments d'information relatifs à son propriétaire : photographie, empreintes digitales, groupe ethnique, situation fiscale, lieu d'habitation et de travail, listes des emplois précédemment occupés avec adresses et durées, etc. Le *pass* contient même un certificat indiquant l'endroit où son titulaire pourra être enterré. Bref, il s'agit d'un document où tous les Noirs d'Afrique du Sud, qu'ils soient professeurs d'université, travailleurs agricoles ou coolies, voient leur vie impitoyablement et minutieusement mise en carte par les autorités. En fixant de façon sommaire et arbitraire le processus qui dirige la vie de chacun, le *pass* va finir par dépersonnaliser tout un peuple. Pour le pouvoir blanc, il sera l'instrument vital permettant de contrôler les allées et venues des vingt-cinq millions de Sud-Africains de couleur et de s'assurer de la bonne exécution des règles attribuant aux membres des différentes tribus leurs nouveaux lieux d'existence.

Le maître de Pretoria a retenu les leçons de son séjour de jeunesse dans l'Allemagne nazie. Il faut contraindre, au besoin par la force, les Africains qui ne sont pas d'accord avec notre politique, menace-t-il en paraphrasant le discours de Hitler à propos des juifs. La chance le sert. Une crise cardiaque éloigne soudain du pouvoir Daniel François Malan, son mentor qui a réussi à porter la petite minorité blanche à la tête de l'immense Afrique du Sud. Verwoerd, son successeur naturel, est élu à sa place. Il a tout juste cinquante-sept ans. Les Afrikaners exultent : leur avenir est dans de bonnes mains. Les Noirs, eux, peuvent continuer à maudire la couleur de leur peau. Le nouveau chef du gouvernement inaugure sa fonction en instaurant ce qui s'apparente ni plus ni moins à une politique de terreur. Il dissout le parti communiste sud-africain et fait arrêter ses principaux leaders. C'était l'un des derniers bastions de la liberté d'opinion où Noirs et Blancs collaboraient encore. Puis il rend illégales toutes protestations contre les lois de l'apartheid. Enfin il menace de prison ceux qui tenteraient de s'opposer à la liberté du travail en cas de grève.

Malgré ses penchants autoritaires, Verwoerd a cependant toujours récusé la façon dont Hitler avait imposé son image aux foules du IIIe Reich. Il n'a d'ailleurs aucun de ces attraits charismatiques dont dépend d'habitude le succès des dictateurs. Sous une indéniable prestance, il cache plutôt des airs paternels de professeur. Ce n'est pas un orateur, encore moins un tribun. Aucune trace d'humour, aucun élan passionné ne traversent jamais ses longues digressions monocordes prononcées à la tribune du Parlement du Cap. Mais cela n'empêche pas ses auditoires de l'écouter avec une attention quasi religieuse. Car Verwoerd rassure les Afrikaners en leur donnant le sentiment qu'il a pris en charge leur destin. Surtout, il sait leur donner bonne conscience dans un monde où les critiques intérieures et extérieures commencent à déferler de tous côtés. Car sa vision de l'avenir ne s'incarne pas seulement dans l'avènement de la *wit baasskap*, la domination du pays par les Blancs. Elle s'incarne aussi dans une volonté de donner aux Noirs leur juste part, c'est-à-dire des territoires où ils pourront développer leurs propres nations exactement comme le font les Blancs dans les zones qu'ils se sont attribuées. Ainsi les Noirs ne seront-ils plus considérés comme « inférieurs », mais comme « différents ». « D'ailleurs, affirme-t-il, ce n'est pas parce qu'ils seraient "inférieurs" que les Africains doivent se voir exclus du système politique sud-africain, mais parce qu'ils ne sont pas réellement des Sud-Africains. » Dans le développement de sa vision, Verwoerd cesse même d'utiliser l'expression d'apartheid pour la remplacer par celle de « développement séparé » et parfois même de « liberté séparée ».

Peu importe si les territoires vers lesquels le régime expulse les populations de couleur sont de misérables enclaves ne totalisant que treize pour cent de l'espace sud-africain, alors que les masses qu'elles sont supposées accueillir représentent plus des trois quarts de la population totale du pays, c'est le mythe qui compte, pas la réalité. Pour donner une substance à ce mythe, Verwoerd construit des capitales dans les différentes réserves, met en place des assemblées, fait dessiner des drapeaux, compose des hymnes nationaux, nomme des chefs d'État. Pour contrôler la bonne marche de la plus monumentale opération de déportation de populations jamais réalisée dans l'Histoire, il se rend lui-même sur le terrain. Car purifier l'Afrique australe enfin propriété souveraine des Blancs est sa priorité. Les Noirs doivent quitter toutes les zones que les Blancs se sont réservées pour s'installer dans leurs *homelands* ruraux où ils pourront exercer leurs droits de citoyens et développer leur indépendance nationale. Verwoerd est persuadé que cet appât d'une « indépendance séparée » va même vider au profit de ces États-nations les énormes concentrations humaines qui s'entassent dans des townships comme Soweto. Il ne resterait plus alors dans l'Afrique du Sud blanche que quelques milliers de migrants travaillant sous contrat et seulement pour de courtes périodes dans des villes blanches. Ces travailleurs occasionnels ne seront pas traités comme des Sud-Africains mais comme des étrangers appartenant à des pays extérieurs.

Les « ingénieurs sociaux » de Pretoria s'activent avec fanatisme à assurer le bon fonctionnement du système. Ils veillent à ce que la main-d'œuvre de couleur autorisée à séjourner en zone blanche ne puisse enfoncer la moindre racine sur ses lieux de travail. Un impitoyable *Land Act* lui interdit l'achat de son logement temporaire. Hormis celles de marchands de bois, de charbon, de lait et de légumes, les migrants ne peuvent exercer aucune activité commerciale. De leur côté, les townships ne peuvent posséder ni service public, ni banque, ni magasin de vêtements, ni supermarchés, ni aucun commerce susceptible de leur donner une apparence d'existence continue. Toute licence commerciale doit être renouvelée au début de chaque année. Les administrateurs blancs chargés de cette formalité ont l'ordre de s'assurer qu'aucun commerce noir ne se soit enrichi de façon exagérée durant la période écoulée. Lorsqu'un petit commerçant d'une township réussit à faire quelques bénéfices, il doit automatiquement s'en retourner avec son capital dans son bantoustan d'origine.

Verwoerd s'agite sur tous les fronts. Aux Noirs, il promet un retour vers leur passé, leurs traditions, vers leur vie ancestrale, vers un mode d'existence enfin débarrassé des souffrances infligées par les villes et les vexations des Blancs. Aux descendants du peuple des chariots, il s'attache à offrir l'image d'un homme choisi par Dieu pour leur donner l'Afrique dont ils rêvent depuis des générations, une Afrique où Blancs et Noirs vivraient en paix mais *séparés*. Les caricatures des journaux le représentent régulièrement assis sur un nuage, parlant au téléphone avec le Créateur. Pour les Afrikaners, la satire prend une soudaine signification un jour de 1960 quand leur messie réchappe par miracle aux deux balles tirées en pleine tête par un fermier blanc déséquilibré.

Les trois jeunes Noirs qui contemplent en silence la descente du cercueil au fond du trou creusé dans la terre rouge du High Veld sont dévorés d'une même révolte contre la politique raciale du tyran de Pretoria. Nelson Mandela, Walter Sisulu et Olivier Tambo sont venus ce jour glacial d'hiver dire adieu à Pixley Seme, l'avocat au chapeau de feutre gris qui, en 1912, avait fondé le Congrès national africain pour exprimer la résolution des Noirs à s'opposer à l'oppression des Blancs. Mais en quarante ans, victimes de leur timidité et de leur attachement aux principes de non-violence, les dirigeants successifs de l'ANC n'avaient remporté aucune victoire significative. De cet amer constat était née cette Youth League, cette jeune garde militante brûlant d'agir dont Mandela et ses compagnons sont à présent les principaux leaders. Alors que le cercueil disparaît sous les dernières pelletées de terre africaine, les trois hommes prennent une décision. Ils vont venger leur chef disparu en lançant une spectaculaire opération susceptible de redorer le prestige de l'organisation qu'il avait fondée. L'opération prendra le nom de *Defiance Campaign*, campagne de résistance. Elle aura un seul objectif : l'abolition des lois scélérates récemment promulguées par l'État de l'apartheid.

Le jour J du grand sursaut est fixé au 26 juin 1952. Ce jour-là, à travers le Natal, le Transkei, l'Orange et la province orientale du Cap, sous les ovations de foules délirantes d'espérance et de fierté, des groupes de protestataires non violents entreprennent de briser les chaînes de la tyrannie blanche. Ils brûlent publiquement leurs passeports intérieurs, font irruption dans des quartiers blancs, dédaignent les panneaux « Européens seulement », violent le couvre-feu, pénètrent dans des hôtels interdits aux gens de couleur, vont se baigner sur les plages à l'usage des Blancs, occupent des salles de cinéma, squattent des wagons de train strictement réservés aux Européens. Une vague de ferveur quasi mystique accompagne partout le déroulement de ces défis. Les Églises n'hésitent pas à proclamer des journées de jeûnes et de prières pour soutenir les militants. Malan, Verwoerd et tout l'appareil de l'apartheid contre-attaquent violemment. Des milliers de manifestants sont aussitôt arrêtés et jetés en prison. Qu'importe ! dira Mandela, au moins les « souverains de Pretoria » prennent-ils enfin conscience de notre existence. Ceux-ci répondent plus durement encore. Ils font voter en urgence un torrent de dispositions punissant avec une sévérité inouïe ceux qui participent à la *Defiance Campaign*. La police perquisitionne des centaines de bureaux et de domiciles. Vingt mille personnes sont bientôt sous les verrous. Mais chaque arrestation enrichit l'ANC de dix nouvelles recrues. Mandela et ses compagnons de la Youth League jubilent : en quelques semaines, deux cent mille nouveaux militants ont rejoint les rangs de leur organisation. Un résultat spectaculaire qui a été obtenu presque sans effusion de sang. Pourtant, à mesure que se multiplient les actions illégales et qu'augmente le nombre des arrestations, la situation s'aggrave. Des émeutes éclatent à Port Elizabeth, Johannesburg, Kimberley, East London. Cette fois, le sang coule, autant chez les Noirs que chez les Blancs. Mandela et ses compagnons sont arrêtés et aussitôt condamnés à suspendre toute activité politique pendant une période de deux années. La campagne de résistance n'en continue pas moins, ce qui pousse le gouvernement à mettre en place un nouveau dispositif de lois punitives. Toute action de protestation est désormais hors la loi. À chaque instant, l'état d'urgence peut être décrété.

Cette fois, nul n'en doute plus. Le plus grand affrontement entre Noirs et Blancs depuis le débarquement en 1652 du Hollandais Jan van Riebeeck sur les rivages du Cap a commencé. Il sera terrible. En quarante ans, il fera des centaines de milliers de victimes et condamnera l'Afrique du Sud à la vindicte du monde.

Dans son bureau embaumé par les jacarandas sur les hauteurs de Pretoria, le principal responsable de cet anathème continue à propager sans états d'âme le cancer de l'apartheid. Après avoir mis en carte et déporté plusieurs millions d'Africains dans des ghettos et des réserves, Hendrik Verwoerd décide de s'attaquer à ce qui constitue la richesse la plus sacrée d'un peuple et sa capacité de se forger un avenir meilleur : l'éducation de ses enfants. Le 15 septembre 1953, Verwoerd annonce que « l'enfant africain ne doit plus avoir le droit d'apercevoir les verts pâturages de la société européenne dont il ne lui sera jamais permis de brouter l'herbe ». Le *Bantu Education Act*, la loi qu'il fait voter à cet effet, instaure la ségrégation totale du système éducatif sud-africain. Plus aucune école privée noire n'a le droit d'ouvrir et de fonctionner sans accord des autorités. Ceux qui transgressent cette interdiction sont condamnés pour « propagation illicite de connaissances ». Là où l'État consacre mille trois cent quatre-vingt-cinq rands par an pour l'éducation d'un élève blanc, il n'en dépensera plus que cinq cent quatre-vingt-treize pour un écolier métis et seulement cent quatre-vingt-douze pour un écolier noir. Des matières comme les mathématiques, la physique, la biologie, se voient purement et simplement rayées du cursus des écoles noires. Devant le tollé que déclenchent ces mesures chez les militants de l'ANC, dans l'opinion publique noire, et même dans les milieux blancs modérés, Verwoerd n'hésite pas à brandir l'étendard de la bonne conscience. « À quoi cela servirait-il d'enseigner les mathématiques à un enfant noir s'il n'est pas appelé à les utiliser dans la pratique ? » demande-t-il avant de répéter qu' « il n'y a aucune place pour l'indigène dans la société européenne au-dessus du niveau de quelques travaux manuels de base ». Une profession de foi qu'il conclut d'une formule lapidaire : « Il faut mettre dans la tête des Noirs qu'ils ne seront jamais les égaux des Blancs. »

La résistance à la terreur instaurée par le pouvoir de Pretoria n'en continue pas moins de se produire. Un jour de 1955, la Blanche Monika de Villiers annonce qu'elle attend un bébé de Willi, le travailleur noir dont elle partage la vie dans le quartier mixte de Sophiatown, près de Johannesburg.

« Cette infraction à l'*Immorality Act* nous exposait à de terribles ennuis, racontera-t-elle. Par peur de perdre mon bébé dans les cahots de la circulation, je m'étais définitivement installée chez Willi. Son père nous avait aménagé un coin d'intimité dans la pièce du milieu de la maison où nous avions pour la première fois fait l'amour juste après notre rencontre. Les policiers qui avaient un soir menacé de tout casser pour nous surprendre en flagrant délit de transgression de l'*Immorality Act* n'étaient pas revenus. Nous ne nous cachions pas. Sophiatown restait un merveilleux îlot de liberté au cœur des bouleversements de l'apartheid.

« Mais nous savions que nous avions tout à redouter du Premier ministre qui dirigeait l'Afrique du Sud. Il avait fait ses études en Allemagne où il s'était imprégné des méthodes racistes des nazis pour éliminer les juifs. Oui, nous savions que c'était un homme très dangereux. Nous pouvions être certains qu'il ne tolérerait pas longtemps l'existence d'un quartier multiracial comme le nôtre aux portes de la grande ville blanche de Johannesburg. Cela représentait un défi à toute la politique de l'apartheid qui visait à éloigner les Noirs des zones habitées par les Blancs. D'après le révérend Trevor Huddleston qui était toujours très bien informé, le gouvernement avait réquisitionné un vaste terrain en friche à trente ou quarante kilomètres de Johannesburg pour y reloger la population qu'il expulserait un jour ou l'autre de Sophiatown. Mais c'était oublier la formidable volonté de résistance des habitants de notre quartier. L'âme de Sophiatown coulait dans leurs veines comme, j'en suis certaine, celle de Jérusalem devait couler dans les veines des fondateurs d'Israël. Ce printemps de 1955, des graffitis venaient d'apparaître sur les murs : "*We won't move !* – Nous ne partirons pas !" menaçaient-ils. D'autres slogans avertissaient les autorités que, pour nous chasser, elles devraient passer "*over our dead bodies* – pardessus nos cadavres". Mais le plus efficace rempart des habitants contre les tyrans de Pretoria, c'était le révérend Huddleston lui-même qui, du haut de ses deux mètres de carcasse blanche, ne cessait d'invectiver les policiers armés qui quadrillaient le quartier en prévision du coup de balai final. Il organisait des meetings à l'intérieur même de son église pour encourager ses paroissiens à ne pas céder aux intimidations. Deux ou trois fois par semaine, il réunissait les habitants dans le cinéma Odin ou sur Freedom Square, l'espace vide au cœur du quartier que quelqu'un avait pompeusement baptisé place de la Liberté.

« C'est là qu'un soir Willi et moi nous fîmes la connaissance d'un petit groupe d'activistes qui appartenaient à l'ANC, la grande organisation qui défendait la cause des Noirs contre l'oppression blanche. Ils avaient été interdits de toute activité politique durant deux ans mais leur peine venait de s'achever. Ils étaient extrêmement remontés contre les projets d'expulsion du gouvernement. L'un d'eux était un grand garçon avec une voix un peu sourde. Ce n'était pas un très bon orateur mais il était porté par une telle passion que toute l'assistance ne tarda pas à être envoûtée par ses paroles. Il s'appelait Nelson Mandela. Il commença son intervention en lançant le cri de "*Asihambi !* – Nous ne partirons pas !" que tout le monde reprit plusieurs fois en chœur. Puis il brandit le poing pour lancer un autre cri : "*Sophiatown likhaya lam asihambi !* – Sophiatown est notre demeure, nous ne la quitterons jamais !" Tandis que l'assistance s'emparait du slogan pour le répéter, des policiers armés se jetèrent sur le révérend Huddelston et l'expulsèrent de la place. "Occupez-vous des affaires de l'Église et non de politique !" lui criait le chef. Les gens conspuèrent les policiers qui durent faire appel à des renforts. Mandela avait commencé de haranguer les manifestants. Il y avait beaucoup de jeunes parmi eux. Il régnait une grande excitation. Des policiers notaient nerveusement les imprécations de l'orateur contre les agissements du gouvernement. Mandela dressa un impitoyable réquisitoire. Chaque phrase chauffait un peu plus l'atmosphère. Puis, tout à coup, il se laissa emporter par des paroles qui s'avéreraient lourdes de conséquences. Je n'avais jamais encore entendu un leader noir aller aussi loin. J'avais pris le bras de Willi et le serrais de toutes mes forces.

« "Le temps de la résistance passive est terminé, déclarait Mandela. La non-violence est une stratégie vaine et elle ne renversera jamais une minorité blanche prête à maintenir son pouvoir à n'importe quel prix. La violence est la seule arme qui détruirait l'apartheid. Nous devons être prêts, dans un avenir proche à l'employer."

« Je pinçai le bras de Willi. Sur les visages alentour s'inscrivit tout à coup une expression d'effroi. C'était la première fois qu'un leader noir parlait de déclencher la guerre contre le pouvoir blanc. À un certain moment, une voix lança "*Asihambi!* – Nous ne partirons pas !" Tout le monde reprit le slogan en chœur. Un autre leader de l'ANC qui se trouvait aux côtés de Mandela entonna alors l'hymne national africain. On aurait dit bientôt que tout Sophiatown chantait "*Nkosi Sikelel' iAfrika!* – Dieu protège l'Afrique !" Puis Mandela se mit à chanter un autre hymne africain. Willi me traduisait à mesure les paroles car il chantait en xhosa. "Voici nos ennemis, prenons les armes, attaquons-les", disait le refrain. Les gens répétèrent en chœur cet appel. Quand Mandela cessa de chanter, il leva le bras en direction des policiers qui encerclaient la place et interpella l'assistance : "Regardez, les voici, nos ennemis !" Il y eut un formidable brouhaha approbateur. Les policiers entrèrent alors dans la foule et se précipitèrent vers l'orateur pour lui passer des menottes. Ils firent si vite que les gens n'eurent pas le temps de réagir. Les forces de l'ordre avaient déjà embarqué Mandela et quatre de ses compagnons dans l'un de leurs fourgons. Sophiatown ne devait jamais revoir Nelson Mandela.

« Ce qui devait arriver arriva. Le 10 février 1955 à cinq heures du matin alors que le soleil commençait à illuminer les toits rouges et le clocher ocre de l'église du Christ-Roi, plus de deux mille policiers en tenue de combat sautèrent de camions garés en arc de cercle autour des maisons. Chaque chef de groupe tenait d'une main une mitraillette et de l'autre un document d'expulsion portant le nom et l'adresse de la famille concernée. Ils criaient en afrikaans : "*Maak julle oop ! Maak julle oop !* – Ouvrez ! Ouvrez !" Nous vîmes par la fenêtre deux camions qui s'arrêtaient devant notre maison. Avant que nous n'ayons eu le temps d'ouvrir la porte, un policier frappa d'un coup de pioche l'un des piliers de la véranda, ce qui secoua la maison au point que je crus qu'elle s'effondrait sur nos têtes. L'homme qui tenait la feuille d'expulsion à la main nous ordonna de mettre les meubles et toutes nos affaires dehors. Imaginez d'être obligé de jeter dehors toutes les possessions d'une vie en quelques minutes. Je regardai avec angoisse le père et la mère de Willi. Ils avaient bâti cette maison de leurs mains. Elle était leur seul petit royaume. Ils y avaient connu le bonheur et la liberté de Sophiatown, ce coin de paradis au cœur d'une Afrique qui ne connaissait pas la haine. Quand Willi et son père eurent chargé dans les camions le contenu de la maison, le chef des policiers nous ordonna de monter à notre tour dans l'un des véhicules.

« C'est alors que j'assistai à un spectacle que mes yeux et mes oreilles ne pourront jamais oublier. Débouchant de la ruelle, c'était Dollar Brand qui arrivait à la tête de sa petite formation des Jazz Maniacs pour saluer des éclats de sa célèbre trompette notre pitoyable départ. "Ce n'est qu'un au revoir, mes frères" jouaient les musiciens en guise d'adieu. Même les visages des policiers étaient pétrifiés par l'émotion. Je pleurais toutes les larmes de mon corps tandis que Dollar Brand et ses compagnons faisaient demi-tour pour aller jouer le même refrain d'adieu devant une autre maison. Alors que nos deux camions démarraient vers une destination inconnue, un autre bruit remplissait la fraîcheur de l'aube. C'était le bruit de chenilles raclant le sol. Alors, j'ai compris que, dans quelques heures, Sophiatown ne serait plus qu'un souvenir. Les bulldozers du Premier ministre étaient arrivés. »

Il faudra trois jours aux autorités pour déménager les soixante mille habitants de Sophiatown. C'est à une cinquantaine de kilomètres de l'ancienne banlieue de Johannesburg que les camions et les autobus déposèrent les déportés et leurs maigres possessions. Le lieu, un immense terrain vague au milieu de nulle part, s'appelait Meadowlands. Il fera un jour partie de la township de Soweto, la plus grande ville noire d'Afrique du Sud. L'endroit était couvert d'un assemblage de petites maisons de brique collées les unes aux autres au milieu des herbes folles. Chaque famille se vit attribuer un de ces logements précaires dépourvus de toilettes, d'eau et d'électricité. Après avoir été complètement rasé et désinfecté, Sophiatown sera reconstruit de coquettes maisons qui seront, comme l'avait planifié soixante-dix ans plus tôt son fondateur, vendues ou louées à des cadres blancs travaillant à Johannesburg. Comme pour défier une dernière fois ses anciens habitants, le quartier sera rebaptisé « *Triomf* – Triomphe ».

Quelque quatre millions de Noirs et de métis subissent le sort des expulsés de Sophiatown. La plupart sont déportés dans des bantoustans, ces réserves destinées à accueillir chacun selon son origine ethnique présumée. Le gouvernement a eu beau promettre l'implantation d'industries à proximité de ces ghettos, des dizaines, des centaines de milliers de Noirs se trouvent brusquement condamnés à cultiver un sol misérable pour ne pas mourir de faim. Quelques-uns parviennent à échapper à cet exil forcé en se réfugiant dans les sordides foyers construits à proximité des mines ou des industries qui réclament une main-d'œuvre noire abondante et bon marché. Ces transplantations de populations frappent leurs victimes sans règles définies. En général, le processus commence par une rumeur, puis par la visite d'un émissaire du gouvernement au chef de la communauté visée, puis par une annonce d'expulsion dans la *Government Gazette*, le journal officiel de l'administration. Une équipe d'« ingénieurs sociaux » arrive alors de Pretoria pour préparer l'opération. Afin de prévenir toute velléité de résistance, ces fonctionnaires procèdent à la fermeture de l'école et de tous les commerces locaux, détournent les itinéraires des autobus, interdisent les travaux d'entretien et de réparation des bâtiments communaux et privés, prohibent la poursuite des travaux agricoles.

Mais souvent, en particulier dans les ex-zones rurales noires récemment déclarées zones blanches, c'est le vrombissement des bulldozers et les hurlements des chiens policiers dans les premières lueurs de l'aube qui avertissent les familles que l'instant de leur déportation est arrivé. Décrété « zone blanche » par un arrêté gouvernemental, le quartier de District Six, si célèbre dans toute la région du Cap, connaît, lui, les raffinements d'une élimination progressive. Au lieu de transplanter d'un coup ses soixante mille habitants et de raser les constructions comme à Sophiatown, les autorités décident de procéder à une expulsion par étapes, ce qui rendra encore plus douloureuse la disparition de ce symbole presque unique d'une Afrique du Sud multiraciale et fraternelle.

Le mercredi 17 février 1957 est jour de marché à District Six. Hanover Street, l'artère principale, est un fleuve grouillant de gens, de voitures, de chars à bras, d'autobus, d'attelages ; un fleuve rugissant de voix, de cris, de rires, d'interpellations, de klaxons ; un fleuve de plantureuses matrones leurs sacs de provisions en équilibre sur la tête, de mollahs enturbannés, de jolies métisses aux longues nattes luisantes, de petits écoliers noirs en culottes courtes, de commerçants bedonnants aux airs de potentats avec leurs lunettes fumées et leurs tarbouches de guingois sur le crâne ; un fleuve d'adolescents, la taille sanglée de ceintures à clous ; de jeunes élégantes voilées de tulle mauve semé de strass et de paillettes ; de portefaix écrasés sous la charge de pains de glace, de sacs de patates douces, de bonbonnes de vin blanc ; de marchands ambulants, de colporteurs, de mendiants et même de lépreux agitant leur crécelle. Avec son défilé de faces orientales, sémites, africaines, européennes, visages de Malaisie, d'Inde, du Mozambique, d'Europe de l'Est, de l'Ouest, Hanover Street forme une trépidante mosaïque de traits et de couleurs.

C'est au milieu de ce tohu-bohu multiracial de ce jour de marché que le premier fourgon de policiers arrive. Six hommes armés de mitraillettes en descendent et se mettent à cogner à coups de crosse dans la porte de l'atelier du tatoueur Apollon

Davidson. Un civil à lunettes, en chemise blanche et cravate noire, les accompagne. Il tient à la main un document officiel recouvert de plusieurs tampons et signatures. C'est le représentant du gouvernement. Il est venu notifier son expulsion au tatoueur d'Upper Ashley Street. Dans huit jours, un camion se présentera pour le conduire avec sa famille et ses biens dans la township de Cap Flats, à quatre-vingts kilomètres à l'ouest du Cap. Le tatoueur Davidson est la première victime de la décision de transformer District Six en une banlieue exclusivement réservée aux Blancs.

Le pittoresque quartier ne laissera pas partir son célèbre tatoueur sans lui offrir un poignant adieu. Le jour de sa déportation, des centaines d'habitants rameutés par Zanzibari, le cafetier qui a construit la vespasienne multiraciale, et par le coiffeur spécialiste des mèches afro Salomon Tutu, envahissent Hanover Street. Les hommes ont enlevé leurs chemises pour exhiber leurs poitrines sur lesquelles Davidson a tatoué à l'encre bleue le cri symbolique de leur révolte. « Tous contre l'apartheid ! Tous contre l'apartheid ! » reprend alors en chœur la foule tandis qu'arrivent le camion de l'expulsion et les policiers. Tous – Noirs, métis, Blancs, Indiens – invectivent, menacent. Les policiers doivent se dégager à coups de matraque. La situation prend une tournure inquiétante.

C'est alors qu'apparaît, juchée sur une caisse, la silhouette de Davidson, les bras tendus vers la foule surexcitée. Il fait signe qu'il veut parler. Le tumulte s'apaise. « Mes amis, crie-t-il, pendant vingt-sept ans nous avons vécu ensemble dans la paix et la fraternité de ce quartier. Demain, ces rues et ces maisons n'existeront plus à cause de la folie de ceux qui nous gouvernent. Je voudrais emporter avec moi une dernière image de paix et d'amour. Apaisez votre révolte. Écoutez votre cœur. Personne ne pourra jamais nous séparer. Bientôt, nous nous retrouverons quelque part dans ce pays pour faire vivre à nouveau les valeurs de notre quartier tant aimé... » Il s'interrompt, la voix étranglée. Il n'a plus de force. « Adieu, mes amis ! » conclut-il imperceptiblement.

L'émotion est si intense que les policiers baissent la tête. L'arrivée d'un bulldozer force la foule à reculer. L'agonie de District Six commence. Elle durera six ans.

Comment le maire d'une petite ville du Transvaal aurait-il pu imaginer que la cité à laquelle il avait donné son nom représenterait un jour, pour le monde entier, le symbole du martyr de l'apartheid ? C'est, hélas, ce que, le 21 mars 1960, John Sharpe, quarante-quatre ans, est obligé de reconnaître. Comparé aux autres townships d'Afrique du Sud, Sharpeville est pourtant un modèle de réussite. Les logements de ses vingt et un mille habitants sont tous équipés d'électricité, d'eau courante, du tout-à-l'égout. Certaines habitations comportent même des salles de bains. Mais le chômage qui sévit à Sharpeville et dans toute la région en ce début des années 1960 a brusquement dégradé une situation jusqu'alors idyllique. Empêchés d'aller chercher du travail ailleurs à cause du petit carnet rouge ou vert qui contrôle désormais leurs déplacements, les habitants sont en colère. Ce maudit passeport cartonné fournit en effet à la résistance noire le prétexte d'une nouvelle révolte non violente contre les méfaits de l'apartheid. À Sharpeville et dans trois autres townships du Transvaal, ainsi qu'à Langa et Nyanga dans la province du Cap, et enfin à Soweto, une gigantesque opération coordonnée d'« arrestations volontaires » commence ce matin fatidique du 21 mars.

Des dizaines de milliers d'hommes et de femmes se rassemblent en cortège pour marcher vers les commissariats de police des différentes agglomérations afin d'y réclamer le droit d'être arrêtés. Car ils ont reçu des responsables de l'ANC l'ordre de violer la loi en laissant chez eux leur carnet rouge ou vert. À Orlando, ce quartier qui fait partie de l'immense township de Soweto, les manifestants s'ébranlent derrière une longue banderole qui proclame : « Aujourd'hui, trois cent huit années après l'agression des Blancs contre les fils et les filles d'Afrique pour leur voler leur terre, les citoyens de ce pays partent à la reconquête de leur patrie. » Aucune agressivité dans ces foules en marche. Selon la tradition, hommes et femmes chantent et scandent des slogans en sautant sur place d'un pied sur l'autre jusqu'à toucher leurs mentons avec leurs genoux. C'est le fameux « toï-toï », la danse rituelle de la révolte noire. Un jour, toute l'Afrique du Sud noire conquerra sa liberté en sautant ainsi.

Les organisateurs des manifestations d'aujourd'hui ne doutent pas de remplir en une seule journée toutes les prisons du pays. Le pouvoir n'aura dès lors d'autre issue pour rétablir l'ordre que de proclamer l'abolition des maudits carnets. Mais Verwoerd ne craint pas les intimidations. Au lieu de faire charger les dix mille manifestants de Sharpeville par ses automitrailleuses, il envoie deux

Mirage F1 de ses forces aériennes les survoler en rase-mottes. Il est persuadé que cette terrifiante démonstration exécutée dans un fracas de fin du monde va disloquer les cortèges en un éclair. Il se trompe. Croyant à un témoignage de sympathie envers leur cause, les manifestants saluent joyeusement les pilotes à grands coups de chapeau. Un deuxième passage des avions encore plus au ras des têtes ne provoque pas davantage la débandade escomptée. Imperturbable, le cortège de Sharpeville continue sa marche vers le commissariat de police local. C'est alors que la tragédie éclate. Sans qu'ils aient subi la moindre menace, les policiers montés sur les tourelles des deux automitrailleuses gardant le bâtiment ouvrent le feu sans sommation. Des hurlements de femmes s'élèvent aussitôt mais d'autres femmes se mettent à rire, croyant sans doute que les policiers tirent à blanc. Plusieurs personnes ont beau crier « Halte au feu ! », les policiers continuent à lâcher leurs rafales. Ce sont de très jeunes hommes visiblement pris de panique à la vue de cette marée humaine qui avance toujours malgré la fusillade. D'autres policiers arrivent en renfort et déchargent leurs armes au hasard. Des corps tombent par dizaines. Humphrey Tyler, reporter du *Drum Magazine*, voit un petit garçon s'enrouler la tête d'une couverture pour se protéger des balles. Des chaussures, des chapeaux, des sacs, quelques bicyclettes jonchent l'immense terre-plein bientôt semé de cadavres et de blessés. C'est une boucherie. Elle fait soixante-neuf morts et plus de deux cents blessés. Assez pour mettre Sharpeville sur les cartes du monde et susciter l'horreur universelle.

Terrifiés par la crainte d'un soulèvement général de la population noire, les Blancs du Transvaal et du

Cap vident les magasins d'armes de leurs stocks de fusils, de revolvers, de munitions. À Johannesburg, devant la panique des investisseurs les cours de la Bourse plongent tandis qu'à Pretoria les consulats étrangers voient affluer une foule de candidats à l'émigration. Car personne ne se cache la réalité : le massacre de Sharpeville est le premier acte d'un génocide en marche.

Instauration de l'état d'urgence, durcissement des lois répressives, mise hors la loi de l'ANC, incarcérations massives, rappel de toutes les forces de sécurité en permission – les souverains de Pretoria n'entendent pas se laisser faire. D'autant qu'à Langa, près du Cap, quelques extrémistes ont incendié le bureau des passeports et des logements de policicrs noirs et qu'au Cap même, devant le commissariat de Caledon Square, il s'en est fallu d'un cheveu qu'une autre tragédie ne se produise. Mais en criant dans un haut-parleur que « Personne ne sera plus obligé de montrer son carnet rouge ou vert pendant un mois », un chef de la police locale a accompli un miracle. Trente mille manifestants se sont retirés *in extremis* des abords du bâtiment.

Pour Mandela, Sisulu, Tambo et tous les leaders de la résistance noire, la leçon de cette journée est une cruelle désillusion : face aux tyrans de Pretoria, l'action non violente a encore une fois échoué. Les carnets rouges et verts ne seront pas supprimés. Comme l'avait dit Mandela lui-même aux futurs expulsés de Sophiatown, la violence est décidément la seule arme capable de mettre fin à l'apartheid.

La violence ! Une déchirante, terrible, conversion pour des hommes raisonnables, pétris d'un si long héritage d'action pacifique. Des militants si profondément marqués par l'idéal du prophète indien à demi nu qui, treize ans plus tôt, conduisait un cinquième de l'humanité à la liberté sans avoir fait tirer un seul coup de feu ni exploser une seule bombe terroriste. Mais en 1960, au douzième anniversaire de l'apartheid, il n'y a plus d'autre issue que d'entrer dans la clandestinité pour y fourbir l'« *Umkhonto we Sizwe* – le Glaive de la nation ». L'expression inventée par Mandela lui-même devient spontanément le nom de code de la toute nouvelle branche armée de l'ANC chargée de concevoir et d'exécuter les futures opérations violentes de la résistance noire. La première décision de l'Umkhonto est d'expédier clandestinement Olivier Tambo de l'autre côté de la frontière sud-africaine pour y créer des bases de soutien dans plusieurs pays voisins. La deuxième est d'envoyer Mandela en Algérie pour lui faire suivre un entraînement de commando terroriste. La troisième est de trouver une cachette à l'intérieur même du pays afin d'y installer un QG clandestin. L'endroit finalement choisi est une ferme à l'abandon au milieu des marécages de la région de Rivonia, à trente kilomètres au nord de Johannesburg. Un lieu que les plus fins limiers du pouvoir ne pourront jamais trouver. C'est du moins la conviction de Mandela et de ses compagnons. Mandela qui se voit contraint de quitter, le temps de sa mission en Algérie, la jolie assistante sociale de vingt-huit ans qu'il vient d'épouser en deuxièmes noces. Mais Winnie Madikizela est résignée. Dans le touchant discours qu'il a prononcé lors de la cérémonie de son mariage avec

Nelson, son père a fait allusion à l'engagement militant de l'homme qu'elle choisissait pour mari. Winnie, ma fille, lui a-t-il conseillé, tu ne devras jamais oublier que celui à qui tu lies aujourd'hui ton destin pour le meilleur et pour le pire est déjà marié. Il est marié à l'Afrique du Sud !

Malgré leur impatience, il faut plusieurs mois aux chefs de l'Umkhonto, le Glaive de la nation, pour organiser leur campagne de sabotages, mettre en place leurs réseaux, découper le pays en cellulcs opérationnelles capables de passer immédiatement à l'action. Afin d'éviter de sacrifier inutilement des vies humaines, seuls des objectifs économiques et politiques seront d'abord visés. Chacun s'interroge. Cette première série d'actions suffira-t-elle à calmer les enragés de Pretoria et à les faire changer de politique ? Ou faudra-t-il aller plus loin et entraîner le pays dans une véritable guerre civile ?

Les premières explosions se produisent le 15 et le 16 décembre 1963 contre des bureaux de poste, des bâtiments administratifs, des installations ferroviaires et électriques de Durban, Johannesburg et Port Elizabeth. Pendant les dix-huit mois suivants, plus de deux cents attentats similaires ébranleront le pays, faisant de nombreuses victimes. Les militants de l'Umkhonto se trouvent souvent débordés par des extrémistes incontrôlables prêts à toutes les violences. L'Afrique du Sud devient alors le théâtre d'actes sauvages où l'on ne compte plus les incendies de postes de police, les assauts de prisons, les pillages de magasins, les attaques de maisons appartenant à des Blancs. Le 5 février 1963, cinq Blancs, dont une femme et deux fillettes, sont trouvés poignardés au bord d'une rivière du Transkei. Un crime qui glace d'horreur toute la population afrikaner.

Même si l'ANC n'est pas coupable de tous ces excès, c'est sur les militants de la légendaire organisation déjà mise hors la loi que s'abattent les foudres du maître de Pretoria. Verwoerd a réorganisé de fond en comble ses troupes de sécurité et nommé à leur tête son propre ministre de la Justice, une force de la nature d'un mètre quatre-vingt-dix au terrifiant regard d'acier. Ancien militant d'une société secrète qui s'était opposée en 1939 à l'entrée en guerre de l'Afrique du Sud contre l'Allemagne, John Vorster, cinquante-deux ans, avait lui-même pratiqué l'art du sabotage en faisant sauter des bateaux destinés à transporter des volontaires vers l'Europe. Pour écraser au plus vite les clandestins de l'Umkhonto, il a appelé à ses côtés un camarade des années de guerre, un spécialiste du renseignement expert en actions secrètes nommé Hendrik van den Bergh. À eux deux, Vorster et Van den Bergh sont sûrs d'en finir avec la menace révolutionnaire que font souffler l'ANC et les différents mouvements de résistance noire qui agissent dans son sillage.

Pour remporter la victoire, Pretoria s'est armée d'une nouvelle loi d'exception dénommée *Sabotage Act* qui autorise ses forces de sécurité à détenir sans mandat d'arrêt ni assistance judiciaire n'importe quel suspect pendant une période de quatre-vingt-dix jours. Mais surtout, le *Sabotage Act* permet de condamner à mort toute personne arrêtée en possession d'une arme à feu ou d'explosifs. De la sentence à l'exécution, il ne s'écoule parfois que quelques heures. Le 24 juillet 1964, un ancien instituteur nommé Frederick John Harris qui a fait exploser un engin dans la gare de Johannesburg, tuant une femme et blessant vingt-trois voyageurs, marche dès sa condamnation vers la potence en chantant *We Shall Overcome*, le célèbre hymne américain des droits civiques.

Arrestations arbitraires, interrogatoires, tortures, enlèvements, jugements sommaires, exécutions, les tortionnaires de l'apartheid ont beau livrer une guerre de terreur aux clandestins de l'Umkhonto, leur cachette de Rivonia reste introuvable. Qu'importe ! Ils préparent en grand secret une opération qui promet d'être cette fois fatale à la résistance noire. Une opération digne des pires monstres de l'Allemagne nazie, le sinistre docteur Mengele en tête. Le QG de cette entreprise ne se trouve pas dans un ministère ni dans aucun autre bâtiment officiel. Le haut portail métallique et la double clôture électrifiée qui défendent ses abords sont dissimulés dans une forêt d'eucalyptus à quinze kilomètres au nord de Pretoria. Une simple pancarte en anglais renseigne sur la nature du site : « Roodeplaat Research Laboratory ». Un poste de garde puis un chemin de ronde patrouillé par des chiens policiers protègent une enceinte qui abrite une série de constructions en brique sombre. Chacune d'elles comprend plusieurs laboratoires biologiques sous haute sécurité, verrouillés par des portes commandées à distance. Au sous-sol, des sas donnent accès à des chambres de décontamination équipées de douches, ainsi qu'à plusieurs locaux contenant des cages où sont enfermés des centaines de chiens, de chats et de jeunes babouins. À l'extrémité d'un long couloir se trouve un monumental incinérateur destiné à brûler les cadavres des animaux sacrifiés pour les expériences conduites dans les différents laboratoires. Une insoutenable odeur de chou pourri et d'urine imprègne cet espace mystérieux. Des silhouettes masquées vêtues de combinaisons blanches y travaillent sur une succession d'appareils et d'instruments de mesure. Certaines salles de sûreté renforcée sont réservées à la manipulation de bactéries et de virus de si haute dangerosité que seuls y pénètrent des spécialistes revêtus de scaphandres protecteurs. Car le Roodeplaat Research Laboratory n'est pas un laboratoire de recherche comme les autres. C'est une usine de mort destinée à la production de substances létales capables d'exterminer par millions les ennemis intérieurs et extérieurs du pays.

Le *deus ex machina* de cette démentielle entreprise est un cardiologue militaire à la barbe rasée court, âgé de quarante et un ans, nommé Wouter Basson. Ce n'est pas par hasard que le pouvoir l'a choisi pour mettre en œuvre et diriger le « Project Coast », un programme officiellement destiné à doter l'Afrique du Sud d'un armement chimique et biologique permettant de repousser une agression extérieure. Le jeune capitaine médecin est un spécialiste des armes non conventionnelles, en particulier celles susceptibles d'annihiler un ennemi en agissant sur ses facultés mentales. Il faudra attendre quarante ans pour qu'un procès retentissant permette aux Sud-Africains et à une opinion internationale horrifiée de découvrir en détail l'étendue de cette entreprise. On comptera pas moins de soixante-sept chefs d'inculpation, mille cinq cents pages d'attendus, deux ans et demi d'audiences devant un tribunal spécial siégeant à Pretoria – un record seulement battu au procès de Nuremberg. Le Dr Basson sera notamment accusé d'avoir proposé à ses chefs de fabriquer des produits chimiques capables de réduire le taux de fertilité de la population de couleur. L'application d'un tel programme devait permettre aux dirigeants de l'apartheid de diminuer le nombre des Noirs vivant dans le pays. À Pretoria, ces propositions avaient reçu un accueil enthousiaste. Des crédits illimités furent octroyés à celui qu'on appellera bientôt secrètement « le Dr Folamour sud-africain[1] ».

Wouter Basson commence par parcourir différents pays d'Occident afin de recueillir aux meilleures sources des renseignements sur la guerre biologique. Il force sans vergogne la porte des services secrets américains, britanniques, français. Comment ne serait-il pas accueilli partout à bras ouverts alors qu'il se présente au nom d'un pays qui, explique-t-il, veut par tous les moyens endiguer la marée communiste déferlant sur l'Afrique ? Certes, il profite de ses voyages pour s'acheter un luxueux appartement à New York, un autre à Bruxelles, un manoir en Angleterre… mais l'inestimable moisson d'informations ultrasecrètes qu'il rapporte incite le pouvoir à fermer les yeux. Il ne lui reste qu'à équiper ses laboratoires et recruter une équipe de chimistes, de scientifiques, de toxicologues et de vétérinaires de haut niveau prêts à servir le monstrueux projet.

1. Le Dr Wouter Basson, responsable du programme de guerre chimique et biologique de l'Afrique du Sud, a été acquitté « faute de preuves suffisantes » de toutes les accusations pesant contre lui. Le verdict fit scandale. (Cf. en annexes « Ce qu'ils sont devenus », p. 370, et la bibliographie succincte, p. 382.) Ce qui suit relate néanmoins tout ce que l'accusation et les débats ont permis de révéler lors du procès.

Inventer une bactérie tueuse capable d'exterminer les Noirs tout en donnant l'apparence d'une mort naturelle, tel est le premier défi que le médecin est accusé d'avoir voulu mener à bien. Avant de collectionner son propre vivier d'animaux, il va tirer des flèches empoisonnées sur les singes du parc Kruger pour étudier les circonstances et le temps de leur agonie. Devant les protestations indignées des touristes, il fait capturer les animaux afin de les soumettre dans le secret de son laboratoire à la mort lente de ses poisons. Ses chimistes expérimentent toutes sortes de vecteurs susceptibles d'inoculer aux Noirs des substances mortelles. Les sachant grands amateurs de bière, ils ajoutent du thallium, un poison à base de mercure impossible à détecter, aux canettes destinées aux *shebeens* des townships. Puis ils injectent des bacilles d'anthrax dans des cartouches de cigarettes ; du cyanure dans des plaques de chocolat ; de la botuline dans des bouteilles de lait ; même de la ricine, l'un des toxiques les plus violents qui soient, dans des flacons de whisky. Enfin, ils assaisonnent de mandrax, une poudre aux effets paralysants, des paquets de lessive ménagère couramment vendus dans les drogueries des quartiers noirs. Basson et ses alchimistes dévoyés en mettent leur main au feu : le jour où ces produits rendus mortels commenceront à circuler massivement dans les commerces africains, les Blancs auront fait un pas décisif dans leurs projets de réduire par tous les moyens la population noire de l'Afrique du Sud. Mais le délirant programme du maître du Roodeplaat Research Laboratory n'en est qu'à ses premiers balbutiements. Pour accélérer la diminution de la population de couleur, le laboratoire conçoit aussi toute une panoplie d'instruments. Tels ces astucieux parapluies capables de projeter de petites balles dont l'impact permet d'inoculer la variante pulmonaire de la maladie du charbon. Ou ces bâtonnets en forme de tournevis qui dégagent à la moindre pression un nuage de gaz paralysants. Ou ces pistolets à air comprimé qui peuvent, lors de manifestations, expédier des projectiles bourrés d'anthrax, d'ecstasy, de cocaïne, et d'hallucinogènes à base de marijuana capables de calmer presque instantanément les excès d'une foule en colère.

En travaillant sur les chiens et les singes, Basson s'intéresse bientôt à l'existence chez les animaux du signal chimique qu'ils transmettent à leurs congénères pour leur donner des informations sur leur sexe, leur statut social, leur position de reproducteur. Il constate que ce signal, appelé « phéromone », agit à de très faibles concentrations et à des distances parfois considérables pour induire chez ses destinataires des comportements sexuels et sociaux stéréotypés. Basson est convaincu qu'il peut en aller de même chez l'homme. Pour ramener des foules au calme et à la docilité il suffirait, pense-t-il, d'envoyer des signaux chimiques ayant la propriété d'influencer et de modifier les comportements dans un sens pacifique. On accusera le laboratoire du cardiologue à la barbe noire d'avoir également préparé un plan pour empoisonner Nelson Mandela par l'incorporation de thallium dans les médicaments que prend le leader noir.

Basson ne semblait jamais à court d'imagination. Ainsi, il réussit à introduire des particules de poison dans la gomme qu'il faut lécher pour sceller des enveloppes ou du venin de cobra dans des flacons de déodorant. Il aurait même inventé un gel relaxant capable d'inhiber instantanément toute volonté de résistance. Quelques années plus tard, au plus fort de la tragédie de l'apartheid, l'aviation sud-africaine utilisera ce gel pour paralyser deux cent cinquante prisonniers de guerre namibiens et les précipiter du haut du ciel dans la mer sans qu'ils résistent. Basson sera par ailleurs accusé d'avoir recherché une bactérie sélective qui ne contaminerait que les Noirs et un contraceptif administrable à leur insu aux femmes de couleur. Il aurait ensuite expérimenté ces bactéries sur des cobayes humains fournis par la police afin de stériliser secrètement les habitants des townships. En cas de succès, le peuple des chariots aura gagné la plus grande de toutes les batailles qui l'opposent aux tribus d'Afrique depuis qu'il s'est élancé à la conquête du continent, la bataille du nombre !

Pour l'heure, c'est le renseignement providentiel d'un espion noir infiltré par la police sud-africaine dans les réseaux de l'ANC qui offre au pouvoir sa plus belle victoire. À l'aube du 11 juillet 1963, plusieurs dizaines de policiers investissent la Liliesleaf Farm, le repaire de l'Umkhonto caché dans les marécages de Rivonia au nord de Pretoria. Tout l'état-major du mouvement est pris au piège alors que des documents et une carte de l'Afrique du Sud étalés sur une table révèlent aux hommes de Vorster et de Van den Bergh les objectifs de l'insurrection générale que se préparent à déclencher les militants de l'ANC. Le « Glaive de la nation » est décapité. Du moins presque totalement car Nelson

Mandela ne se trouve pas à Liliesleaf Farm ce matin-là. Un sursis miraculeux qui ne sera, hélas, que très provisoire. Après son entraînement de commando en Algérie, le chef de la branche armée de l'ANC est rentré en Afrique du Sud par l'une des nombreuses routes qui relient la province du Bechuanaland au Transvaal. Puis, à bord d'une Austin Princess noire conduite par un membre de l'organisation, il a gagné sous un nom d'emprunt le port de Durban pour rendre compte au président de l'ANC de sa mission à l'extérieur du pays. Le lendemain, toujours à bord de la même voiture, il a entrepris le voyage vers Johannesburg, notant tout le long de la route dans son inséparable calepin l'emplacement d'objectifs possibles pour de futurs sabotages. Après ses dures semaines dans le désert algérien, il s'enthousiasme devant la beauté des paysages si verdoyants du Natal. Que l'Afrique du Sud est belle ! La veille, en franchissant la frontière, il s'est émerveillé de la clarté de la nuit d'hiver, de l'éclat des étoiles. Il venait de quitter un monde où il avait, pour la première fois, connu la liberté pour se retrouver dans un pays qui faisait de lui un fugitif. Mais il se sent tellement heureux d'être de retour chez lui, dans le pays de sa naissance. Et puis, au bout de la route, juste avant les premières banlieues de Johannesburg, il sait que sa femme Winnie l'attend avec les enfants dans une cachette prêtée par un ami. Mandela est transporté de bonheur et d'impatience à l'idée de ces retrouvailles. C'est alors qu'une Ford V8 occupée par quatre Blancs en civil double l'Austin. Mandela se retourne et aperçoit par la vitre arrière deux autres voitures pleines de Blancs également en civil. La Ford s'est arrêtée un peu plus loin et deux hommes en sont sortis pour faire signe au chauffeur de l'Austin de se ranger sur le bas-côté. À cette seconde, il comprend que c'en est fini de sa liberté. Impossible de résister ou tenter de s'enfuir. Le rapport des forces est trop inégal.

C'en est effectivement fini. L'un des Blancs se dirige aussitôt vers la vitre de l'Austin, côté passager. Il a les traits tirés et les joues mal rasées de quelqu'un qui a consacré sa nuit à une traque policière. Mandela décline calmement son identité et présente son carnet. Il prétend s'appeler David Motsamai et exercer la profession d'épicier en gros. Le policier sourit. Il ne montre ni surprise ni agressivité. « Vous vous appelez Nelson Mandela, et vous êtes en état d'arrestation ! » se contente-t-il de dire. Il l'invite poliment à sortir de sa voiture et à l'accompagner jusqu'à son véhicule. En quittant son siège, Mandela réussit à faire glisser sous la banquette son revolver chargé et son inséparable calepin. Bizarrement, la police ne trouvera ni l'un ni l'autre.

Pretoria pavoise. La nouvelle de l'arrestation du leader de la branche armée de l'ANC est aussitôt claironnée à la télévision et sur toutes les radios du pays. Une rumeur se répand selon laquelle c'est un agent de la CIA qui a révélé aux autorités sud-africaines la présence de Mandela à Durban puis son départ vers Johannesburg à bord de l'Austin Princess noire.

« Désormais, racontera Nelson Mandela dans son autobiogaphie, j'avais tout le temps de réfléchir à ma situation. J'avais toujours su que je pouvais me faire arrêter, mais les combattants de la liberté nient ce genre de possibilité et, cette nuit-là, dans ma cellule, je me suis rendu compte que je n'étais pas préparé à la réalité de l'arrestation et de l'emprisonnement. J'étais bouleversé et inquiet. »

Quelques jours plus tard, Winnie reçoit la permission de lui rendre visite. Mandela constate qu'elle a fait un effort d'élégance et qu'elle paraît détendue. Elle lui apporte une paire de pyjamas en soie. Comment aurait-il le cœur de lui dire qu'il ne pourra jamais porter ce luxueux vêtement en prison ? Mais il sait que c'est une façon pour elle de lui exprimer son amour. Le temps étant compté, ils s'empressent de discuter des affaires qui les concernent. Mandela se fait du souci. Comment va-t-elle pouvoir subvenir à ses besoins et à ceux des enfants ? Il lui indique quelques amis qui pourraient l'aider et plusieurs clients qui restent lui devoir des honoraires. Il ne faut pas qu'elle dissimule aux enfants qu'il est en prison et qu'il ne reviendra pas à la maison avant longtemps. Il essaie de la réconforter. « Je lui ai assuré que nous n'étions pas la première famille dans cette situation et ceux qui vivaient de telles épreuves en sortaient plus forts », écrira-t-il. Il voudrait lui parler de leur combat et de tant d'autres choses… « Le gardien a détourné les yeux et nous nous sommes jetés dans les bras l'un de l'autre avec la force et l'émotion refoulées en chacun de nous, comme pour un dernier adieu », se souviendra-t-il.

Il s'agit presque d'un dernier adieu, en effet. Vingt-sept années s'écouleront avant que Nelson et Winnie Mandela puissent à nouveau s'étreindre.

La mort. Mandela et ses neuf camarades raflés dans la ferme de Rivonia ne nourrissent pas la plus infime illusion. C'est la mort au bout d'une corde que va leur infliger au terme d'un spectaculaire procès la justice des Blancs. Comment pourrait-il en être autrement ? La clef de voûte de l'accusation repose sur la découverte d'un plan d'action de six pages trouvé dans la ferme de Rivonia. Dénommé « *Mayibuye Afrika* – Reviens Afrique », ce document trace les grandes lignes d'un soulèvement insurrectionnel visant au renversement de l'État. Rien de moins. Selon ce plan, plusieurs unités de guérilleros entraînés dans différents pays africains débarqueraient en une demi-douzaine de points de la côte sud-africaine tandis qu'un gouvernement provisoire serait proclamé dans la capitale d'un pays voisin. Les inculpés sont par ailleurs accusés de complicité dans plus de deux cents actes de sabotage destinés à provoquer une révolution violente. Pendant près de deux ans, sous la conduite d'un procureur implacable, la justice a accumulé des preuves, versé des milliers de documents et de photos au dossier, rassemblé cent soixante-treize témoins à charge.

Mandela est résigné. Il est prêt à mourir. « Pour être effectivement prêt à quelque chose, on doit s'y attendre vraiment, dira-t-il. Nous étions tous prêts à la mort, non pas parce que nous étions courageux, mais parce que nous étions réalistes. » À l'instant de monter dans le fourgon blindé qui va le conduire devant la justice, il pense à ce vers de Shakespeare : « Soyez résolu devant la mort ; et la mort et la vie vous seront plus douces. » Mais avant d'affronter la potence, le leader noir entend bien transformer son ultime confrontation avec la justice des Blancs en une féroce tribune au service de son peuple. « Nous considérions le procès comme une continuation de la lutte par d'autres moyens », dira-t-il encore. Car, paradoxalement, malgré son racisme, le régime de l'apartheid offre à ses justiciables noirs une qualité de justice comme il n'en existe dans aucun autre pays d'Afrique, ni dans aucun pays totalitaire du monde.

Le procès de l'État sud-africain contre les dix conspirateurs de Rivonia s'ouvre le 9 octobre 1963, quatre jours avant que l'Assemblée générale des Nations unies ne vote à Manhattan ses premières sanctions contre l'Afrique du Sud. Le bâtiment de la Cour suprême de Pretoria où vont se dérouler les audiences est une forteresse en état de siège. Des centaines de policiers anti-émeutes tiennent à distance les foules de sympathisants qui tentent de s'approcher du tribunal. Par la fenêtre grillagée du fourgon blindé qui se fraye un passage entre deux haies de gardes, Nelson Mandela aperçoit soudain la statue de Paul Kruger, l'ancien président de la République du Transvaal qui avait, au siècle passé, combattu l'impérialisme britannique avec tant d'acharnement. Sur une plaque au pied de la statue, l'accusé déchiffre avec émotion le message de ce héros du peuple blanc. « En toute confiance, nous présentons notre cause au monde entier. Que nous soyons victorieux ou que nous mourions, la liberté se lèvera sur l'Afrique du Sud comme le soleil se lève en sortant des nuages du matin. »

C'est par un défi hautement symbolique que Mandela se présente devant ses juges. Il s'est drapé dans un *kaross*, le vêtement en peau de léopard des dignitaires de sa tribu. « J'ai choisi de revêtir un costume traditionnel pour souligner le symbolisme de l'Africain noir dans un tribunal d'homme blanc, révélera-t-il. Je portais littéralement sur mon dos l'histoire, la culture, l'héritage de mon peuple. Ce jour-là, je me suis senti comme l'incarnation du nationalisme africain, l'héritier du passé difficile mais noble de l'Afrique et de son avenir incertain. Le *kaross* était aussi un signe de mépris envers les subtilités de la justice des Blancs. Je savais parfaitement que les autorités se sentiraient menacées par mon *kaross* comme la plupart des Blancs se sentent menacés par la véritable culture de l'Afrique. »

L'assistance s'est levée tel un seul homme à l'entrée des accusés. Les travées sont pleines de journalistes sud-africains et internationaux, et de représentants de nombreux gouvernements étrangers. Pour la presse africaine autant que pour l'opinion mondiale, c'est le procès politique le plus important de l'histoire de l'Afrique du Sud qui est sur le point de commencer. Dans le public, Mandela aperçoit une femme qui porte la coiffure de perles et la longue jupe traditionnelle des Xhosas. C'est Winnie. Elle est venue du lointain Transkei accompagnée d'une vieille dame toute ridée, la mère du leader noir. Leurs regards se croisent. Les accusés lèvent le poing et crient en chœur « *Amandla !* – Le pouvoir ! » Le poing également levé, Winnie et toute l'assistance répondent « *Ngawethu !* – est à nous ! »

C'est alors que Mandela fait face à l'homme qui va, il en est certain, mettre un point final à son existence. Sous son dais en bois doré, vêtu de sa robe de velours rouge, le juge afrikaner Quartus De Wet, cinquante-deux ans, est aussi impassible qu'une statue de cathédrale. Bien qu'il ne soit pas considéré comme un enragé de l'apartheid, la sévérité légendaire de ses jugements suscite la crainte chez tous les justiciables noirs. À ses côtés, vibrionne un petit personnage chauve toujours élégamment habillé. Le procureur Percy Yutar, cinquante ans, est responsable de l'accusation. Sa voix sifflante et son langage théâtral ont envoyé plus d'un Noir à la mort. Il a consacré des semaines, des mois d'interrogatoires, à rassembler les témoignages accablants de tous ceux qu'il est allé dénicher pour démontrer la culpabilité de Mandela et de ses compagnons. Son acharnement sera d'une telle efficacité que la presse se demandera jour après jour comment les accusés pourraient échapper au châtiment suprême.

Nelson Mandela a pris la responsabilité d'assurer lui-même sa défense. Des nuits entières, au fond de sa cellule, il a rédigé le long témoignage-testament qu'il veut offrir au nom de son peuple au personnage marmoréen qui représente la justice des Blancs. Pas un cil, pas une lèvre, pas une narine du juge Quartus De Wet ne frémira durant les quatre longues heures que durera la lecture du plaidoyer écrit par celui que la cour a désigné comme « l'accusé numéro un ». Bien qu'un peu sourde et volontairement dépourvue de tout effet d'éloquence, la voix de Mandela fige aussitôt dans une attention quasi religieuse tout un prétoire pourtant prêt à manifester son soutien à l'orateur. Nullement découragé par les yeux clos de son interlocuteur en robe rouge, l'accusé commence par affirmer que le credo idéologique de son peuple ne consiste pas à crier « Les Blancs à la mer ! » mais à réclamer une juste part de l'Afrique du Sud. « Votre Honneur, déclare-t-il, les enfants errent dans les rues des townships parce qu'ils n'ont pas d'école où aller, ou pas d'argent pour leur permettre d'aller à l'école, ou pas de parents chez eux pour veiller à ce qu'ils aillent à l'école, parce que leurs parents (s'il y en a deux) n'ont pas de travail pour faire vivre leur famille. Cela conduit à un effondrement des valeurs morales, à une augmentation inquiétante de la délinquance et de la violence... » Mandela s'était par ailleurs insurgé contre les conditions de vie imposées à la majorité du pays par une loi à ses yeux à la fois « immorale, injuste et intolérable. Notre conscience nous dit que nous devons protester contre cette loi, que nous devons nous opposer à elle et que nous devons essayer de la changer. »

Mandela observe un court silence, puis, reprenant son souffle, il poursuit : « Je pense que les hommes ne peuvent rester sans rien faire, sans rien dire, sans réagir devant l'injustice, qu'ils ne peuvent rester sans protester devant l'oppression, sans essayer de réaliser une société et une vie correctes comme ils les envisagent. » Le leader noir énumère alors les terribles griefs des Africains contre le système oppressif instauré par les tyrans de Pretoria. Puis, d'une phrase, il résume la principale revendication de son peuple : « Avant tout, nous voulons des droits politiques égaux, parce que, sans eux, notre impuissance sera permanente. Je sais que cela semble révolutionnaire pour les Blancs de ce pays parce que les Africains constitueront la majorité des électeurs. » Mandela précise qu'il répétera jusqu'à son dernier souffle que, pour les Noirs de ce pays, il s'agit d'une « lutte pour le droit de vivre ». « Votre Honneur, c'est la tyrannie qui règne dans ce pays qui a fait de moi un criminel. Pas mes actes. » « Je suis déclaré criminel pour le seul fait de l'idéal que je défends. »

Ils viennent de Hollande pour planter des salades à l'extrême pointe de l'Afrique

1

Le 6 avril 1652, trois caravelles battant pavillon hollandais jettent l'ancre devant la montagne de la Table (**1**), à l'extrême sud de l'Afrique, en un lieu qui deviendra la ville du Cap. À bord du *Drommedaris* se trouvent un chirurgien de trente-quatre ans nommé Jan van Riebeeck (**2**), sa femme Maria, leur enfant de quatre mois et quatre-vingt-dix expatriés sous son commandement. Les arrivants apportent avec eux des sacs pleins de graines de salade et autres semences. La toute-puissante Compagnie néerlandaise des Indes orientales qui les emploie veut en effet que Van Riebeeck et ses compagnons fassent pousser des légumes en ce point de passage stratégique de leurs navires lancés dans la course des épices, afin d'approvisionner en vitamines ses équipages décimés par le scorbut. Une mission que le jeune Hollandais devra exécuter « le dos tourné au reste du continent », en évitant tout contact avec les indigènes. Pas question de colonisation et encore moins de conquête. Van Riebeeck ne soupçonne pas qu'en allant planter des salades, il va en réalité écrire le premier chapitre de l'histoire d'un pays qui n'existe pas encore : L'Afrique du Sud.

2

L'épopée commence pour une poignée de Blancs sur un territoire deux fois et demie grand comme la France

1

Les planteurs de salades quittent bientôt leurs potagers pour construire une jolie ville qu'ils appellent Cape Town **(1)**. Puis les aventureux décident de partir vers le nord à la recherche de pâturages pour leurs troupeaux. Fidèles lecteurs de la Bible, ils sont convaincus de marcher vers une nouvelle Terre promise. Voulant rompre leurs amarres avec la mère patrie, ces paysans – qu'on appelle les Boers – décident de changer d'identité. Ils seront désormais des « Afrikaners ». Leur migration à bord de chariots tirés par des bœufs sera une épopée de tous les dangers au milieu des bêtes sauvages, des essaims de mouches tsé-tsé et des tribus noires bien décidées à défendre leurs territoires. Quand les hommes sont blessés, les femmes des chariots prennent leurs fusils pour repousser les attaques **(2 et 3)**.

2

3

Protégés de l'implacable soleil par leurs larges chapeaux et le dais d'une tente (**1**), les Afrikaners dressent de fréquents campements dans l'immensité du veld, la savane africaine où paissent leurs troupeaux.

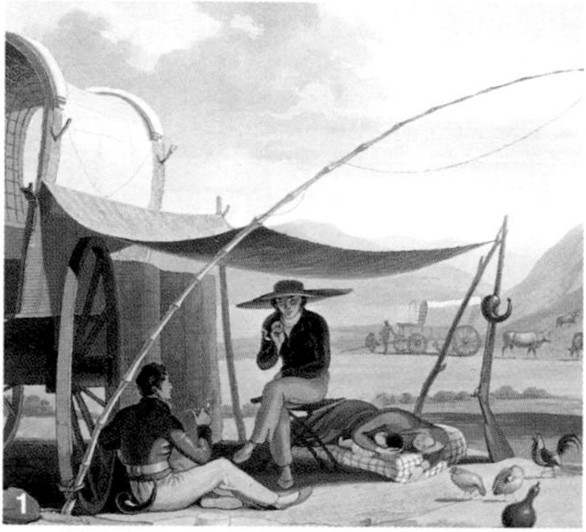

1

Les tribus noires se mobilisent contre l'impérialisme des Blancs

Les Boers et bientôt les colons anglais, qui s'enfoncent avec leurs troupeaux à l'intérieur de l'Afrique australe, ne tardent pas à rencontrer les populations noires qui occupent les territoires convoités par les Blancs. Plus de cinq cents Xhosas sont massacrés en 1846 par un régiment de cavalerie britannique (**2**), mais beaucoup de rencontres entre Blancs et Noirs ont des conséquences heureusement moins tragiques.

2

1

De nombreux Noirs quittent leurs tribus pour venir travailler dans les fermes de la colonie du Cap. Ils ne touchent pas d'argent mais sont rémunérés en biens qu'ils rapportent chez eux **(1)**. La possession la plus précieuse est un fusil. Parmi tous les Noirs rencontrés par le « peuple des chariots », les plus belliqueux sont les Zoulous **(2, 3 et 4)**. Leur organisation militaire est très perfectionnée. Armés de lances et de casse-tête, ils tuent un grand nombre de Boers et aussi de soldats britanniques. L'un de leurs rois les plus féroces s'appelle Dingane **(4)**. Il fit massacrer une colonne entière de Boers venus négocier pacifiquement l'achat de pâturages.

2

3

4

Des chefs héroïques pour conduire le peuple de la Nouvelle Alliance vers sa Terre promise

La marche vers le nord des différentes colonnes des trekkers blancs du « Grand Voyage » est une aventure héroïque qui se prolonge pendant des années (**1**). Les chefs de ces convois ne tardent pas à devenir des figures de la légende afrikaner, tels Andries Pretorius (**2**), qui donnera son nom à la capitale de l'Afrique du Sud, Pretoria, et le huguenot Piet Retief (**3**), qui sera tué le 6 février 1838 avec soixante de ses hommes par le roi zoulou Dingane.

1

Pretorius vengera ce massacre en disposant ses chariots en un cercle défensif appelé *laager* (**1**) pour écraser une armée de quinze mille Zoulous au bord d'un affluent de la Blood River. Afin de soulager le travail des attelages et de faciliter le franchissement des obstacles (**3**), les chariots ont été perfectionnés. Équipés d'un double toit contre la chaleur et les intempéries, de coffres agrandis pouvant abriter les vêtements, la literie, les ustensiles, les vivres et les armes des familles les plus nombreuses, ce sont des véhicules remarquablement adaptés à la terrible aventure qu'ils doivent endurer. Facilement démontables (**2**), ces « chariots de la liberté » des aventuriers du « Grand Voyage » deviennent les auxiliaires irremplaçables de leur marche vers la Terre promise.

2

3

Une guerre sauvage entre les deux grandes tribus blanches de l'Afrique : Boers et Anglais

1

2

3

Conduits par des chefs légendaires qui ont pour noms Paul Kruger (**1**), Frans Joubert (**2**) et M.W. Pretorius (**3**), ces Boers doivent bientôt défendre leurs républiques contre un ennemi infiniment plus puissant que les Zoulous et autres tribus noires : les Anglais de la reine Victoria. La guerre anglo-boers sera un conflit terrible. Pour la première fois en Afrique du Sud, il fait intervenir l'artillerie. Les Anglais ont démonté les canons de leurs bateaux de guerre pour les installer sur des affûts à roues (**4**).

4

Quant aux Boers, ils ont pu faire venir de France quatre canons de siège Schneider (**1**) qui peuvent tirer des obus de quarante-trois kilos jusqu'à dix kilomètres de distance.

Contre les Boers, les Anglais mobilisent les meilleurs généraux de leur armée, le maréchal Roberts (**2**) et Herbert Kitchener (**3**), tandis qu'une grande figure de l'impérialisme britannique en Afrique du Sud, Cecil Rhodes (**4**), conçoit et supervise la stratégie des forces anglaises dans leur guerre totale contre les commandos de l'armée boer (**1 et 2, p. 9**).
L'un des principaux enjeux de cette lutte fraticide entre les deux grandes communautés blanches est la possession des mines d'or et de diamants. Un an après la découverte du premier filon diamantifère en 1867, le gisement de Kimberley (**3, p. 9**) est devenu « Le plus grand trou du monde ».

1

2

3

Les nationalistes blancs prennent le pouvoir. Ils fondent le régime de l'apartheid.

Le 28 mai 1948, deux cent quatre-vingt-seize années et vingt jours après que le premier Hollandais a mis le pied sur la terre d'Afrique, les trois millions de nationalistes blancs remportent les élections et prennent le pouvoir. Leur chef, l'ancien pasteur de l'Église réformée de Hollande, Daniel François Malan déclare à la tribune du Parlement : « L'Afrique du Sud nous appartient enfin. Prions Dieu pour qu'il en soit toujours ainsi. » Autour du Parlement, la foule blanche manifeste bruyamment sa joie et sa fierté.

Dix ans plus tôt, Malan (**1**) et ses partisans avaient mobilisé la conscience nationale des Afrikaners en commémorant avec une dizaine de chariots l'aventure historique de leurs ancêtres trekkers du « Grand Voyage » (**2**). Tout le long des mille trois cents kilomètres de cette commémoration entre le Cap et Pretoria s'étaient massés des centaines de milliers d'Afrikaners proclamant leur fierté d'appartenir au « peuple que Dieu a choisi » pour répandre les valeurs chrétiennes sur la terre d'Afrique. Afin de mieux défendre leur cause, les Afrikaners créent une société secrète, le Broederbond – la Ligue des Frères (**3**), qui propage l'idéal nationaliste des Blancs dans toutes les couches de la société et deviendra le pilier de l'apartheid.

Les Noirs se mobilisent pour défendre leurs droits mais succombent devant l'implacable dictature blanche

Dès le début du XXe siècle, les élites noires tentent de se dresser contre les oppresseurs blancs. Le 8 janvier 1912, le jeune avocat Pixley Seme **(1)** rassemble les responsables des principales ethnies et tribus, et fonde, avec le soutien de Gandhi **(assis au centre, 2)**, le Congrès national africain (ANC). Pendant trois générations, cette organisation militante va incarner la croisade non-raciale et non-violente des Noirs sud-africains pour la conquête de leurs droits à l'égalité et à la liberté. L'un de ses chefs les plus illustres sera le jeune avocat Nelson Mandela **(3)**. Mgr Desmond Tutu, évêque de Johannesburg puis archevêque du Cap, sera l'un des militants les plus acharnés de la lutte des Noirs pour leurs droits civiques **(4)**.

1

2

3

4

1

L'ANC ne réussira pourtant pas à empêcher le pouvoir blanc de l'apartheid de réaliser son programme de déportation des populations noires vers des réserves situées à la périphérie du pays. Ces déportations se sont déroulées avec une extrême brutalité, comme ici au Transvaal en 1983 (**1**). Des familles sont chassées de leurs logements avec leurs maigres possessions et transportées par camions vers une réserve. Les ouvriers noirs qui reçoivent l'autorisation de travailler en zone blanche doivent habiter dans de sordides dortoirs attenant à leurs lieux de travail (**2**).

2

Les tyrans de l'apartheid organisent la plus grande déportation de population de l'Histoire

Le système raciste de l'apartheid trouve d'implacables gouvernants pour imposer à la majorité noire la dictature de la minorité blanche. Hendrik Verwoerd **(1)** et John Vorster **(2)** furent parmi les plus célèbres. Soutenu par une armée de géomètres et d'urbanistes **(3)**, le régime découpe l'Afrique du Sud en zones blanches et en zones noires.

1

3

2

4

Plus de trois millions de Noirs sont expulsés de leurs lieux de résidence, embarqués de force sur des camions, **(4 et 1, p. 14)**, leurs possessions accompagnant les déportés vers les réserves qui leur sont destinées. Pour dissiper les craintes que ces déportations provoquent, le Premier ministre Verwoerd déclare publiquement que « les déplacements des Noirs ont pour objet de favoriser leur unité nationale, de protéger leurs intérêts ethniques et politiques, et d'améliorer leurs conditions de vie ».

1

Les Noirs se révoltent : il y a des centaines de morts et de blessés

Les Noirs brûlent les effigies de leurs tortionnaires (2) et organisent des marches non violentes contre le pouvoir blanc pour réclamer, entre autres, la suppression des « passes », ces passeports intérieurs qui limitent leurs déplacements. Ces « passes » permettent aux autorités de contrôler les allées et venues de vingt-cinq millions de Sud-Africains de couleur et de s'assurer de la bonne exécution des règles attribuant aux membres des différentes tribus leurs lieux de vie.

2

À Sharpeville, le 21 mars 1960, la répression blanche contre une marche non violente pour l'abolition des « passes » fait soixante-neuf morts **(1 et 2)** et plusieurs centaines de blessés. À Moddendam **(3)**, comme dans tant de townships, les bulldozers du gouvernement détruisent impitoyablement les logements des expulsés. Une fois nettoyés et désinfectés, ces bidonvilles deviendront des quartiers résidentiels pour les Blancs.

1

2

3

Ils étaient la preuve qu'une Afrique du Sud multiraciale pouvait coexister dans la paix et l'harmonie

Avant l'instauration de l'apartheid, certains quartiers avaient fait la preuve qu'une cohabitation entre Blancs et Noirs était possible. Comme dans le célèbre quartier de District Six, près du Cap (**1 et 2**), où les habitants de toutes les races se mêlaient pour la célébration de leurs fêtes.

1

2

1

2

À Sophiatown, un autre quartier proche de Johannesburg, où l'intégration raciale était remarquable, c'est le mythique musicien de jazz Dollar Brand (**1**) et le révérend anglican Trevor Huddleston (**2**) qui constituent les remparts les plus efficaces contre l'intolérance entre races. District Six et Sophiatown seront l'un et l'autre rasés par les bulldozers de l'apartheid.

Un chef mythique pour incarner la révolte des Noirs contre l'oppression blanche

Le chef de la résistance noire, Nelson Mandela, ici avec son épouse Winnie après leur mariage (**1**), est condamné malgré les manifestations de ses partisans (**2**) aux travaux forcés à perpétuité dans le bagne de Robben Island, une île pénitentiaire à l'extrême sud de l'Afrique. Avec ses compagnons (**1 et 2, p. 19**), Mandela occupera ses années de détention à casser des cailloux dans la cour du bloc 3 du quartier de haute sécurité.

1

Il aura le droit de recevoir et d'envoyer une lettre tous les six mois seulement. Parfois, sa femme devra attendre deux ans avant de pouvoir lui rendre visite. Son enfermement durera vingt-sept ans. Mais en prison, Mandela créera une « université » qui enseignera l'histoire à ses codétenus et leur donnera une éducation politique. Lui-même apprendra l'afrikaans afin de s'adresser à ses oppresseurs dans leur langue. Robben Island est aujourd'hui un musée que viennent visiter des dizaines de milliers de Sud-Africains et d'étrangers désireux de connaître le plus célèbre bagne de l'apartheid.

2

En plein apartheid, Helen et Chris ont racheté un peu de l'honneur perdu de l'Afrique du Sud

Placée par les nations du monde au ban de l'infamie pour sa politique de ségrégation raciale, l'Afrique du Sud regagne soudain la sympathie de l'univers grâce aux exploits de deux de ses citoyens.

Au Cap, c'est une orthophoniste blanche de trente-cinq ans, Helen Lieberman **(1)** qui, par son courage et son dévouement, transforme la vie misérable d'une township. Bravant les interdits de l'apartheid, elle fonde avec ses habitants une association d'entraide devenue aujourd'hui la plus grande organisation humanitaire de toute l'Afrique du Sud.

Le 3 décembre 1967, le chirurgien Christiaan Barnard, quarante-cinq ans **(2)**, réalise la première transplantation cardiaque mondiale en greffant le cœur de Denise Darvall, une jeune femme de vingt-quatre ans victime d'un accident de la route dans la poitrine de Louis Washkansky, un épicier en gros de cinquante-deux ans souffrant d'une affection cardiaque en phase terminale.

Salué par tous les médias du monde **(1)** comme une avancée majeure dans l'histoire médicale de l'humanité, l'événement rassemble un pays déchiré par les démons de la haine raciale.

THE CAPE TIMES

WORLD'S FIRST HEART TRANSPLANT

Groote Schuur doctors make history

LIFE BEATS ANEW FOR CITY MAN

HEART DONOR HAD STOPPED TO SHOP

His will to live inspired doctors, says wife

Stuttafords

1

L'image-symbole d'une tragédie d'un demi-siècle

Le 16 juin 1976, les écoliers de Soweto, la plus grande ville noire d'Afrique du Sud, se révoltent contre les autorités de l'apartheid qui veulent imposer l'usage de l'afrikaans, la langue des Blancs, dans toutes les écoles fréquentées par les Noirs. Ils se regroupent en immenses cortèges qui se dirigent vers le grand stade de Soweto. Des centaines de policiers anti-émeutes se postent aux différents carrefours pour leur barrer la route. De violents affrontements se produisent. Jets de pierres et de grenades lacrymogènes s'abattent sur les policiers et les cortèges. Soudain, des coups de feu éclatent et du chaos émerge un adolescent portant dans ses bras le premier mort de la confrontation fatale.

Il s'appelle Hector Petersen. Il a treize ans. De son abri derrière l'épaule d'un policier, le photographe Sam Nzima prend cette photo qui fera le tour du monde car aucune image ne symbolise mieux la tragédie sud-africaine que cette *pietà* de trois écoliers dans une avenue de la cité noire. Soweto a déjà son martyr. Un jour, l'Afrique du Sud libre donnera le nom d'Hector Petersen au carrefour de sa mort.

Le cauchemar est fini. Nelson Mandela et Frederik De Klerk ont conduit l'Afrique du Sud à la liberté

Le dimanche 11 février 1990, après vingt-sept ans de détention, Nelson Mandela savoure son premier jour de liberté **(1)**. Il est quatre heures seize de l'après-midi. Main dans la main, Nelson et Winnie Mandela font le salut de l'ANC, bras levé et poing fermé, en signe de victoire. Il va s'adresser dans quelques instants à la foule massée sur le parvis de l'Hôtel de Ville du Cap. À son peuple retrouvé, il criera : « Je place les années qu'il me reste à vivre entre vos mains. »

1

Quatre ans plus tard, le 10 mai 1994, au terme de difficiles négociations qui ont abouti à des élections générales sur la base « d'un homme, une voix », Nelson Mandela et Frederik De Klerk, le dernier Premier ministre du régime de l'apartheid, scellent la réconciliation des Blancs et des Noirs **(1)**. Nelson Mandela est devenu le premier président démocratiquement élu de l'Afrique du Sud.

Frederik De Klerk (à droite) et Thabo Mbeki (à gauche) seront les deux vice-présidents de son gouvernement. Un demi-siècle de cauchemar s'achève, mais beaucoup reste à faire pour que l'Afrique du Sud trouve la paix et la prospérité.

Le discours ne provoque aucune réaction chez le juge qui n'a pas daigné prendre la moindre note et qui semble plus que jamais perdu dans ses pensées. À l'évidence, sa décision est déjà prise ; il attend seulement le moment de l'annoncer. Le leader noir pose sur la table les feuillets qu'il vient de lire. Il veut conclure par quelques mots venus de la seule inspiration de son cœur. « J'ai consacré ma vie tout entière à la lutte du peuple africain pour la conquête de ses droits, s'écrie-t-il en forçant à peine la voix. J'ai lutté contre la domination blanche et j'ai lutté contre la domination noire. Mon idéal le plus cher a été celui d'une société libre et démocratique dans laquelle tous vivraient en harmonie et avec des chances égales. J'espère vivre assez longtemps pour l'atteindre. Mais si cela est nécessaire, c'est un idéal pour lequel je suis prêt à mourir. » Une extraordinaire vision frappe à cet instant l'accusé pour la première fois : les yeux du juge se sont ouverts mais ils sont vides de toute expression. Mandela ne peut y lire ni compassion ni haine. Les yeux d'un homme dépourvu d'émotion. Troublé, Mandela se rassied. Bien qu'il sente les regards de toute la salle braqués sur lui, il ne se retourne pas. Au bout d'un long silence qui lui paraît durer une éternité, il entend les sanglots d'une femme. Il ne tarde pas à reconnaître ces pleurs. Ils viennent de la femme qui lui a donné la vie, alors qu'il se trouve en face de l'homme qui va, selon toutes probabilités, la lui reprendre.

Le vendredi 12 juin 1964, les accusés de la ferme de Rivonia et leur chef entrent pour la dernière fois dans la salle du tribunal. Les mesures de sécurité sont extrêmes. Toutes les voies qui mènent au palais de justice sont interdites à la circulation. Le convoi transportant les prisonniers depuis leur lieu de détention a parcouru les rues toutes sirènes hurlantes entre une double haie de motards de la police. Des inspecteurs contrôlent l'identité de tous ceux qui tentent de s'approcher du tribunal. Des points de contrôle ont été installés aux arrêts d'autobus et dans les gares. Malgré ces mesures, des milliers de sympathisants, certains brandissant des banderoles et des panneaux exigeant la grâce des prisonniers, réussissent à s'ouvrir un chemin vers le palais de justice. Le monde entier s'est également mobilisé à l'approche du verdict. Cinquante membres du Parlement britannique ont organisé une marche dans les rues de Londres, tandis qu'une veillée de prière a rassemblé des centaines de fidèles dans la cathédrale Saint-Paul. Le chef de l'exécutif soviétique Leonid Brejnev et le représentant des États-Unis à l'ONU, Adlai Stevenson, ont envoyé au Premier ministre Verwoerd des télégrammes sollicitant la libération des prisonniers. Les syndicats de dockers de plusieurs pays d'Europe et d'Asie menacent de ne plus charger les marchandises à destination de l'Afrique du Sud. La presse internationale publie des milliers de lettres ouvertes réclamant la clémence de la justice blanche de Pretoria. Devant ce déferlement, Verwoerd est finalement monté à la tribune du Parlement du Cap pour déclarer que « les protestations et les télégrammes reçus du monde entier n'auront aucune influence sur le déroulement normal de la justice d'un pays souverain ». Puis il se vante d'avoir « jeté au panier tous les appels provenant des pays socialistes ».

Les accusés pénètrent dans une salle archicomble bruissante d'émotion. Mandela aperçoit Winnie et sa mère noyées dans la multitude. Il leur fait un signe. « C'était réconfortant de les voir », dira-t-il. Il imagine quelle sensation étrange elles doivent éprouver dans cette salle où elles vont sans doute apprendre la condamnation à mort de l'être qui leur est le plus cher. « Je soupçonnais ma mère de ne pas comprendre tout ce qui se passait, cependant son soutien ne m'a jamais manqué, ajoutera-t-il. Winnie était tout aussi déterminée et je puisais dans sa force. »

Un greffier appelle : « Procès de Mandela et autres. » À ces mots, le juge en robe rouge fait un signe de tête aux accusés pour qu'ils se lèvent. Mandela tente de croiser son regard, mais le magistrat ne dirige même pas ses yeux vers ceux dont il va décider du destin. Il semble fixer un point à mi-distance entre eux et lui. Il a le visage très pâle et il respire de façon précipitée. Mandela et ses compagnons hochent la tête. Ils ont compris : ce sera la mort. Pourquoi, en effet, cet homme habituellement calme serait-il aujourd'hui si nerveux ? Il commence à parler. Sa voix est étouffée, à peine audible. « La fonction de ce tribunal, comme celle de tout tribunal dans n'importe quel pays, est d'appliquer les lois de l'État dans lequel il exerce… déclare-t-il. Dans un cas comme celui-ci, la peine adaptée au crime serait la peine capitale. » La voix du juge est devenue si imperceptible que les intéressés devinent ses mots plus qu'ils ne les entendent. Le magistrat s'est arrêté pour reprendre sa respiration. Il déclare enfin : « J'ai décidé de ne pas prononcer de peine capitale… Pour tous les accusés, la sentence sera l'emprisonnement à vie. »

Mandela et ses compagnons accueillent l'incroyable nouvelle par un simple hochement de tête. Mais l'assistance qui n'a pu entendre le verdict se met à pousser des cris. « Quelle condamnation ? » veulent savoir des parents, des amis, des sympathisants. Mandela se retourne. Son visage est embrasé d'un large sourire. Il cherche Winnie et sa mère dans la salle en pleine effervescence. Quelqu'un crie : « C'est la vie, la vie, la vie, LA VIE ! »

Cette nuit-là, juste avant l'extinction des feux dans l'immense prison de Pretoria Local où les condamnés ont été enfermés dans l'attente de leur transfert dans le bagne de Robben Island, des centaines de détenus entonnent une action de grâces en chantant à tue-tête *Nkosi Sikelel' iAfrika*, le poignant hymne du peuple noir implorant Dieu de protéger l'Afrique. Puis, de toutes les cellules jaillit le cri d' « *Amandla !* » auquel des centaines de voix répondent « *Ngawethu !* ». L'appel de ces prisonniers anonymes se répand d'un bout à l'autre de la prison avec une force immense. On dirait qu'ils veulent armer les condamnés de courage pour ce qui les attend.

L'île de Robben Island ! Un goulag en permanence survolé par des vols de cormorans et d'oiseaux migrateurs, battu par des eaux infestées de requins, situé à l'extrême pointe sud de l'Afrique, face au majestueux escarpement de la montagne de la Table et à la magnifique baie du

Cap. C'est là que les oppresseurs de l'apartheid ont aménagé le bagne dont leurs opposants ne s'évaderont jamais. L'île mesure entre quatre et six kilomètres de côté. Elle est torride l'été, glaciale l'hiver. Longtemps elle fut le mouroir des lépreux et des fous du pays. Aujourd'hui, elle est celui d'un millier de prisonniers de droit commun condamnés à de lourdes peines, et celui des prisonniers politiques jugés par les tribunaux de l'apartheid. Certes, Robben Island n'abrite ni chambres à gaz ni fours crématoires mais ses deux cent cinquante gardiens, tous blancs, ont été choisis pour leur inhumaine sévérité. Beaucoup de politiques servent des peines de perpétuité. C'est bien sûr le cas de Nelson Mandela et de ses coaccusés du procès de Rivonia qui, ce matin du 13 août 1964, descendent d'un DC3 militaire sur la courte piste au bout du rocher. Leur première vision est un phare avec une lanterne rouge, puis quelques maisons serrées autour d'une petite église au clocher gothique, puis le cimetière des lépreux avec ses stèles aux noms effacés par le temps, et enfin un ensemble de bâtiments entourés de hauts murs grisâtres. À l'entrée du camp d'Auschwitz, le fleuron de leurs réalisations concentrationnaires, les nazis d'Adolf Hitler tant admirés par le Premier ministre Verwoerd avaient inscrit « ARBEIT MACHT FREI – le travail rend libre ». Au-dessus de l'entrée de leur bagne, les architectes de l'apartheid ont placé une pancarte qui proclame plus sobrement : « ROBBEN EILAND, ONS NIET MET TROP – nous sommes fiers de servir à Robben Island ».

Les nouveaux arrivants ne tardent pas à découvrir quelle réalité se cache derrière cette fierté. Des gardiens les jettent brutalement dans les cellules de la section B du quartier de haute sécurité. Il s'agit de cages d'un mètre quatre-vingts de long sur un mètre vingt de large avec pour seul ameublement une natte de sisal déroulée à même le sol pour servir de lit, un seau d'aisances et une ampoule au plafond allumée jour et nuit. Une lucarne protégée d'épais barreaux laisse filtrer quelques lueurs de jour. Au-dessus de chaque porte une plaque indique le nom de l'occupant des lieux et son numéro matricule. Mandela s'est vu attribuer le numéro 466/64, ce qui signifie que ce 13 août 1964, il est le quatre cent soixante-sixième prisonnier de l'année à faire son entrée sur l'île maudite.

L'été austral est glacial. Les prisonniers grelottent. Pour leur rappeler qu'ils appartiennent à la sous-espèce des kaffirs destinés à la seule vocation de « domestiques », les gardiens les obligent à quitter leurs pantalons. Ils reçoivent en échange de rustiques shorts de coton. Mandela se révolte contre cette humiliation. Ce sera sa première bataille de condamné à perpétuité. Quand il pénètre ce premier jour dans sa cellule, il est saisi d'un accès de désespoir. « J'avais quarante-six ans, dira-t-il, j'étais condamné à la prison à vie et je vivrais dans ce petit espace pendant je ne savais pas combien de temps. »

Soudain, la voix d'un speaker de radio résonne à travers l'immense pays. Elle ordonne : « Ne quittez pas l'écoute ! Nous allons vous faire une annonce importante. » Des cafés du Cap jusqu'aux *shebeens* des townships du Natal et du Transkei, des bureaux de Johannesburg jusqu'aux lointains villages du

High Veld, partout où des hommes et des femmes de toutes races et couleurs écoutent la radio ce mardi 6 septembre 1966, c'est la surprise puis l'angoisse. L'Afrique du Sud retient son souffle. Elle doit attendre une dizaine de minutes avant d'apprendre la spectaculaire nouvelle. Le Premier ministre Hendrik Verwoerd vient d'être assassiné de trois coups de couteau en pleine séance parlementaire au Cap. L'auteur du crime a été arrêté sur-le-champ. C'est un métis âgé d'une quarantaine d'années, fils d'un immigrant originaire de Grèce et d'une mère née au Mozambique. Tout le monde dans l'enceinte de la vénérable assemblée connaît au moins de vue ce grand garçon sympathique au nez proéminent et au double menton qui exerce la profession de coursier entre les différents services du Parlement. Personne n'aurait songé interdire à Demitrios Tsafendas de s'approcher du banc du Premier ministre auquel il apporte régulièrement des papiers et des documents. Tsafendas fait en quelque sorte partie du décor. Personne en tout cas ne le voit ce jour-là sortir de son blouson un couteau de boucher. Verwoerd n'a pas le temps d'esquisser un geste de défense. Son assassin lui a plongé sa lame trois fois de suite dans la poitrine.

« Le père de la nation est mort ! » proclament quelques instants plus tard la télévision nationale et toutes les chaînes de radio. « Le Moïse de la tribu afrikaner disparaît en pleine gloire », commente de son côté le plus célèbre journaliste du pays. « L'architecte de l'apartheid laisse l'Afrique du Sud orpheline », titrent aussitôt les éditions spéciales de la presse écrite. Mais pourquoi ce crime ? « Aucun signe de complot, le crime est l'œuvre d'un tueur solitaire », affirme John Vorster, le ministre de la

Justice, dans une énorme manchette qui barre la une du *Star* de Johannesburg. Le successeur naturel de Verwoerd redoute par-dessus tout une explosion raciste des Blancs contre les communautés métisses et noires. Il fait donc immédiatement courir le bruit que l'assassin est en fait « un simple d'esprit dont le geste ne saurait avoir la moindre portée politique ». Pour en convaincre l'opinion, Vorster fait purement et simplement enfermer l'auteur des trois coups de couteau dans un asile d'aliénés. Tsafendas y restera jusqu'à son dernier jour, vingt-deux ans plus tard, sans avoir jamais révélé les motivations du plus grand crime politique jamais commis en Afrique du Sud. Comme Lee Harvey Oswald à Dallas, il emportera son secret dans sa tombe.

Pour l'heure, les Noirs et les métis se gardent de célébrer la disparition violente de celui qui avait tant de fois déclaré que « les Africains sont inférieurs aux animaux ». Ils savent que son successeur sera un bourreau plus intraitable encore et que l'Afrique du Sud va sans aucun doute connaître une multiplication des lois d'apartheid. Les premières victimes de ce durcissement sont les prisonniers qui purgent leur perpétuité sur l'île coupée du monde de Robben Island. Mandela racontera : « Nous venions de reposer nos pioches et nos pelles pour déjeuner quand un des prisonniers qui nous apportait un fût de nourriture nous murmura : “Verwoerd est mort”. La nouvelle fit rapidement le tour de notre groupe. Nous nous regardions, incrédules, et nous observions les gardiens qui semblaient ne pas être au courant qu'une chose très importante venait de se passer… Le fait que nous ayons pu apprendre avant eux une telle nouvelle politique les rendit fous de colère. Ils prirent immédiatement contre nous des mesures d'une sévérité extrême, comme si nous avions tenu le couteau qui avait tué Verwoerd. »

Le soir même, les autorités décident de frapper les prisonniers de Robben Island en leur expédiant par avion spécial le plus féroce garde-chiourme de leur système pénitentiaire. Avec ses deux svastikas tatouées sur les avant-bras, Piet van Rensburg est la terreur légendaire des prisons sud-africaines. Sa prise en main du bagne est le premier signe d'un durcissement imminent de la politique d'apartheid. Vorster sera pire que Verwoerd. Mandela et ses compagnons n'ont aucune illusion : le calvaire du peuple africain ne fait que commencer.

Troisième partie

Helen, Chris,
deux lumières dans les ténèbres

Pas de pendules ni de montres à Robben Island. À l'image d'un peuple privé de ses repères par une ségrégation diabolique, les prisonniers de la colonie pénitentiaire perdent la notion du temps. Cette torture fait partie du programme de désintégration scientifiquement imaginé par les oppresseurs de Pretoria. Pour avoir une idée de l'heure qu'il est, ils dépendent des cloches, des sifflets, des cris des gardiens. Chaque semaine est la copie conforme de la précédente et les prisonniers doivent sans cesse mobiliser leur mémoire pour se souvenir du jour et du mois. « Une des premières choses que j'ai faites a été de tracer un calendrier sur le mur de ma cellule, confiera le leader noir. Car perdre le sens du temps est la meilleure façon de perdre toute prise sur la réalité, voire de perdre l'esprit. »

De tous les supplices inventés par le système pour démoraliser ses prisonniers politiques, le pire n'est pas l'obligation de casser des blocs de chaux dix heures de suite dans l'aveuglante lumière australe. Ce n'est pas d'être contraint d'ingurgiter une nourriture infâme régulièrement souillée par les jets d'urine de gardiens sadiques. Ce n'est pas non plus d'être enfermé nu dans un cachot pour avoir brisé de quelques soupirs trop sonores la règle du silence. Le pire, c'est d'être condamné à ne recevoir qu'une seule lettre tous les six mois et de devoir attendre également six mois pour espérer une visite. Une torture que les autorités s'ingénient à aggraver de mille façons. Toute correspondance, comme toute visite, est expressément limitée aux parents de premier degré, une restriction que le leader noir qualifie d'attaque raciste contre le sens et le vécu des liens familiaux en Afrique, n'importe quel ancêtre ou cousin, même lointain, pouvant considérer qu'il fait partie de la même famille. En fait, Mandela se morfondra neuf mois avant qu'un gardien lui remette la première lettre de Winnie. Mais la main des censeurs a été si brutale que le malheureux n'y trouve que les salutations finales. Tout le reste a été découpé au rasoir. Pour un homme préoccupé jour et nuit par le sort de celle qu'il aime, par la santé de sa vieille mère qu'il craint de ne jamais revoir, par le devenir de ses enfants condamnés à grandir sans lui, l'épreuve est inhumaine. Sans compter l'angoisse au sujet des camarades de combat que sa capture puis sa mise au secret ont soudain désemparés. Mais si le système fait de « l'écrasante attente du courrier », selon l'expression même de Mandela, l'un des signes les plus visibles de sa volonté de détruire la résistance de ses adversaires, c'est dans l'organisation des rarissimes visites que se révèle avec le plus de barbarie la politique d'anéantissement du peuple noir poursuivie par l'apartheid. Elle commence, cette barbarie, par une torture subtile infligée aux parents des prisonniers. Constamment harcelée, menacée, humiliée depuis la condamnation à perpétuité de son mari, Winnie Mandela vit en résidence surveillée dans la lointaine province du Transkei dont elle est originaire. Aucun membre de sa famille, pas même ses deux jeunes enfants, n'a le droit de partager sa solitude. Son existence est un cauchemar permanent. Les autorités veulent briser un à un ses liens avec Nelson, afin de parachever l'état d'isolement et d'abandon de leur prisonnier.

Un jour pourtant, cet acharnement connaît une trêve surprenante. Deux inspecteurs en costume et cravate de la police secrète se présentent au domicile de la jeune femme pour lui annoncer qu'elle est autorisée à rencontrer son mari le lendemain après-midi. Le voyage nécessite un coûteux transport en avion jusqu'au Cap. Aucun bagage n'est permis. Winnie devra se présenter à la prison dans ses vêtements de voyage. Elle exhume aussitôt d'une malle la robe de soie et de satin qu'elle portait le jour de son mariage. Après une si longue attente, cette visite n'est-elle pas un renouvellement de ses noces ? Puis, tremblante d'émotion, elle s'asperge de la tête aux pieds de ce parfum de patchouli qu'aime tant Nelson.

Pauvre Winnie ! Un véritable chemin de croix l'attend avant d'entrevoir le visage aimé. Avant d'embarquer sur la vedette de Robben Island, elle doit se soumettre à d'éprouvants interrogatoires de police, à une fouille approfondie, à des humiliations intolérables comme se faire traiter de « kaffir puante ». Sur l'île, c'est un lugubre parloir dépourvu de fenêtres qui l'accueille. La pièce est coupée en deux par cinq cabines équipées d'un hublot à la vitre déformante, d'un parlophone, de deux haut-parleurs de chaque côté, et d'un troisième relié aux écouteurs du gardien chargé d'espionner la conversation entre le prisonnier et son visiteur. La sinistre froideur du décor est voulue : les kaffirs sont des sous-hommes. Ils ne méritent rien d'autre.

Une aumône. Une misérable aumône de trente misérables minutes. Avec l'obligation de ne s'exprimer qu'en anglais ou en afrikaans et de n'évoquer que des questions familiales. Un seul mot en xhosa, la langue tribale de Mandela, ou dans une autre langue africaine, un seul mot traitant d'un sujet politique et le couperet tombe inexorablement sur la rencontre. Les partenaires ont été dûment prévenus. Escortés d'une escouade de gardiens, les voici qui s'avancent vers le hublot déformant. Ils s'aperçoivent comme sur l'écran de mauvaise qualité d'un téléviseur en noir et blanc. Mandela s'efforce de cacher son désarroi. Voir Winnie sans pouvoir la toucher est presque pire que de ne pas la voir du tout. Un supplice qu'il endurera pendant vingt-sept années. Les premières secondes sont déroutantes. Après une si longue séparation, ils n'arrivent plus à se parler. Winnie brise finalement le silence. Elle trouve Nelson amaigri et s'inquiète de sa santé. On lui a raconté que les prisonniers de Robben Island sont maltraités physiquement. Il la rassure en bombant le torse pour montrer qu'il est en forme. Il s'inquiète à son tour. Suit-elle toujours son régime ? Il l'implore de reprendre un peu de poids. À ce moment, Nelson reconnaît la robe de satin que porte sa femme. Ses lèvres se serrent. Il sent des larmes envahir ses yeux. Mais très vite il se ressaisit. Les surveillants perçoivent alors un échange à bâtons rompus de questions et de réponses. Les enfants, ma mère, mes sœurs. Ton père, ta mère. Mais soudain surgit un nom africain qui ne fait pas partie de la parenté immédiate de Nelson et Winnie. Le chef des gardiens interrompt aussitôt la conversation. De précieuses minutes sont perdues à expliquer qu'il s'agit d'un membre d'une autre branche de la famille. En fait, c'est le nom de code d'un chef de l'ANC avec lequel Winnie continue d'être en contact. Leur conversation peut se poursuivre. Les nouvelles que Winnie réussit à transmettre de ce pseudo-parent rassurent Nelson. Les camarades ont partout repris confiance et sont plus motivés que jamais. Même si le combat promet d'être long et âpre, personne ne doute de la victoire finale de la résistance noire contre l'oppression blanche.

C'est alors qu'une voix prononce les mots fatidiques. « *Time is up !* – C'est l'heure ! » Mandela dévisage le gardien avec surprise. Est-il possible que la demi-heure soit déjà écoulée ? Un jour, il écrira : « Pendant toutes mes années de bagne, j'ai toujours été surpris quand le gardien criait : "C'est l'heure !" Les visites filaient aussi vite qu'un clin d'œil ! » Il éprouve une brutale envie d'embrasser la vitre pour dire au revoir à sa femme, mais il se retient. Ils s'adressent un petit signe d'adieu de la main. Les gardiens les emmènent. Outre le visage de Winnie, Mandela voudrait tant pouvoir conserver une trace de son parfum tant aimé. Mais l'odeur du patchouli n'a pu franchir la cloison hermétique divisant le parloir.

En rentrant dans sa cellule, le leader noir tente de ressusciter le moindre instant de cette demi-heure magique. Il fait défiler dans sa tête chaque mot échangé, le souvenir de la plus infime expression partagée. Il sait que pendant des jours, des semaines, des mois, il continuera de se remémorer chaque seconde. Il sait qu'il ne reverra pas Winnie avant au moins six mois. En fait, il devra patienter pendant deux interminables années avant d'apercevoir à nouveau l'être aimé derrière la vitre déformante du parloir de sa prison.

Les tortionnaires de l'apartheid l'ont très vite compris. C'est en s'acharnant sur sa femme qu'ils ont une chance de briser leur principal adversaire. Mais ni la nouvelle de la mort de sa mère, ni l'horrible révélation que son fils aîné Thembi a été tué dans un accident de voiture au Transkei, ni le refus des autorités de lui permettre d'assister à l'enterrement de ces deux êtres chers ne font basculer Mandela dans les affres du désespoir. Durant les interminables nuits blanches qu'il passe sur le sol glacé de sa cellule, les yeux rivés au plafond, c'est à un seul être qu'il pense. Encore et sans cesse. Winnie.

La jeune femme a quitté le Transkei avec leurs deux enfants pour se réfugier dans leur modeste maison de Soweto où Nelson avait reçu ses compagnons le jour des élections. C'est là que deux inspecteurs de la police de sécurité viennent la cueillir au petit matin du 12 mai 1969 pour l'interner sans motif comme le permet la loi sur le terrorisme votée deux ans plus tôt. L'arrestation s'inscrit dans le cadre d'une rafle nationale. Des centaines de personnes, dont la sœur de Winnie, sont arrêtées à travers tout le pays sans le moindre mandat de justice.

Rien ne menace plus l'équilibre du prisonnier que cette époque où Winnie se trouve si brutalement privée de liberté. Il essaie de faire bonne figure mais, intérieurement, il est brisé. Il reste éveillé des nuits entières. Que fait la police à sa femme ? Comment supporte-t-elle son incarcération ? Qui s'occupe de leurs filles ? Qui va subvenir à leurs besoins ? Se poser en permanence ce genre de questions sans pouvoir y répondre est la pire des tortures. C'est ce que savent les tortionnaires en chemise et cravate des bureaux gouvernementaux de l'Union Building à Pretoria.

À peine aux commandes, le nouveau Premier ministre donne un brutal coup d'accélérateur à l'application des lois de l'apartheid. La politique de torture morale et physique infligée aux hommes et aux femmes qui tombent aux mains de la police connaît des excès féroces. Pour briser plus vite et plus complètement leur principal adversaire, les tortionnaires de Pretoria n'hésitent pas à recourir à un odieux stratagème. Ils commencent à répandre des ragots sur les infidélités que commettrait sa femme avec des membres de l'ANC. Des calomnies auxquelles Mandela refuse de croire mais qu'il reçoit dans son isolement comme autant de coups de poignard en plein cœur. Pour surmonter l'épreuve, il décide de transposer son combat politique sur un terrain que le pouvoir blanc n'avait certainement pas imaginé. Puisque l'administration pénitentiaire du régime a commis la monumentale erreur de regrouper dans un même quartier de haute sécurité tous ses prisonniers politiques, il va transformer ce QHS en un temple du savoir et de la culture. Beaucoup de détenus savent à peine lire et écrire. Beaucoup n'ont aucune éducation politique ou historique. Si les trekkers blancs du Grand Voyage ont pu nourrir leur volonté de survie et de conquête en s'imprégnant des versets de la Bible, les emmurés noirs de Robben Island vont acquérir sur les bancs de la « Mandela University » les connaissances et la formation qui leur manquent pour devenir un jour les chefs de l'Afrique du Sud. « Les bancs de l'université de Mandela » ! L'expression ne correspond naturellement à aucune réalité. Il n'y a ni bancs ni salles de cours dans le sinistre bloc 3 du bagne afrikaner. Seulement une planche fixée à hauteur de poitrine dans le mur de chaque cellule. Après une journée passée à casser des blocs de chaux dans la carrière, être obligé de se tenir debout pour étudier dans un livre ou s'appliquer à rédiger un texte apporte plus de souffrance que d'exaltation à s'instruire. Mandela et ses compagnons protestent, s'insurgent, tempêtent. Mais dans cet univers sans repères où la notion de temps n'existe plus, il leur faut attendre un an avant d'obtenir que la planche servant d'étagère soit abaissée de quelques centimètres et qu'apparaisse dans chaque cellule un meuble qui va pousser une poignée de condamnés à perpétuité sur les chemins de l'éducation, un tabouret.

1976. Douzième année du calvaire des emmurés du bloc 3 de Robben Island. S'ils gardent la raison, c'est grâce à l'étude et à l'attente des rares nouvelles provenant de leurs familles, de leurs camarades, de leur combat, de leur pays. Hélas, quand une quelconque information atteint le fond de leurs oubliettes, elle est le plus souvent tellement ancienne et périmée qu'elle n'apporte aucun soutien. Mais voici qu'un jour de printemps se produit soudain comme un cyclone dans les murs de Robben Island. Le quartier de haute sécurité se remplit de plusieurs dizaines de prisonniers très jeunes qui viennent d'être condamnés à de lourdes peines pour des actions terroristes perpétrées en divers points du territoire.

Mandela comprend instantanément que ces jeunes sont différents de tous les camarades qu'il a vus arriver depuis le début de son incarcération. Ils sont agressifs, ils refusent d'obéir aux ordres, ils vocifèrent des slogans révolutionnaires, ils ne tolèrent pas de se conformer aux règles les plus élémentaires de la détention. Les autorités sont brusquement désemparées. Comment contraindre ces révoltés à adopter un comportement rationnel ? C'est un comble, mais le commandant du bagne ne voit d'autre issue que d'appeler à l'aide Mandela et ses compagnons. Le vieux chef observe la situation mais se garde d'intervenir personnellement car il est du côté de ces jeunes. Lors d'une visite quelques mois plus tôt, Winnie avait réussi à l'informer dans leur langage codé de l'éclosion d'une nouvelle génération de Noirs en colère prête à passer à l'action. Il fallait, recommandait-elle, prendre d'urgence conscience de leur existence.

Ces nouveaux prisonniers qui débarquent à Robben Island en cette vingt-huitième année de l'apartheid appartiennent au mouvement qui a repris le flambeau de l'ANC et du Parti communiste. Il veut continuer à défendre ouvertement les droits du peuple noir contre l'oppression du régime de Pretoria. Ses fondateurs lui ont donné le nom de Black Consciousness, la conscience noire. En fait, il s'agit moins d'un mouvement que d'une philosophie qui prêche l'idée que les Noirs doivent en toute priorité se libérer du sentiment d'infériorité psychologique engendré par trois siècles de domination blanche. Debout les Noirs ! professe-t-elle. Soyons fiers de notre négritude ! Défendons le principe d'une société non raciale, mais interdisons aux modérés blancs qui nous soutiennent de jouer le moindre rôle actif dans notre combat !

Le moteur de cette nouvelle idéologie est un étudiant en médecine de l'université indigène du Natal âgé de vingt-neuf ans. Le regard ardent, le sourire conquérant de Steve Biko font tout à coup souffler un vent de renouveau sur le combat du peuple noir pour sa liberté. Des centaines de milliers de jeunes Africains le rejoignent. B et C, les initiales de Black Consciousness, décorent bientôt les murs, les bus, les gares de l'immense pays, annonciatrices d'une croisade renouvelée contre l'oppression blanche.

Il suffit parfois de quelques dates pour cerner l'histoire d'une nation. Ce 16 juin 1976, Sue Krige, une enseignante stagiaire blanche de vingt-six ans, explique l'histoire de la Révolution française à un groupe d'élèves d'une école secondaire privée de la banlieue de Johannesburg. Comment pourrait-elle imaginer que ce matin l'histoire de son pays va basculer, que ce 16 juin va devenir pour l'Afrique du Sud une date aussi décisive que le 14 juillet l'a été pour la France de 1789 ?

Il est dix heures quand un vrombissement d'hélicoptères volant à très basse altitude assourdit Sue Krige et ses élèves. Ils sortent sur la véranda de l'école afin d'observer la meute d'appareils qui se dirigent vers la township de Soweto, la plus grande ville noire d'Afrique du Sud située à une dizaine de kilomètres à l'ouest. Ni Sue ni aucun de ses élèves ne devinent le motif de l'apparition de ces engins. Et pourtant, leur présence signifie que la domination de l'Afrique du Sud par les héritiers des trekkers du Grand Voyage se trouve brutalement menacée. Les hélicoptères vont déposer des dizaines de policiers lourdement armés sur le champ de bataille de la révolte la plus importante jamais déclenchée par la population noire du pays. Fait extraordinaire, les acteurs en sont des enfants. La plupart n'ont pas quinze ans. Ils habitent cette township de Soweto vers laquelle se dirigent les hélicoptères. Soweto, un patchwork d'une quarantaine de quartiers d'inégale pauvreté aux portes de Johannesburg ; une ville fantôme sans bornes ni réverbères, sans électricité ni eau courante dans les trois quarts de ses habitations ; une ville pleine d'hôtels zoulous surpeuplés où se pratiquent des meurtres rituels à coups de rayons de bicyclettes taillés en pointe ; une cité sans cohérence architecturale où se croisent, s'enchevêtrent, se télescopent, tribus, églises, *shebeens* clandestins ; un monde parfois terrifiant où les Blancs ne peuvent pénétrer qu'avec un permis officiel et seulement de jour ; où les policiers jaillissent de leurs automitrailleuses pour défoncer les portes des maisons afin d'y rafler alcool et stupéfiants aux cris de « À mort les kaffirs ! » Soweto, une ville d'un million deux cent mille habitants, sans compter les clandestins et les hors-la-loi, où souvent l'espérance de vie ne dépasse pas quarante ans, où le chômage atteint dans certains quartiers jusqu'à la moitié des habitants ; bref, un lieu de toutes les misères qui accomplit pourtant l'exploit quotidien d'accueillir plus de deux cent mille de ses enfants dans les trois cent cinquante écoles éparpillées à travers la ville. Des écoles dirigées, gérées, surveillées par les fonctionnaires du ministère de l'Éducation indigène de Pretoria selon les règles restrictives édictées jadis par Hendrik Verwoerd, le père de l'apartheid. L'éducation y exclut donc systématiquement les matières dont les Blancs estiment que les kaffirs n'auront pas besoin pour accomplir leur karma de sous-hommes. Des écoles qui ont souvent mauvaise mine, peu de maîtres, encore moins de livres. Mais des écoles bondées, vivantes, à l'écoute des messages d'espérance de l'étudiant en médecine Steve Biko et de sa Conscience noire. C'est sur ce terreau explosif que le gouvernement prend, en ce printemps 1976, le risque de faire tomber un diktat qui va provoquer une révolution. Inconsciente ou simplement arrogante, la décision brutale d'imposer l'afrikaans comme langue supplémentaire d'étude et de travail dans toutes les écoles noires déchaîne un sursaut unanime chez les enseignants et leurs élèves. Comment une génération de jeunes Noirs qui maîtrisent déjà si difficilement l'anglais pourrait-elle du jour au lendemain étudier l'histoire ou la géographie dans le parler archaïque et sans grammaire jadis inventé par les trekkers du Grand Voyage pour sceller leur identité africaine ? Alors qu'il n'existe, dans l'immensité poussiéreuse de Soweto et des autres townships, ni maîtres ni manuels en nombre suffisant pour assurer cet enseignement. D'école en école, c'est donc l'effervescence. Des émissaires chargés de transmettre les instructions gouvernementales sont accueillis à coups de pierres, expulsés, séquestrés. Des meetings rassemblent partout les contestataires. Tous s'interrogent. « Si les Blancs veulent soudain nous obliger à parler et écrire leur afrikaans, c'est pour nous couper à jamais de nos racines », déclare la jeune Solly Moshe, élève de la Morris Isaacson High School. « C'est surtout pour nous déstabiliser, pour nous empêcher de devenir de meilleurs écoliers noirs », lui répond en écho Steve Lebelo, quinze ans, de la Madison High School. Peut-être Martha Matthews, treize ans, de la Kelikitso Junior Secondary School d'Orlando, a-t-elle trouvé la bonne explication quand elle suggère que « les tyrans de Pretoria veulent en fait nous contraindre à fuir nos écoles pour nous faire partir d'Afrique du Sud ». Dans nombre d'établissements, les élèves ont immédiatement réagi : ils boycottent les classes données en afrikaans, mettent le feu aux livres et aux copies d'examens rédigés dans la langue maudite. Bientôt un consensus en vue d'une réponse solennelle se dégage. Maîtres et écoliers diront « non » au parler afrikaans des Blancs. Ils le diront pacifiquement au cours d'un grandiose défilé de protestation qui les conduira, le mercredi 16 juin 1976, de chacune de leurs écoles jusqu'au grand stade d'Orlando East. Ce sera un jour de fête, un jour célébrant la lutte du peuple noir pour la prise en main de son destin.

Hélas, ce mercredi 16 juin 1976 sera surtout un jour d'horreur.

Il est six heures du matin quand se rassemblent les premiers groupes devant une douzaine d'établissements. L'atmosphère est bon enfant, joyeuse même. Des militants de Black Consciousness distribuent des pancartes en carton sur lesquelles on peut lire « À BAS L'AFRIKAANS », « AU DIABLE L'ÉDUCATION BANTOUE DES BLANCS ». À sept heures, le premier groupe s'ébranle en chantant et sautillant d'un pied sur l'autre comme le veut la pittoresque tradition sud-africaine du toï-toï. À cet instant, d'autres groupes se mettent en marche et bientôt une myriade de cortèges scandant des slogans déferlent vers le point de ralliement. Des policiers armés de mitraillettes et de carabines ont été postés aux principaux carrefours. On compte parmi eux beaucoup de supplétifs de couleur. Tous portent des musettes remplies de grenades lacrymogènes. Le premier incident survient presque immédiatement au croisement de White City. Des coups de feu claquent. Deux écoliers qui couraient rejoindre le cortège de tête sont touchés. Mais le cortège passe. Au carrefour suivant, les policiers sont forcés de reculer devant la pression de la multitude en marche. La manifestation va-t-elle tourner à l'affrontement ? Un adolescent grimpe sur le capot d'une automobile pour tenter d'empêcher le pire. « Frères et sœurs ! crie-t-il de toutes ses forces, je vous implore de garder votre calme. Nous venons d'être informés que d'énormes renforts de police sont sur le point d'arriver. Ne les provoquez pas ! Ne les attaquez pas ! Nous ne sommes pas ici pour nous battre. Mais pour montrer notre détermination pacifique ! »

À peine l'orateur a-t-il sauté de son estrade qu'une colonne de camions bourrés de policiers équipés de boucliers fait irruption. Ce sont les forces anti-émeutes. Les hommes se déploient sur une demi-douzaine de rangs afin de faire un barrage en travers de l'avenue. Pendant plusieurs minutes, policiers et manifestants restent face à face. Puis soudain on entend jaillir de mille gorges un chant triomphal, l'hymne du peuple noir. « *Morena Boloka sechaba sa heso !* – Ô Dieu, sauve notre nation ! » hurlent d'une seule voix tous les écoliers piétinant d'impatience. Un sergent réplique en lançant une grenade lacrymogène pardessus les premières têtes. Un autre décharge au hasard sa mitraillette. Cette double agression provoque un mouvement de panique dans les rangs des manifestants. Puis un déchaînement de colère. Un déluge de cailloux s'abat sur les policiers qui répliquent avec leurs armes. De nombreux jeunes s'écroulent.

C'est alors que surgit du chaos une vision digne de la *Pietà* de Michel-Ange. Une *pietà* où le Christ descendu de la Croix est un enfant noir couvert de sang ; où la Vierge qui le porte dans ses bras est un adolescent en salopette, le visage tordu de terreur ; où Marie-Madeleine à leur côté est une fillette en larmes implorant pitié de la main. Trois personnages d'enfants qui illustrent dans leur douleur l'horreur subite qui vient d'éclater. De son abri derrière l'épaule d'un policier, Sam Nzima, un photographe du *Star* de Johannesburg, fige pour l'éternité cette apparition. Sa photo fera dans quelques heures le tour du monde. Aucune image ne symbolise mieux la tragédie sud-africaine que cette *pietà* en mouvement avec son Christ de treize ans agonisant dans les bras d'un grand frère. Ce Christ s'appelle Hector Petersen. Il fréquente l'école d'Orlando West. Il a été frappé par une balle en pleine poitrine. Il va mourir dans quelques minutes. Soweto a déjà son martyr. Un jour, l'Afrique du Sud libre donnera son nom au carrefour de sa mort.

L'émeute s'étend rapidement. Une grande partie de la township est bientôt à feu et à sang. Des barricades surgissent en travers des rues poussiéreuses. Deux employés blancs du ministère de l'Éducation bantoue sont arrachés de leur bureau pour être traînés dans la rue et lynchés. Des débits d'alcool sont pillés et leurs bouteilles fracassées sur les pavés aux cris de « Moins d'alcool et plus d'écoles ! » Le pouvoir ordonne la fermeture de tous les établissements et fait quadriller la ville par des milliers de policiers. Au Parlement, le Premier ministre John Vorster déclare que « le gouvernement ne se laissera pas intimider ». L'afrikaans continuera d'être imposé dans les écoles. Pour empêcher les manifestations, il interdit tout rassemblement de plus de trois personnes sur la voie publique.

Malgré la fermeté du ton, le discours ne rassure qu'à moitié les partisans du Premier ministre. Des extrémistes de la suprématie blanche n'hésitent pas à exprimer leurs craintes. La belle unité des descendants des héros du Grand Voyage serait-elle soudain en train de se fissurer ? Car le bilan de la révolte est tragique : des centaines de morts et de blessés, des douzaines de bâtiments administratifs incendiés. Mais surtout, la violence de ce fatal mercredi 16 juin 1976, et celle des jours suivants, va s'étendre à d'autres townships à travers le pays tout entier. Soweto est devenue l'épicentre d'un mouvement de révolte raciale qui ne s'éteindra plus.

Comme toujours en cas de troubles, c'est dans l'enceinte des places boursières internationales que la panique se manifeste de façon la plus tangible. À mesure que les écrans de télévision et les premières pages des journaux transmettent les images de la flambée meurtrière, les cours des matières premières s'effondrent. En une seule séance, l'or et le diamant perdent quinze pour cent de leur valeur à la Bourse de Londres. Quant aux investissements étrangers jugés si vitaux pour le maintien d'une économie sud-africaine en bonne santé, ils diminuent de moitié en quelques heures.

III

La répression sera sauvage. Mais aucune menace ne semble en mesure d'étouffer la volonté de résistance des jeunes de l'immense township. Sur le fronton de leurs écoles, ils placardent un nouveau slogan : « Vous entrez ici pour apprendre, vous en sortez pour servir. » Au plus fort des affrontements, alors que leurs enfants risquaient leur vie dans les rues de la township, les parents recevaient des tracts disant : « Réjouissez-vous d'avoir un enfant d'une telle trempe… Un enfant qui préfère la mort plutôt qu'une éducation empoisonnée qui le condamne, lui et ses parents, à un état de perpétuelle subordination. »

Certes, les jets de pierres et les barricades ne peuvent à long terme résister aux kalachnikovs et aux arrestations massives. Mais derrière le retour progressif au calme de Soweto se dessine désormais une nouvelle réalité. Les sanglants affrontements de juin 1976 ont brusquement fait émerger une nouvelle génération d'Africains fiers d'avoir montré leur courage dans la défense de leur cause et la conquête de leurs droits. Exaltés par cette soudaine découverte de l'action, plusieurs centaines de jeunes décident alors de traverser la frontière pour s'engager dans les commandos de l'ANC basés dans les pays voisins. Après avoir été formés aux techniques de la guérilla et des actions terroristes, ils retraversent la frontière. Pendant plusieurs semaines du printemps 1980, une épaisse fumée noire obscurcit le ciel de Johannesburg en raison de l'explosion des six réservoirs d'une raffinerie pourtant située à plus de quatre-vingts kilomètres de distance. Mais c'est avec le sabotage de la centrale nucléaire de Koeberg que les anciens élèves des écoles de Soweto reconvertis en guérilleros de l'ANC porteront le coup le plus sévère au moral des dirigeants de Pretoria. Persuadé qu'il en va de la survie de son peuple, Vorster décide d'organiser la capture des terroristes. Protéger les installations nucléaires du pays est une priorité vitale. Elles sont la plus grande fierté du régime. Des bruits ne courent-ils pas que l'Afrique du Sud possède l'arme atomique ? Vorster mobilise donc toutes les forces de la meilleure police du continent. Avec succès.

Le soir du 18 août 1977, un barrage de police sur la route de Grahamstown, près du Cap, intercepte l'ennemi public numéro un, l'étudiant en médecine Steve Biko, charismatique fondateur du Black Consciousness, le mouvement de résistance noire qui a joué un rôle décisif dans le soulèvement des écoliers de Soweto. Menotté, enchaîné aux chevilles, Biko est conduit sous escorte renforcée au quartier général de la police secrète de Port Elizabeth. Commence alors un terrifiant supplice de vingt-six jours aux mains d'une police rompue aux méthodes du régime nazi tant admiré par les fondateurs de l'apartheid. Biko est frappé, torturé, martyrisé, laissé inconscient et nu sur le ciment de sa cellule. Ses tortionnaires veulent à tout prix savoir quelles nouvelles actions préparent les militants du Black Consciousness. Le prisonnier ne peut leur adresser d'autre réponse que ses râles. Arcades sourcilières fendues, nez brisé, crâne tuméfié… il n'est plus qu'une loque sanglante. Son regard d'habitude si vif s'est éteint sur une tragique expression de souffrance. Sa respiration s'interrompt durant de longues secondes. Il est à bout, au bord du coma. Ses geôliers ont tapé trop fort. Ils s'affolent et le jettent nu, chevilles et mains enchaînées, sans soins, sans eau, sans nourriture, à l'arrière d'une Land Rover qui l'emporte d'urgence au dispensaire de la prison de Pretoria, distant de mille cent vingt kilomètres. Le leader noir ne survivra pas à cet ultime chemin de croix. Il meurt à l'arrivée.

Le procureur en chef du tribunal de Pretoria, un certain Marthinus Prins, demande à rédiger l'acte de décès. Son attestation accable d'une ultime insulte le héros légendaire de la cause noire. « La mort de M. Steve Biko est le résultat de blessures à la tête provoquées au cours d'une bagarre avec les forces de sécurité, affirme-t-il. Les résultats de l'enquête ne font état d'aucun acte hostile ayant pu entraîner son décès. »

L'assassinat du messie de la Conscience noire frappe de stupeur, de désespoir, et bientôt de colère, des millions d'Africains, notamment dans les townships. Des manifestations à sa mémoire sont organisées un peu partout. L'Afrique du Sud des kaffirs le crie sans honte : elle est orpheline.

Orpheline, l'Afrique du Sud noire de Steve Biko l'est en vérité. Mandela et tous les chefs historiques de l'ANC qui pourraient la conduire vers la liberté entament leur treizième année de détention à perpétuité dans les murs du bloc 3 de Robben Island. Seuls les guérilleros réfugiés au-delà des frontières peuvent menacer la domination sans pitié du régime de l'apartheid. Mais à part quelques sabotages, quelques attentats, leur influence reste encore marginale. Et pourtant, la position de l'homme au double menton qui règne de son bureau fleuri de Pretoria n'est pas aussi enviable qu'on pourrait le croire. John Vorster a des problèmes avec le reste du monde. Les nations qui réclament à la tribune de l'ONU un embargo des livraisons d'armes à destination de son pays sont de plus en plus nombreuses. Quant aux milieux financiers américains, ils prônent ouvertement le gel des investissements dans l'économie d'un pays qui leur paraît infréquentable. Les syndicats occidentaux se joignent à la curée en boycottant les relations maritimes, aériennes et postales avec l'Afrique du Sud. Comme si l'ampleur d'un tel concert ne suffisait pas à lui faire prendre conscience de l'image désastreuse que son pays offre au monde, voici que Vorster verse de l'huile sur le feu. La cause de ce nouveau dérapage est le statut racial d'une star de l'équipe britannique de cricket. Basil d'Oliveira est un joueur qui a fait gagner l'Angleterre dans nombre de ses rencontres internationales. Il va bientôt se mesurer avec son équipe aux champions d'Afrique du Sud. L'ennui est que les grands prêtres de la classification raciale officiant à Pretoria ont découvert que Basil d'Oliveira n'est pas de race blanche. Il est métis. Comment l'Afrique du Sud pourrait-elle consentir à engager sa formation cent pour cent blanche contre une sélection étrangère comprenant un joueur de couleur dans ses rangs ? C'est impossible ! John Vorster juge l'affaire si grave qu'il décide d'intervenir en personne. Dans une allocution publique prononcée à Bloemfontein, il déclare solennellement que « l'Afrique du

Sud ne saurait recevoir une équipe composée non pas de sportifs mais d'adversaires politiques ». Les propos provoquent un tollé universel. Du jour au lendemain, le pays de l'apartheid se voit rejeté de toutes les compétitions mondiales, ses athlètes exclus des Jeux olympiques et du Commonwealth, ses stades désertés par les équipes étrangères. Le boycott durera dix longues années. Une indicible épreuve pour le peuple qui avait si généreusement donné à la planète du rugby l'une de ses équipes mythiques, les Springboks.

Qu'elles soient politiques, économiques ou sportives, ces tribulations internationales n'affectent cependant en rien la volonté de l'indomptable Premier ministre de poursuivre la politique de ségrégation lancée par son prédécesseur. Puisque apartheid veut dire « développement séparé », les opérations d'éviction des Noirs de toutes les régions décrétées zones blanches continuent donc avec une vigueur accrue.

Toute résistance est écrasée par la force. Les expulsions et destructions de Sophiatown et District Six ont tracé la voie. Des communautés entières sont déportées. Une femme du Ciskei raconte : « Ils sont arrivés avec des chiens et des fusils, ils ont jeté nos affaires dans un camion, et ils nous ont emmenés. » Un journaliste du *Rand Daily Mail* rapporte avoir vu des policiers se précipiter sur les habitants d'un camp de squatters proche du Cap pour leur arracher leurs vêtements, les faire mordre par leurs chiens, confisquer leurs carnets d'identité, assommer à coups de matraque les récalcitrants. À Modderdam, près de Belleville, à Crossroads, à l'ouest du Cap, des haut-parleurs montés sur des voitures de police annoncent à plusieurs milliers de personnes : « La destruction de votre quartier commencera dans quinze minutes ! » Affolés, les habitants ramassent leurs pitoyables possessions, quelques vêtements, un lit, une table, un peu de vaisselle, et s'enfuient. Comme promis, le quartier est aussitôt rasé par des bulldozers. Certains sites d'éviction sont le théâtre de violents incidents. Des Noirs, armés de bouteilles et de couteaux, s'attaquent à ceux qui veulent les chasser. À Werkgenot, l'apparition d'une femme blanche brandissant un crucifix à la face des policiers empêche un massacre. À Kwaggafontein, au nord de Pretoria, c'est un pasteur anglican, le révérend David Purcell, qui se jette devant les chenilles d'un bulldozer pour sauver une famille sur le point d'être écrasée dans le taudis qu'elle n'avait pas eu le temps d'évacuer.

Une photo dans le *Star* de Johannesburg résume l'effroyable détresse des victimes. Elle montre un homme, une femme, une petite fille et une chèvre blottis les uns contre les autres devant une baraque de tôle vidée de son contenu. Ils attendent avec leurs pitoyables possessions le camion du gouvernement qui va les emmener au nord du Transvaal. La résignation, la dignité, de cette famille meurtrie vaut au journal des milliers de lettres indignées. Un raz de marée qui prouve que les Blancs d'Afrique du Sud ne sont pas tous des enragés de l'apartheid.

Dans la nuit du 16 mai 1977, trois voitures de la police secrète et un camion s'arrêtent à proximité du 8115 du quartier d'Orlando West, dans la township de Soweto. C'est l'adresse du cabanon au toit de tôle ondulée appartenant à Nelson Mandela. Les policiers du Premier ministre viennent chercher Winnie et ses filles pour les déporter avec tous leurs biens à Brandfort, une township de l'État libre d'Orange situé à plus de quatre cents kilomètres. Un endroit sinistre et désolé où les habitants parlent une langue qu'aucune d'entre elles ne comprend. Un exil pire qu'un emprisonnement. Quand la nouvelle lui parvient au bout de plusieurs semaines, Mandela s'effondre. En quinze ans, il n'a vu sa femme que quatre fois et toujours au travers de la vitre déformante du parloir. Mais au moins quand elle était à Soweto, pouvait-il l'imaginer accomplissant des gestes familiers, des gestes de tous les jours. Il la voyait préparant les repas dans le coin cuisine, ou lisant dans la pièce commune, ou se réveillant dans cette maison qu'il connaissait si bien. Cela le réconfortait. À Soweto, même quand elle était assignée à résidence, il y avait des amis et de la famille tout près. Alors que dans cette lointaine township, elle et ses filles sont seules. Il ne sait pas encore à quel point sa nouvelle adresse – 802 Black Township, Brandfort – lui deviendra familière. Il a soudain l'impression d'être en prison avec elle.

John Vorster et ses ministres n'ont ni le goût ni l'habitude de s'attendrir sur le sort de leurs victimes, fussent-elles de haut rang comme Winnie Mandela, l'épouse du plus implacable de leurs adversaires. En cette fin des années 1970, ils sont tout à la célébration de leur monstrueux bilan. Plus de vingt pour cent des kaffirs d'Afrique du Sud, soit six millions d'êtres humains, auront été transplantés vers les ghettos aménagés selon le programme de redistribution ethnique. Les descendants du peuple choisi par Calvin pour répandre la religion chrétienne sur la terre d'Afrique ont réussi la plus colossale déportation de population de l'histoire de l'humanité.

Le Cap, cette pointe extrême du globe où avait un jour d'avril 1652 commencé la plus grandiose et féroce des épopées coloniales. Le Cap, la ville qui avait vu partir le peuple d'une nouvelle Alliance vers une Terre promise au cœur de l'Afrique. Que sait-elle, cette éblouissante ville-jardin flottant comme une utopie dans l'odeur des pins, de la tragédie qui se déroule dans le pays dont elle reste le symbole de toutes les douceurs ? Que sait-elle des souffrances infligées par Vorster et ses tortionnaires de l'apartheid au peuple des kaffirs ? Bien que son Parlement ait instauré le plus terrifiant arsenal de lois jamais votées contre la liberté, elle sait peu de chose en vérité. À part l'éviction des habitants de sa banlieue de District Six et des déportations répétées dans quelques camps de squatters des environs, la ville ne connaît pas l'ombre d'une confrontation raciale. Les dispositions séparant les communautés y sont pacifiquement observées, même si quelques hommes d'affaires blancs se plaignent parfois de l'apartheid à cause de l'absence de restaurants où ils pourraient faire la fête à une même table avec leurs clients de couleur. C'est pourtant dans ce contexte apaisé que va soudain se produire une bouleversante confrontation raciale.

Helen Lieberman, trente-deux ans, est une joyeuse rousse aux yeux verts, mariée à l'un des avocats les plus renommés de la ville. Le couple habite avec ses deux enfants l'une des villas cossues du quartier en bord de mer de Clifton, à quelques kilomètres du centre de la ville. Devant leur terrasse s'étale l'admirable baie du Cap, avec dans un lointain parfois brumeux le rocher de Robben Island. Helen sait que ce rocher abrite les prisonniers d'une colonie pénitentiaire. Mais elle ne sait pas vraiment qui sont ces prisonniers, et pourquoi ils sont enfermés dans ce décor paradisiaque. Si le nom de Nelson Mandela lui dit quelque chose, comme la plupart des Afrikaners elle ne saurait vraiment expliquer pourquoi. Surtout, elle ne saurait pas le reconnaître sur une photo. Les autorités interdisent aux journaux et aux revues nationales de reproduire l'image du leader noir et d'aucun de ses compagnons. Comme les Français ignoraient pendant la Seconde Guerre mondiale les traits du général de Gaulle, la plupart des Afrikaners ne connaissent pas le visage de celui qui prendra un jour la tête de leur pays.

De ses parents juifs qui avaient fui la Lituanie martyrisée par les pogroms, Helen gardait le souvenir de gens qui s'exprimaient si rarement et avec un si fort accent qu'elle peinait à comprendre le peu qu'ils disaient. C'est la lecture, au lendemain de son baccalauréat, d'un livre sur les sourds-muets qui va orienter son existence. Elle obtient une bourse universitaire qui lui permet de faire des études en orthophonie, la science de l'élocution. Au cours d'une séance de travaux pratiques sur l'art oratoire dans le prétoire d'un tribunal, elle a la chance de rencontrer Michael, un jeune avocat surdoué qui devient l'homme de sa vie. Son diplôme en poche, Helen ouvre un cabinet d'orthophonie médicale. Toute la bonne société du Cap lui envoie ses enfants montrant des problèmes d'élocution. Et voici qu'une lettre consacre soudain cette renommée. Le chef du service de chirurgie maxillo-faciale de l'hôpital de Groote Schurr lui offre de créer un service de rééducation fonctionnelle pour les enfants atteints de malformations congénitales de la bouche et des lèvres. Les becs-de-lièvre qui fendent la lèvre supérieure jusqu'à la base du nez, les cavités dans la voûte du palais qui empêchent les enfants de s'alimenter et de parler, ce sont bien là les spécialités de la jeune Sud-Africaine. Le fait que l'invitation provienne de Groote Schurr la transporte de fierté. Groote Schurr, l'hôpital construit dans un terrain jadis offert par Cecil Rhodes sur le site d'« une vieille grange », est le plus célèbre établissement hospitalier de l'hémisphère Sud, un centre médico-universitaire vers lequel accourent des malades de l'Afrique entière, d'Australie, de Singapour, de Malaisie, pour bénéficier de traitements médicaux et chirurgicaux à l'extrême pointe du progrès mondial. Groote Schurr et ses mille lits, ses deux mille patients quotidiens, ses vingt-cinq blocs opératoires, ses amphithéâtres d'enseignement, ses laboratoires de recherche. Tout le monde au Cap connaît l'énorme établissement de sept étages qui, dans son écrin de verdure sur les pentes de la montagne du Diable, ressemble à un palace des années 1930. Il est visible de toute la ville. Quelques minutes à peine suffisent à la jeune orthophoniste aux yeux verts pour y arriver au volant de sa petite Anglia bleue. Mais dès qu'elle en franchit le seuil, alors qu'apparaît devant son pare-brise une monumentale statue en pierre d'Hygée, la déesse de la Santé, elle se voit obligée de faire un choix. Un choix symbolique de la tragédie qui accable, sans qu'elle en soit consciente, le pays où ses parents sont venus chercher le droit de vivre librement. Doit-elle s'engager sur la rampe qui monte vers la partie droite du bâtiment, ou sur celle qui monte vers la gauche ? La droite, c'est l'hôpital des Blancs. La gauche, celui des Noirs et des métis. La jeune femme ne tarde pas à être fixée. C'est chez les kaffirs qu'elle est attendue.

Le choc, l'horreur, le rejet. Cette jeune Sud-Africaine qui n'a jamais montré la moindre hésitation à laver les oreilles, les yeux, la bouche, toutes les parties du corps d'un bébé blanc se trouve brusquement terrassée par l'odeur singulière de la salle de soins dans laquelle elle entre. « Une odeur fétide, écœurante, qui m'a saisie à la gorge, m'a fait chanceler, m'a obligée à courir vers les toilettes pour vomir, dira-t-elle. J'avais honte. Je le savais : il me faudrait des jours pour m'habituer au contact de ces petits malades noirs, pour accepter leur saleté, pour ne plus sentir la puanteur qui jaillissait de leurs oreilles, de tous les pores de leur peau. Oui, il faudrait des jours pour que je les prenne dans mes bras. Des jours pour que je puisse croiser le regard suppliant de leurs mères. Mais, je le savais aussi : un jour viendrait où je pourrais faire tout cela et ce jour serait celui de ma seconde naissance. »

Jamais la jeune Sud-Africaine n'aurait pu imaginer pareilles détresses. La salle des traitements des enfants victimes de malformations est une vraie cour des miracles. Spectacle pathétique de ces mamans noires qui tentent de donner le sein à leur bébé mais qui voient leur lait rejaillir par le nez à chaque succion à cause de la cavité qui fend le palais de leur enfant. Spectacle affreux de ces petits êtres qui s'étouffent à l'ingestion du moindre aliment. Spectacle bouleversant de ces mères qui se battent avec désespoir pour entretenir une flamme de vie dans tous ces petits corps condamnés. Mais le pire pour la jeune orthophoniste blanche, ce n'est pas de découvrir d'un seul coup dans cet hôpital autant de malheurs, c'est de constater le mépris des médecins et des infirmières pour les souffrances de ces êtres comme si la douleur et la détresse d'un kaffir ne méritaient pas d'être soulagées au même titre que celles d'un Blanc. Une rapide visite au service ORL réservé aux Blancs dans l'autre aile de l'hôpital confirme ses craintes. Ici, l'accueil, la propreté des locaux, les soins du personnel médical sont conformes à la réputation d'excellence de Groote Schurr. Quand elle lui confie son indignation, Helen se fait vertement rabrouer par l'infirmière-chef du service réservé aux Noirs où elle travaille. « Pourquoi vous tracassez-vous, ma chère ? lui lance celle-ci. Tous ces bébés noirs qui hurlent vont mourir. Quelle importance ? Ils sont vingt-cinq millions alors que nous ne sommes que quatre millions. Et de toute façon, leurs mères en feront d'autres. Les kaffirs sont des lapins. »

« C'est alors qu'une jeune femme est venue vers moi avec un bébé dans les bras, racontera Helen Lieberman. Sans doute me prenait-elle pour un médecin à cause de ma blouse blanche. Je fus saisie par la beauté du bébé et par le regard suppliant de sa mère. Elle me montra la bouche de l'enfant et je compris qu'il venait d'être opéré. Personne dans le service ne semblait pouvoir me renseigner sur la nature précise de l'intervention qu'il avait subie. Après examen, je conclus à une obturation de la voûte palatine. Je savais que, dans ce cas, la principale urgence était que le patient puisse s'hydrater. Avaler quelques gouttes de liquide était une question de vie ou de mort. Je n'osai pas prendre le bébé dans mes bras tant son odeur me soulevait le cœur. Je fis signe à sa mère de le déposer dans un berceau. J'appris qu'il se nommait Jeremy. Je préparai aussitôt un biberon avec du lait en poudre. Puis je sélectionnai une tétine. La taille du trou de la tétine était primordiale. Si le trou était trop grand, l'enfant risquait de s'étouffer. S'il était trop petit, il ne s'hydraterait pas suffisamment. Dans les deux cas, le pronostic était gravissime. La pauvre mère suivait chacun de mes gestes avec un air tragique. Je sentais autour de moi une curiosité hostile. Les infirmières blanches et les filles de salle noires devaient en effet se demander pourquoi une femme blanche accordait autant d'attention à un petit kaffir. C'était un sentiment totalement nouveau pour moi qui n'avais jamais fait de différence d'un point de vue médical entre un enfant blanc et un enfant noir, même si je ne recevais presque jamais de petits patients noirs dans mon cabinet. Ce comportement était vraisemblablement une conséquence de l'apartheid mais j'avais du mal à admettre qu'un système politique prêchant un développement égal pour toutes les communautés, un développement séparé certes, ait pu à ce point dériver vers des sentiments si inhumains. C'était affreux. Il fallait que j'en discute de toute urgence avec Michael. »

Helen jette alors un regard à sa montre. Il est seize heures. Déjà le soleil a disparu derrière la montagne du Diable à laquelle est adossé l'hôpital. C'est l'heure du shabbat. La jeune femme est très pratiquante. Elle rassemble en hâte ses affaires et donne d'ultimes instructions aux infirmières et à la mère du petit Jeremy. Elle reviendra demain, après la fin du shabbat.

Helen Lieberman ne peut réprimer un cri de stupeur quand elle pénètre le lendemain dans la salle qu'elle a quittée la veille. Le berceau du petit Jeremy est vide. Elle est persuadée qu'il est mort. Elle explore le service à la recherche d'une confirmation. Mais le samedi, les soignants de Groote Schurr sont à la plage. Helen finit par trouver une fille de salle. « Jeremy est-il mort ? » lui demande-t-elle. L'employée noire prend un visage hostile et serre les dents. Helen l'empoigne par les bras et répète la question. La jeune Africaine se dégage vivement. « Je ne suis qu'une femme de ménage ici ! crie-t-elle enfin. Une femme de ménage de couleur ! Je ne sais rien ! » Helen essaie de se calmer. Elle sent qu'un mur la sépare de cette pauvre fille. Un mur d'incompréhension, de rancœur, de peur. Un mur entre deux couleurs de peau, un mur entre deux races. Ce sont des découvertes pour la jeune Blanche qui ne craint pas de questionner encore cette Noire hostile. « S'il n'est pas mort, peut-être a-t-il été renvoyé chez lui ? » hasarde-t-elle, implorante. La jeune Noire a détourné le regard. Elle reste totalement murée dans son silence. Puis, tout à coup, elle se redresse et lance avec fureur : « Ici, *sister*, une Noire ne parle pas à une Blanche. Cessez de me tourmenter. » À ces mots, elle lève la main vers le plafond. « Il y a des appareils là-haut qui écoutent ce que se disent dans cette salle les Blancs et les Noirs, reprend-elle alors. Pour l'amour de Dieu, ne me posez plus de questions, *sister* ! »

Cette appellation de *sister* a redonné espoir à Helen. Cette jeune Noire va sûrement finir par lui dire si le petit Jeremy est mort ou s'il a été renvoyé chez lui ! Mais le mur est plus que jamais là. Comment deux peuples nés dans le même pays, deux peuples héritiers d'un même passé ont-ils pu laisser une telle barrière se construire entre eux ? Helen Lieberman est consciente de la naïveté de ses interrogations. Sans doute Michael me donnera des réponses, songe-t-elle. Pour l'instant, elle doit absolument savoir ce qu'il est advenu du bébé noir. Le taux de survie des opérations de la voûte palatine sur des enfants de santé forcément fragile est très faible. Mais peut-être les biberons avec la tétine appropriée ont-ils permis à Jeremy de franchir le cap vital des premières vingt-quatre heures. Dans les services de couleur de Groote Schurr, on ne garde pas les opérés très longtemps. Jeremy et sa mère ont dû être renvoyés chez eux. Si le bébé est en effet sorti, il est plus que jamais en danger de mort. Il doit recevoir d'urgence toute une série de soins. L'opération qu'il a subie est très grave. Elle réclame un suivi médical approprié.

— *Sister*, je te supplie de me dire ce qui est arrivé à Jeremy, implore à nouveau Helen.

Cette fois, c'est elle qui a utilisé l'appellation de *sister* dans l'espoir de vaincre l'hostilité de la jeune Noire. Elle guette sa réaction, le cœur battant. De longues secondes s'écoulent, et soudain, c'est la réponse.

— Le docteur a renvoyé Jeremy et sa mère chez eux.

— Quand ?

— Ce matin.

— Sais-tu où ils habitent ?

La jeune Noire fait signe qu'elle n'en dira pas plus. Mais Helen s'acharne. Dans cette Afrique martyrisée, il y a ce soir une femme blanche qui veut accomplir un miracle : sauver la vie d'un enfant kaffir.

Deux heures plus tard, alors qu'une nuit d'encre enveloppe la baie du Cap, une petite Anglia bleue sort discrètement du parking de l'hôpital de Groote Schurr pour s'engager sur l'autoroute du littoral. Recroquevillée sur la banquette arrière, la tête enveloppée dans un châle, se trouve la femme de ménage de la salle où était soigné le petit Jeremy. Bien que paralysée par la peur d'être aperçue dans la voiture d'une Blanche, elle a accepté de guider Helen vers la township de Langa. Langa est une immense et misérable cité noire à une dizaine de kilomètres du Cap, un lieu aussi brutal et inhumain que Soweto où s'entassent deux cent mille Noirs et métis dans l'attente d'une probable déportation le jour où les géomètres des bureaux du Cap auront catalogué le secteur en zone blanche. Langa, c'est un autre petit morceau d'enfer sur la terre prétendument « donnée » par Dieu au peuple des psaumes. Mais ce soir, c'est aussi un rendez-vous d'espérance grâce à cette jeune femme blanche qui roule, tous feux éteints, vers sa première incursion dans l'univers des taudis. Comme Mère Teresa avait pu assouvir son besoin d'amour et de justice en rendant leur dignité aux lépreux des bidonvilles de Calcutta, Helen Lieberman va peut-être ressusciter, grâce au sauvetage d'un enfant noir, un peu de l'honneur perdu du peuple afrikaner auquel elle appartient.

Ce n'est pas de l'honneur du peuple afrikaner que s'inquiète John Vorster. La grande préoccupation du Premier ministre, c'est plutôt le désamour du reste de l'univers pour son pays. Comment inverser ce sentiment sans modifier la stricte application de l'apartheid ? C'est précisément une solution pour résoudre ce dilemme que vient, un matin d'octobre 1973, lui proposer un élégant jeune homme de trente-huit ans nommé Eschel Rhoodie. Avant d'occuper la fonction de secrétaire à l'Information du gouvernement, cet expert en communication a été attaché de presse dans plusieurs ambassades sud-africaines auprès de pays aussi différents que l'Australie, les États-Unis ou les Pays-Bas. Partout, Rhoodie a été choqué par l'image désastreuse que valait à son pays sa politique de ségrégation raciale. Pour tenter de redresser cette situation, il a imaginé une audacieuse campagne de propagande qui soulignerait aux yeux du monde occidental l'importance stratégique de l'Afrique du Sud, le bastion anticommuniste qu'elle constitue, le havre de prospérité capitaliste qu'elle représente sur un continent qui a basculé dans une économie socialo-communiste. Il en coûterait sans doute quelques millions de dollars, mais le jeune Rhoodie est convaincu que l'Occident fermerait les yeux sur l'apartheid s'il voyait mieux l'avantage d'une coopération débarrassée de tout état d'âme avec son pays.

L'imaginatif expert reçoit aussitôt carte blanche du Premier ministre ainsi que l'assurance de disposer de fonds secrets illimités. Il commence sa campagne par une offensive sur le front intérieur. Il faut en effet neutraliser l'influence des journaux sud-africains antigouvernementaux auprès desquels les correspondants étrangers puisent nombre de leurs informations hostiles à l'Afrique du Sud. Rhoodie crée donc un quotidien à grand tirage, *The Citizen*, qui dépense une fortune pour donner du pays de l'apartheid l'image paradisiaque dont rêvaient dans leurs chariots les trekkers du Grand Voyage. La campagne est une demi-réussite. Qu'importe ! Rhoodie a d'autres projets, cette fois à l'étranger, telle cette opération « *Bowler hat* – Chapeau melon », qui lui permet d'acheter la collaboration de parlementaires britanniques conservateurs et travaillistes en vue de l'acquisition de plusieurs publications, dont l'influent *Investor's Chronicle*. Il se rend ensuite à Paris pour négocier le soutien actif de deux des principaux fleurons de la presse magazine française, *L'Express* et *Paris Match*. Cette tentative échoue. Mais en parcourant d'autres pays européens, il parvient à fonder une série d'associations qui, sous des appellations aussi aguicheuses que « Fondation sud-africaine pour la liberté », invitent des centaines de VIP de toute l'Europe à venir découvrir le paradis sud-africain. C'est toutefois à conquérir les États-Unis que l'infatigable publicitaire déploie sa plus grande énergie. Après avoir raté d'un cheveu l'achat du *Washington Star*, le voici qui s'empare du *Sacramento Union* de Californie, avant d'acquérir cinquante pour cent du capital de UPITN-TV, une agence d'informations télévisées qu'il transforme en chantre de la cause sud-africaine.

Son entregent, son dynamisme, et surtout sa petite valise remplie de billets verts, lui gagnent la sympathie de nombreux hommes politiques dont il fait des supporters inconditionnels de son pays. L'agent de Pretoria ne manque jamais de remercier ceux qu'il convertit en arrosant généreusement leurs campagnes électorales. On dit que Jimmy Carter lui-même aurait bénéficié de ces largesses.

Mais voilà que les extravagantes dépenses du jeune roi sud-africain de la communication commencent à susciter quelques inquiétudes à Pretoria. Des adversaires politiques de Vorster réclament la création d'une commission d'enquête. Un rapport destiné au Premier ministre sur l'utilisation détaillée des fonds secrets confiés à son protégé atterrit par erreur sur le bureau du directeur de l'hebdomadaire d'opposition *Sunday Express*. L'affaire éclate au grand jour. Elle provoque un gigantesque scandale qui va engloutir celui qui avait cru pouvoir vendre l'apartheid à l'Occident comme une vulgaire crème à raser. Le 5 septembre 1978, John Vorster se présente devant les députés réunis dans le Parlement du Cap. Il invoque de récents troubles de santé et annonce de but en blanc sa démission.

C'est l'une des pages les plus sombres de l'histoire de l'apartheid qui se tourne avec le retrait du gouvernement de ce géant au double menton qui écrasa la révolte des écoliers de Soweto, déporta les habitants de Sophiatown et de tant d'autres cités noires, fit assassiner Steve Biko, l'opposant de la Conscience noire. Quand il apprend la nouvelle au fond de sa cellule, Mandela ne cache pas sa satisfaction. Il avait toujours considéré que Vorster avait élevé la répression à un niveau jamais atteint.

À la tête du pays lui succède un ardent nationaliste afrikaner de soixante-deux ans nommé Pieter

Willem Botha, alias P. W. (prononcé Pee-Wee) à cause des initiales de son double prénom. Héroïne de la guerre anglo-boer, sa mère a vu mourir deux de ses enfants dans le camp de concentration où les Britanniques les avaient enfermés. Quant à son père, il a brisé en deux son fusil le jour où les Boers signèrent la paix avec les tuniques rouges de l'impératrice Victoria. À vingt ans, P. W. Botha abandonne ses études universitaires pour épouser le Parti national purifié qu'il contribue à conduire à l'historique victoire de 1948 aux côtés de Hendrik Verwoerd, l'admirateur de Hitler, et de Daniel François Malan, le grand prêtre de la race blanche « purifiée ». Élu député d'une bourgade de la province du Cap, il devient à trente-six ans ministre du Développement communautaire dans le gouvernement de Malan, un poste qui lui permet de signer l'arrêt de mort de l'illustre quartier de District Six où soixante mille Blancs, Noirs et métis vivent dans une harmonie raciale qui relève du miracle. Devenu ministre de la Défense en 1966, P. W. Botha dote l'Afrique du Sud d'une industrie d'armement et de la plus puissante armée du continent dont il fait un rempart contre les aventures communistes qui ravagent les pays voisins. Ses cravates bariolées, son air paternel et les œillets blancs et rouges qui ornent sa boutonnière rassurent.

À tort ! P. W. Botha est un extrémiste plus implacable encore que ses prédécesseurs. Mais il est plus habile et plus intelligent qu'eux. À leur philosophie du « *Total Onslaught* – écrasement total », il substitue celle plus subtile de la « *Total Strategy* – stratégie globale ». Une nuance qui indique qu'il ne partage pas le rêve fou de Hendrik Verwoerd d'une Afrique du Sud totalement débarrassée de ses

Noirs. P. W. Botha souhaite au contraire favoriser le développement d'une classe moyenne de couleur susceptible d'offrir un contrepoids au désespoir des populations des townships. Il se montre partisan d'assouplir certaines contraintes de la ségrégation raciale. Ainsi annonce-t-il la disparition progressive des pancartes discriminatoires dans les gares, les transports en commun, sur les plages. En laissant espérer d'autres concessions plus spectaculaires comme l'abolition des lois interdisant les mariages mixtes et les relations sexuelles entre Blancs et Noirs, ou le port obligatoire des passeports intérieurs.

Cette timide libéralisation parviendra-t-elle à modifier une situation figée par cinquante années d'exclusion raciale ? P. W. Botha l'affirme à cor et à cri, en attendant d'abattre ses nouvelles cartes.

Helen Lieberman ne trouve, quant à elle, aucun signe de libéralisation dans l'énorme township à une dizaine de kilomètres à l'ouest du Cap où elle a pris le risque de se rendre cette nuit d'hiver dans l'espoir de retrouver le petit Jeremy et sa mère. La fille de salle de l'hôpital de Groote Schurr qui a accepté de la guider sait qu'il est prohibé à toute personne de race blanche de pénétrer dans ce ghetto. L'interdit émane à la fois de la police blanche qui garde les abords de l'agglomération et des responsables noirs de la township qui verraient la soudaine intrusion d'une Blanche comme une provocation. La jeune orthophoniste est totalement inconsciente du danger qu'elle court en pénétrant au volant de sa petite Anglia dans ce coupe-gorge de l'apartheid. Elle risque tout simplement sa vie.

N'ayant jamais mis les pieds dans une township, Helen Lieberman ne sait pas ce qu'elle va trouver. C'est d'abord l'agression d'une odeur. Une odeur âcre de bois brûlé qui flotte partout où les femmes font cuire sur des braseros le repas du soir. Puis elle découvre le grouillement bruyant des gens qui envahissent les ruelles, les trottoirs, les cours. Elle apprendra que c'est dehors plutôt qu'à l'intérieur de leurs logements que les Africains ont l'habitude de vivre. Elle se sent l'objet de tous les regards. Regards d'hostilité ? Regards d'étonnement ? Elle ne sait pas encore. Dans le vacarme des voix, des cris, des pleurs, elle distingue un bruit qui se détache de tous les autres, le bruit des quintes de toux qui secouent nombre de poitrines sous le linceul de soufre et de fumée recouvrant le quartier. Elle serre le bras de la jeune Noire de Groote Schurr. « Où est Jeremy ? » Les deux femmes enjambent des mères qui épouillent leurs enfants sur le pas des habitations, et d'autres qui savonnent les petits corps malgré le froid mordant. Tant de pauvreté ! Tant de gosses vêtus de guenilles et pieds nus ! Et pourtant quelle sublime dignité sur la plupart des visages ! La jeune femme finit par entrer dans une pièce sans fenêtre, le sol en terre battue, le plafond qui laisse voir le ciel par les trous du toit où manquent des morceaux de tôle ondulée. Pas un meuble, pas une ampoule électrique. Juste le faible éclairage d'une lampe à pétrole. Au ras de la porte passe un égout à ciel ouvert grouillant de rats. Helen distingue la silhouette d'une femme accroupie au fond de la pièce. Elle a reconnu la mère de Jeremy qui se lève aussitôt pour la saluer. « Jeremy ? Où est Jeremy ? » s'inquiète-t-elle, persuadée que si le bébé n'est pas dans ses bras, c'est qu'il est mort. La jeune Noire lui fait signe de la suivre. Elles entrent dans une autre pièce où se trouvent plusieurs femmes âgées, les cheveux ceints d'un foulard et les épaules couvertes d'une vieille couverture ou d'un châle de tissu. Ce sont les grand-mères du quartier. Toutes portent un bébé ou un enfant qu'elles réchauffent sous le pan de leur couverture ou de leur châle. Helen apprendra aussi que, dans la société africaine, ce sont les grand-mères qui ont la charge des plus petits. Cette arrivée inopinée provoque une stupeur générale. Jamais une femme blanche n'est entrée ici. Les enfants se mettent à pleurer si fort qu'Helen, affolée, recule. Mais la mère de Jeremy la retient. Son bébé est là, dans les bras d'une vieille femme aveugle. D'emblée, à la seule vue de son teint livide et de sa peau fripée, Helen constate que Jeremy est en état de sévère déshydratation. Il faut le ramener d'urgence à l'hôpital pour le mettre sous perfusion. Mais comment soustraire ce petit être à la possession de ces grand-mères hostiles ? Elle tente de leur expliquer que Jeremy est en danger mais personne ne semble la comprendre. Elle mime sans succès les signes de la mort. L'une des vieilles femmes se lève alors pour chasser l'intruse hors de la pièce. Les inventeurs du développement séparé des races n'ont sans doute pas imaginé qu'une grand-mère noire pourrait un jour empêcher une soignante blanche de sauver la vie de son petit-fils. Mais en Afrique du Sud, l'apartheid a supprimé tous les repères.

« Ce sera l'une des plus douloureuses découvertes de mon existence, avouera plus tard Helen Lieberman. Ce système de l'apartheid qui ne m'avait jamais personnellement touchée n'avait pas seulement divisé physiquement les habitants de mon pays. Il avait imprimé la haine dans les cœurs. »

Par chance, la femme de ménage de l'hôpital parvient à ramener le calme. La grand-mère de Jeremy finit par accepter que son petit-fils parte dans les bras de sa mère. Moins d'une heure plus tard, il retrouve son berceau dans le service de Groote Schurr. Toute la nuit, Helen fera couler dans ses veines le goutte-à-goutte qui doit le sauver. Il est six heures du matin quand elle rentre chez elle. Fou d'angoisse, Michael la serre dans ses bras et s'étonne de l'odeur de bois brûlé qui imprègne ses cheveux et ses vêtements. « J'étais à Langa, explique-t-elle. Les gens là-bas font cuire leur nourriture avec du bois. » Puis elle s'écroule en sanglots.

Les lumières de la baie du Cap illuminent le salon des Lieberman de leur scintillement féerique mais Helen sanglote toujours. Quand enfin elle parvient à se ressaisir, elle se lève pour contempler la beauté de la nuit. Puis, d'une voix forte, elle déclare :

— Michael, je veux quitter ce pays. Après ce que j'ai vécu ce soir, je ne pourrai plus jamais aimer l'Afrique du Sud… J'ai honte, Michael, honte d'être une Blanche ; honte de faire partie d'un système qui laisse se commettre de véritables crimes contre l'humanité ; honte de travailler dans un hôpital qui renvoie un bébé à la déchéance de son bidonville simplement parce qu'il est noir…

« Michael essuyait tendrement les larmes sur mes joues, raconterait la jeune femme. Il m'embrassait, me serrait contre lui. Je sentais qu'il voulait m'entraîner vers notre chambre pour mieux me calmer, mais je résistais. J'avais encore dans les yeux les visages effrayés de ces grand-mères et de tous ces enfants. Je n'aurais jamais pu répondre à ses étreintes. »

Michael tente de rassurer sa femme.

— Chérie, tu sais bien que la pauvreté existe partout, lui dit-il. Langa n'est pas un lieu unique. Souviens-toi de ces gigantesque bidonvilles de Bombay, en Inde, entre l'aéroport et le centre. Souviens-toi de ces favelas à Rio, au Brésil. Il y aura malheureusement toujours des gens condamnés à vivre dans ces enfers.

— Michael, tu ne comprends pas, réplique-t-elle fermement. Ce ne sont pas des PAUVRES que j'ai rencontrés, ce soir. Ce sont des gens qui ont PEUR. Ce n'est pas la FAIM que j'ai vue. C'est la PEUR. La peur de se trouver brusquement en face d'une femme blanche, la peur d'avoir à lever les yeux vers elle, la peur de la laisser regarder leurs enfants ; la peur… la PEUR ! Michael. Toi, moi, tous les Afrikaners, nous sommes coupables du crime d'avoir obligé tout un peuple à vivre la peur au ventre. C'est pourquoi je ne veux plus rester dans ce pays, Michael. Tu comprends, mon amour ?

Helen Lieberman ne partira pas. Sa rencontre avec le petit Jeremy et sa courte incursion dans l'environnement hostile d'une township changeront complètement le cours de sa vie. Son travail d'orthophoniste dans le service ORL de Groote Schurr absorbe bientôt l'essentiel de son temps, ce qui l'oblige à fermer son cabinet privé. L'orthophonie est une discipline exigeante qui englobe une multitude de pathologies. Réapprendre à avaler à de petits opérés de la bouche, préparer un malade du cancer à parler à nouveau après l'ablation de son larynx, former son entourage à le soutenir dans cette épreuve, redonner l'usage de la parole à la victime d'une attaque cérébrale… les tâches sont innombrables.

Sept jours après avoir sauvé le petit Jeremy, Helen remporte une deuxième victoire. Cette fois, son patient est une fille. Elle s'appelle Mina. Elle a été opérée d'un bec-de-lièvre et ne peut sucer la tétine d'un biberon. Pour la nourrir à la cuiller, Helen doit la prendre dans ses bras, un geste que son odeur lui rend difficile. Mais elle a fait tant de chemin depuis une semaine. Elle saisit le bébé sans la moindre hésitation, s'assied sur un tabouret et commence à lui donner la becquée. Elle est radieuse. Ce jour est bien celui de sa seconde naissance.

Elle décide de célébrer l'événement en ramenant Jeremy et sa mère dans leur township. Surprise : l'accueil est chaleureux, même de la part des grand-mères. Une femme ose même lui adresser la parole.

— Docteur Helen, nous voudrions réfléchir avec toi à la possibilité de faire ensemble quelque chose d'utile pour les gens de notre quartier, lui dit-elle.

Faire quelque chose d'utile ! Dans ce ghetto où deux cent mille martyrs de la haine raciale luttent pour leur survie quotidienne, dans ce lieu où les gens apprennent à mesurer leur vie non pas en années mais en mois ou en semaines, dans ce lieu vibrant de courage et de capacité d'entraide mais rongé de tuberculose, de dysenterie, d'alcoolisme, de toutes les maladies de carence ; dans cet environnement si pollué que des milliers de malheureux n'atteignent pas l'âge de quarante ans… tout paraît à faire. Il faudrait en priorité des crèches pour les plus petits et un dispensaire ; il faudrait pouvoir distribuer du lait aux enfants souffrant de malnutrition, créer une soupe populaire pour les plus âgés ; installer des fontaines d'eau potable, multiplier les latrines. Helen le sait déjà : les urgences se comptent par dizaines. « Je suggère que l'on organise un sondage, répond-elle, pour déterminer ce que les gens d'ici veulent en toute priorité. » Les résultats arrivent trois jours plus tard. Ils sont concordants et unanimes. Les nécessités les plus pressantes des habitants de cette township ne sont pas celles qu'imaginait la jeune Blanche. Ce ne sont pas les conditions matérielles qu'ils veulent d'abord changer. La nourriture qu'ils attendent avidement n'est pas destinée aux corps chétifs de leurs enfants mais à leur esprit. Helen est stupéfaite. Les six enquêtes du sondage indiquent que la toute première revendication des emmurés de Langa est la création d'une école pour que leurs enfants apprennent à lire et à écrire.

Le projet agit comme un électrochoc sur cette population écrasée depuis des générations par la fatalité de sa condition. Les gens se mobilisent, proposent leurs services. Même le conseil de la township, d'habitude si méfiant, se mêle à l'aventure en offrant quelques mètres carrés de terre poussiéreuse entre deux ruelles pour y installer l'école. La gentillesse d'Helen avec chacun, son approche des enfants, sa disponibilité, ne tardent pas à désarmer les dernières réticences. La rumeur se répand : il y a une Blanche à Langa qui aime et respecte les kaffirs. Dans ce lieu dépourvu de toute ressource, la simple ambition de construire quatre murs avec un toit pour abriter quelques écoliers représente une entreprise téméraire. Helen ne voit qu'un moyen de la réaliser : transformer sa petite Anglia en camionnette et apporter elle-même du Cap les matériaux nécessaires. Sur place, elle trouve sans peine le chef de chantier dont elle a besoin. Sam a vingt ans, des biceps de boxeur, un regard lumineux. Originaire du Transkei, il a traversé tout le pays en marchant la nuit et en se cachant le jour pour tenter de se faire embaucher dans une usine de la région du Cap. Faute d'avoir réussi, il s'est réfugié à Langa où il fouille les ordures qu'apportent trois fois par semaine les camions de la municipalité. Grâce à ses trouvailles, il parvient à nourrir un groupe d'adolescents qui lui sont dévoués à la vie et à la mort. Tous sont volontaires pour l'aider à construire l'école.

Une jeune femme blanche arrivant au volant d'une voiture pleine de pelles, de pioches et de briques, le toit couvert de planches et de sacs de ciment, le spectacle est vraiment insolite. Il vaut à son héroïne un concert d'applaudissements, de vivats, et même une démonstration de toï-toï dansé d'un pied sur l'autre autour de la voiture. Les travaux sont rondement menés. En moins d'une semaine, la petite construction est debout, prête à dispenser quelques rudiments de savoir à une trentaine d'enfants victimes de l'apartheid. C'est un grand jour pour celle qui voulait fuir l'Afrique du Sud.

Elle décide de célébrer l'événement par une fête dont les habitants du quartier se souviendront comme d'un conte de fées. Elle invite Sam et son équipe à dresser une table qu'elle recouvre d'un rideau récupéré dans la poubelle d'un célèbre fabricant de textiles sur la route du Cap. Puis elle sort de sa voiture toutes les victuailles qu'elle a préparées chez elle : des poulets rôtis, des plats de jambon, des salades, des gâteaux variés. Bref, un vrai « banquet de Zoulous » selon l'expression locale. Sam se glisse jusqu'à la *shebeen* la plus proche et rapporte quatre douzaines de canettes de bière qui font instantanément monter la température des agapes. C'est un spectacle fabuleux, magique, le spectacle d'une Blanche au milieu d'une foule noire pauvrement vêtue mais exorcisée de toute peur, mangeant et buvant avec de grands rires. Véritable maître de cérémonies, Sam officie tel un roi au milieu de sa tribu.

Quand elle rentre chez elle tard dans la nuit, ivre de bonheur, la tête pleine d'images de joie et de fraternité, Helen éprouve un violent désir de s'abandonner dans les bras de son mari. Mais la sonnerie du téléphone interrompt presque aussitôt leur étreinte. Au bout du fil, une voix annonce :

— Docteur Helen, des gens sont venus et se sont mis à taper à coups de matraque sur Sam. Puis ils l'ont attaché au pilier de l'école et l'ont aspergé d'essence. Ils lui ont crié : « Ça t'apprendra, salaud, à construire une école avec cette putain blanche ! » Et ils ont craqué une allumette. Le malheureux a été pris dans une mer de flammes. Il hurlait. C'était horrible.

— Ce sont des Blancs qui ont fait ça ? demande Helen, atterrée.

— Non, des Noirs. Sans doute des Noirs payés par la police blanche.

La jeune femme se rhabille en hâte et demande à Michael de l'accompagner. Ils se précipitent à

Langa. Les gens du quartier font cercle autour du corps calciné. Quelqu'un récite des prières que tous répètent en chœur. Il n'y a pas une silhouette de policier en vue. Dès le lever du jour, Helen se présente avec son mari au poste de police qui garde l'entrée principale de la township. Elle interpelle vivement l'officier de service.

— Un jeune garçon a été brûlé vif cette nuit à Langa, et pas un de vos hommes n'est encore venu constater les faits et rechercher les coupables ! s'indigne-t-elle.

L'officier fait une moue et saisit un épais dossier sur une étagère.

— *Lady*, tous ces papiers sont des rapports sur vos activités illégales chez les kaffirs de ce quartier, grogne-t-il. Si vous n'y mettez pas un terme immédiat, vous risquez, vous aussi, de brûler comme une torche.

Puis il s'enfonce dans son siège, la regarde fixement, prend son briquet et allume une cigarette.

Helen a compris. Les policiers blancs vont répandre le bruit qu'elle est une indicatrice à leur service. Il leur suffira alors de payer deux Noirs pour la liquider. Personne ne protestera. Telle est l'implacable règle au pays de l'apartheid.

Quelques jours plus tard, une jeune femme du quartier nommée Tutu intercepte la jeune orthophoniste à sa descente de voiture.

— Docteur Helen, supplie-t-elle, ne reviens plus jamais ici. Les gens sont convaincus que tu travailles pour la police. Ils vont te tuer.

Aucun journal ne mentionnera l'assassinat du jeune Noir de Langa. Le Cap a d'autres préoccupations en cette fin d'année 1967. Dans quelques jours, ce sera Noël et la ville entière s'active à parer ses avenues et ses rues commerçantes de guirlandes, de sapins de Noël, de bonshommes de neige. Les vitrines des magasins d'Adderley Street et des autres rues commerçantes débordent déjà de montagnes de cadeaux richement ornés d'emballages et de rubans multicolores. Ce samedi est d'un douceur exceptionnelle malgré la brise parfumée d'effluves de pin qui souffle du plateau boisé de la montage de la Table. Au Cap, on appelle ce vent léger le « *Kaap se Dokter* – le docteur du Cap » parce que les habitants lui attribuent le pouvoir de guérir leurs maux et de chasser leurs soucis. Pour une gracieuse jeune femme brune de vingt-quatre ans, employée à l'accueil des clients de la Standard Bank de George Street, ce samedi est à double titre un après-midi dc fêtc. Dcnisc Darvall cst invitée avec ses parents à prendre le thé à Milnerton chez son fiancé et c'est elle qui les emmènera dans sa petite Ford verte flambant neuf pour cette heureuse escapade.

Une famille sympathique, ces Darvall. Descendant d'un huguenot originaire de Strasbourg, George, le père, est vendeur chez Markham, un magasin de confection pour hommes. Amateur passionné d'escalade sur les pentes de Devil Hill et de Table Mountain, de pêche au lancer et de courses de chevaux, il n'a jamais eu de décision plus grave à prendre dans sa vie que de parier sur le favori d'un derby plutôt que sur un galopeur inconnu. Sa femme Myrtle, une Anglaise rondelette originaire de Coventry, est arrivée au Cap à l'âge de deux ans. C'était le temps de la Grande Dépression en Europe. Beaucoup de gens sans travail affluaient en

Afrique du Sud et en Australie dans l'espoir d'y trouver une vie meilleure. Myrtle gardait, dans un petit cadre accroché au mur du salon familial, son billet de troisième classe à bord du paquebot *Balmoral Castle.* Il avait coûté quarante-quatre livres. George et Myrtle sont les heureux parents de trois enfants, deux garçons de dix-huit et treize ans et leur fille Denise dont le prochain mariage réjouit le cœur de tous. Anglicans fervents, les Darvall participent activement aux préparatifs de la célébration de Noël dans leur paroisse de Saint-Barnabé. Demain dimanche, Denise ira répéter le rôle qu'elle doit jouer le soir du 24 décembre quand, auprès de son frère Keith habillé en berger, elle incarnera, lors de la messe de minuit, la Vierge Marie dans la crèche vivante.

Fièrement conduite par sa jeune propriétaire qui a revêtu pour l'occasion une jolie robe de taffetas à fleurs, la petite Ford verte s'engage sur Main Road vers le carrefour de Salt River situé au pied des eucalyptus et de la haute façade à clochetons de l'hôpital de Groote Schurr. Ce n'est pas le chemin le plus court pour atteindre Milnerton où les attendent son fiancé et ses futurs beaux-parents. Mais au Cap, personne n'oserait aller prendre le thé chez quelqu'un sans lui apporter quelques friandises de la célèbre Wrensch Town Bakery. On vient en effet de toute la ville, et même de plus loin, pour acheter les *doughnuts* à la crème, les tartes au lait caillé, les éclairs à la vanille ou à la fraise, les *koeksisters* au caramel, de ce temple raffiné de la gourmandise sud-africaine. Ce samedi précédant Noël, la Bakery offre comme chaque année une gamme supplémentaire de gâteaux au chocolat surmontés de petits sapins en sucre glacé.

Denise gare sa petite Ford à la hauteur de la pâtisserie, de l'autre côté de l'étroit terre-plein central qui sépare la chaussée. « Papa et Keith, vous restez sagement auprès de la voiture, nous revenons tout de suite ! » lance-t-elle gaiement. Puis elle prend le bras de sa mère et l'entraîne vers le magasin. Plusieurs clientes y font déjà la queue. Il leur faudra donc patienter un bon moment, d'autant que Gert, le pittoresque patron en tablier de cuir, fait la conversation à chacune. Il est justement en train de bavarder avec une dame d'une cinquantaine d'années aux cheveux noirs coupés court. C'est une familière de sa pâtisserie. Son mari est hospitalisé depuis plusieurs semaines juste en face dans le service de cardiologie de l'hôpital Groote Schurr. Chaque jour, avant de lui rendre visite, son épouse vient lui acheter deux éclairs à la vanille et une tarte au lait caillé, ses spécialités préférées. Ann Washkansky n'est, hélas, pas certaine que Louis pourra profiter ce jour-là de ces gourmandises. Un coup de téléphone vient de l'avertir que son état s'est brusquement aggravé. C'est une funeste nouvelle pour cette femme qui depuis deux ans aide avec tant de courage et d'amour son mari à combattre le mal implacable qui le détruit.

Une tragédie qui a commencé un dimanche matin quand l'épicier en gros Louis Washkansky a soudain ressenti à son réveil une violente douleur dans la poitrine. Pour ce robuste travailleur qui n'a jamais consulté un médecin de sa vie, c'est une terrible surprise. Comme le prouvent ses barrettes de décorations militaires accrochées au mur de son salon, Louis est un héros de la Seconde Guerre mondiale que la mort a maintes fois épargné. Grand fumeur et buveur impénitent, infatigable danseur, ce prospère négociant juif de cinquante-deux ans est une figure populaire des soirées de la petite bourgeoisie commerçante du Cap. Ni son épouse, ni ses amis, ni aucun de ses clients n'oserait imaginer l'épreuve qui l'attend. Le médecin urgentiste appelé ce dimanche-là à son chevet est formel. Il s'agit d'un infarctus du myocarde. Louis refuse néanmoins d'être transporté à l'hôpital. Après deux mois de repos chez lui, il reprend ses activités. C'est une décision prématurée : alors qu'il se rend chez un client au volant de sa voiture, il est frappé par une nouvelle crise, plus violente encore que la première. Il réussit à s'arrêter devant un restaurant et appelle à l'aide. Une ambulance de Groote Schurr arrive juste à temps pour lui sauver la vie. On le transporte aux soins intensifs du service de cardiologie. Le diagnostic est pessimiste. Un bon tiers du cœur de Louis ne fonctionne plus. La survenue d'un œdème fulgurant confirme l'appréciation. Les jambes du malade prennent la taille des pattes d'un éléphant, preuve d'une sévère lésion du ventricule droit. Des jours et des nuits durant, les soignants tentent de ponctionner les litres de liquide provenant de l'œdème. Ce sont des interventions douloureuses que l'ancien ranger de la guerre d'Italie supporte avec un stoïcisme qui fait l'admiration de tous. « Ne t'en fais pas, chérie », répète-t-il dans ses moments de lucidité à sa femme qui ne quitte pas son chevet. Mais son état s'aggrave. Crises d'essoufflement et de toux, crachements de sang, insupportables douleurs dans la poitrine, évanouissements se succèdent. À peine réchappe-t-il d'un coma diabétique que c'est une attaque cérébrale qui le paralyse du côté droit. Des examens radiologiques font apparaître une hypertrophie ainsi qu'un changement de forme de son cœur. Au lieu de ressembler à un petit ballon de rugby, l'organe vital s'est arrondi pour prendre la forme d'un ballon de football. C'est le signe d'un effondrement des capacités de contraction du muscle cardiaque. Le visage de Washkansky prend peu à peu une teinte cireuse. Chaque fois qu'elle quitte son mari, Ann craint de ne pas le revoir. Dans les rares moments où il peut rassembler assez de forces pour articuler quelques mots, il persiste à vouloir la rassurer : « Ne t'inquiète pas, amour, je me sens comme un petit gars de vingt ans », répète-t-il dans un souffle chaque fois plus faible.

Un matin, Ann constate avec effroi que le lit de son mari est vide. Affolée, elle cherche une infirmière. Louis a été transféré dans la chambre 374 au quatrième étage. C'est l'étage des blocs opératoires de chirurgie cardiaque et vasculaire. Elle trouve Louis dans un surprenant état d'excitation.

– Chérie, devine qui est venu me voir ? Le chirurgien-chef du service de cardiologie lui-même, annonce-t-il fièrement. Il était là avec un tas d'autres médecins. Ils m'ont examiné sous toutes les coutures. Après avoir longuement ausculté ma poitrine, le chef m'a dit : « Monsieur Washkansky, nous allons essayer de remplacer votre cœur défaillant par un autre cœur en bon état. »

Ann est persuadée que son mari a perdu la raison. Elle sort de la chambre pour lui cacher son désarroi. « Remplacer son cœur par un autre cœur ? » C'est certain, il délire. C'est alors qu'un homme en blouse blanche s'arrête devant elle. Il a l'air si jeune qu'elle pense avoir affaire à un stagiaire.

– Je suis le professeur Barnard, déclare l'inconnu avec un sourire chaleureux. Je suis le chef du service de cardiologie de Groote Schuur.

Chris Barnard ! Un nom à l'époque presque inconnu du grand public mais déjà respecté dans les milieux médicaux. Un chirurgien de quarante-quatre ans aux airs charmeurs de vedette de cinéma qui a le courage de ne jamais cacher son hostilité à la ségrégation raciale pratiquée par ses compatriotes de Pretoria. Pendant la seule année 1967, plus de la moitié des malades opérés dans son unité de cardiologie de l'hôpital Groote Schurr ont été des Noirs. Même si ensuite ces opérés ont dû être suivis dans des salles réservées aux patients de couleur, comme Helen Lieberman avait pu le constater dans le département ORL du même hôpital. Chris Barnard ! Un pur produit de cette élite blanche qui avait au cours des siècles apporté d'Europe une culture différente de toutes celles existant sur le continent. Cette élite qui avait su se donner tous les attributs d'une nation. Barnard aimait rappeler qu'au temps où Jan van Riebeeck avait mis le pied sur le sol africain pour cultiver ses fameuses salades, les implantations noires les plus proches étaient à huit cents kilomètres au nord et mille six cents kilomètres à l'est, ce qui représentait la distance de Londres à Hambourg dans un cas, et de Londres à Rome dans l'autre. Aux détracteurs de son pays, il ne ratait jamais l'occasion de dire qu'à l'époque où New York n'était qu'un village, Le Cap était une capitale prospère et qu'il y avait davantage de Blancs au cap de Bonne-Espérance que dans tout le Canada.

Cette fierté d'appartenir à un peuple qui avait acquis le droit de vivre et de s'épanouir sur le continent africain, il la tenait aussi à l'humilité de ses origines. Il était né à Beaufort West, un village de l'aride province du Karoo. Son père exerçait la profession de commis voyageur en lingerie et celle, bénévole, de capitaine de l'Armée du Salut. Les Barnard étaient des gens aux revenus si modestes que Chris avait été obligé d'aller pieds nus à l'école jusqu'à l'âge de huit ans. Un calvaire qu'il soulageait le soir en trempant ses pieds en sang dans une bassine d'eau mêlée de paraffine et de cire fondue. Des gens héroïques, ces Barnard, tout à fait semblables à leurs aïeux du Grand Voyage, avec cette mère en longue jupe noire qui n'hésitait pas à menacer d'un fouet ses enfants pour qu'ils soient les premiers de leur classe. C'est sur la place de son village que Chris avait pour la première fois découvert le hideux spectacle de la ségrégation raciale. Il y avait deux églises dans le centre de Beaufort West, l'une pour les Blancs, l'autre pour les Noirs et les métis. Des croyants y priaient le même Dieu, y chantaient les mêmes cantiques, souvent au même moment, mais sous des toits séparés d'à peine cinquante mètres. À cause de la couleur de leur peau !

Cette découverte avait traumatisé à vie le jeune Chris. Tout en ne cessant jamais d'affirmer son droit d'enfoncer ses propres racines dans la terre d'Afrique aussi profondément que celles des jeunes Noirs avec lesquels il avait grandi dans son village, il avait condamné sans appel le système inventé par les idéologues de Pretoria. Devenu un maître reconnu de la chirurgie cardiaque, il pouvait sans trop de risques critiquer l'abomination de leur politique raciale. Sans imaginer qu'un jour il restaurerait par un spectaculaire coup d'éclat leur respectabilité aux yeux du monde en faisant brusquement de l'Afrique du Sud un pays phare de la planète.

À quarante kilomètres exactement de la pâtisserie où Denise Darvall et Ann Washkansky choisissent leurs gâteaux ce samedi après-midi, un homme troque son costume sombre et sa chemise blanche pour un vieux short kaki qui fait apparaître le hâle de son torse et ses jambes musclées. C'est le rituel immuable de chaque samedi après-midi. Chris Barnard va travailler au rêve de sa vie : faire de sa fille Deirdre, une jolie blonde de dix-sept ans, une championne du monde junior en ski nautique. Ainsi le nom des Barnard sera-t-il assuré d'une notoriété universelle ! Amarré au pied de sa maison dominant les eaux transparentes du lac Zeekoevlei, le « lac des Hippopotames », ainsi appelé parce qu'il abritait jadis nombre de ces mammifères, se trouve un canot tout neuf de cent chevaux opportunément baptisé du nom de l'appareil de cardiologie dont les impulsions vitales peuvent se substituer à celles d'un cœur humain défaillant. Aux commandes du *Pacemaker*, Barnard va entraîner Deirdre à dessiner dans son sillage de nouvelles arabesques sans cesse plus audacieuses. Alors il pourra tout oublier : ses petits maux, ses soucis, les ambitions de sa vie. Pour ne plus être qu'un père heureux.

— Parée ?

La jeune fille indique qu'elle a chaussé son monoski et qu'elle tient fermement la poignée de la corde.

— Alors, on y va !

Les cent chevaux arrachent le canot et la skieuse comme une fusée. Deirdre virevolte dans le sillage argenté de l'hélice. Le hurlement du moteur, la vitesse, la beauté de cette gracieuse acrobate dansant de gauche à droite dans un vertigineux ballet, tout contribue à la magie du moment. Chris est vraiment un père heureux. Mais voici que la jeune skieuse sent tout à coup mollir la corde qui la tire. Le canot fait une brusque embardée. Deirdre aperçoit son père qui fait des grands gestes. Il a l'air de souffrir. Elle comprend qu'une nouvelle poussée d'arthrose frappe ses mains. C'est un mal aux crises subites, à l'évolution imprévisible. Une épée de Damoclès sur la carrière d'un homme dont la force principale réside dans l'agilité de ses doigts.

Chris réussit à reprendre la direction du canot. Surmontant sa douleur, il lance joyeusement :

— Chérie, on rentre !

Soulagé par un puissant anti-inflammatoire, le chirurgien s'installe alors dans un fauteuil pour contempler les centaines d'oiseaux qui volent en tous sens au-dessus du lac. De gros pélicans plongent pour attraper les poissons destinés à leur progéniture. Ce décor enchanteur est chaque fois une invitation à se remémorer les heureux souvenirs de son existence. Quel chemin il avait parcouru depuis son enfance d'écolier aux pieds nus à Beaufort West ! Depuis son adolescence d'étudiant sans ressources conquérant avec peine ses diplômes de médecin ; depuis ses premiers pas de cardiologue dans un hôpital du Cap pour métis ; depuis cette proposition magique de son vieux professeur de l'université du Cap d'aller étudier en Amérique !

L'Amérique ! Quand il avait reçu l'invitation, son visage s'était illuminé mais, avant d'accepter, il avait tenu à consulter son épouse, une jolie infirmière qui lui avait donné un garçon et une fille. La jeune femme s'était montrée enthousiaste. Son mari devait tenter l'expérience. Elle le rejoindrait plus tard avec les enfants.

L'Amérique ! Le jeune Sud-Africain qui allait à l'école sans chaussures a la chance d'atterrir à l'université du Minnesota de Minneapolis dans le laboratoire d'une sommité mondiale de la cardiologie, le professeur Walton Lillehei. Celui-ci le prend immédiatement sous son aile et l'initie à ses travaux de recherche qui sont sur le point de révolutionner les perspectives de la chirurgie cardiovasculaire, comme le remplacement des organes malades du cœur par des prothèses aortiques et mitrales neuves. Surtout, il lui fait découvrir la machine miracle du cœur-poumon artificiels qui permet de débrancher la circulation sanguine pour effectuer sur des cœurs malades toutes les réparations justifiées par leur état. Chris se familiarise avec les opérations à cœur ouvert et vide les chenils de l'université pour perfectionner sans cesse sa technique. Un jour, il sacrifie quarante-neuf chiens d'affilée à seule fin d'améliorer un seul geste opératoire. Pour entretenir sa famille qui l'a rejoint sur son majestueux campus, il n'hésite pas à faire tous les métiers. Il va tondre les pelouses des villas cossues du voisinage, distribuer à bicyclette le journal des abonnés. Il enchaîne les gardes de nuit. Sa capacité de travail, son acharnement font l'admiration de tous. Quand il rentre en Afrique du Sud, ses confrères américains lui font le plus beau cadeau d'adieu qu'il pouvait rêver de recevoir : une pompe cœur-poumon qui lui permettra de réaliser à l'hôpital Groote Schurr les prouesses chirurgicales apprises avec tant de passion sur son campus du Minnesota.

Dès son retour, il appelle à ses côtés son frère Marius et constitue une équipe qu'il entraîne dans la technique hautement spécialisée des opérations à cœur ouvert.

La première intervention dure onze heures. Elle a lieu sur une petite fille métisse de douze ans souffrant d'une perforation cardiaque congénitale. Un diagnostic mortel à brève échéance. Chris qui, pendant deux nuits, ne ferme pas l'œil pour répéter dans sa tête tous les gestes opératoires exulte de bonheur. La fillette sort de Groote Schurr entre une double haie de photographes.

Les malades que seul ce type de chirurgie pourrait sauver affluent aussitôt de tout le pays et bientôt de l'Asie entière. Ils viennent de l'Inde, de Singapour, d'Australie. En trois ans, Chris et son équipe réalisent un millier d'interventions à cœur ouvert. Plus de deux mille patients sont déjà inscrits pour attendre l'opération salvatrice. Ils sont blancs mais aussi noirs, métis et asiatiques. Dans le rude pays de l'apartheid, les blocs opératoires de l'immense hôpital sont de surprenants îlots de tolérance. Ce sont aussi de formidables laboratoires qui se préparent à accueillir la plus fantastique aventure chirurgicale de tous les temps. Depuis son retour d'Amérique, Barnard ne cesse de se préparer à l'opération qui mettra pour de bonnes raisons l'Afrique du Sud à la une de l'actualité internationale, la greffe du cœur. Mais si la technique d'une greffe d'organe n'offre plus depuis longtemps le moindre mystère à cet acrobate du bistouri, il doit pour réussir vaincre une difficulté majeure qui hante tous les spécialistes de sa discipline : le rejet de l'organe greffé par l'organisme du receveur.

Les travaux d'un pathologiste sud-africain vont faire tomber l'obstacle. Pour Martinus Botha, quarante-quatre ans, la mèche rebelle en travers du front et d'épaisses lunettes sans monture sur le nez, l'incompatibilité cellulaire entre deux individus n'est pas irréversible. Spécialiste de l'immunité, Botha a fait des recherches dans les plus grands laboratoires d'Amérique et d'Europe. Auprès du Hollandais Jan van Rood et du Français Jean Dausset, il a pénétré les secrets des mécanismes compliqués qui permettent d'inhiber les réactions du corps humain contre les intrusions étrangères. Parmi tous les malades de Groote Schurr qui espèrent une greffe de rein, de foie ou de cœur, il est convaincu que certains toléreraient mieux que d'autres une transplantation d'organe. Lesquels ? C'est à lui de jouer les Sherlock Holmes pour les découvrir.

La chance le sert un beau jour en la personne d'une patiente de race blanche âgée de quarante-six ans qui se meurt d'une insuffisance rénale. Elle porte le nom providentiel de Mrs Black. Car c'est le rein d'un jeune métis tué dans un accident de la route que Barnard et son équipe décident de greffer à cette Mme « Noire ». Ce patronyme permet à la presse internationale de titrer que « *Mrs Black has received a black kidney* – Mme Noire a reçu un rein noir » et de saluer du même coup « ce premier geste médical d'intégration raciale ». La note humoristique ne fait pas du tout rire les austères gardiens de l'orthodoxie raciste. De Pretoria, ils rappellent aux sommités cardiologiques de Groote Schurr qu'ils ne s'opposent pas à ce que des malades de couleur soient opérés de lésions cardiaques traditionnelles dans leur établissement, mais ils interdisent formellement que le cœur, le rein ou tout autre organe appartenant à un Noir soit transplanté à un Blanc, et vice versa. Motif : l'Afrique du Sud ne saurait courir le risque qu'on l'accuse à l'étranger de réaliser des expériences chirurgicales interraciales.

Soudain, fin novembre, c'est le branle-bas de combat au quatrième étage de l'unité de chirurgie cardiaque. Le cœur d'un accidenté de la circulation paraît compatible avec celui du patient en phase terminale de la chambre 374. Barnard et toute son équipe sont immédiatement alertés. Des infirmières se précipitent pour annoncer la bonne nouvelle à l'épicier Louis Washkansky et lui raser aussitôt le thorax avant de le badigeonner d'une solution antiseptique. Elles roulent ensuite son lit jusqu'au bloc opératoire où l'attend déjà l'équipe au grand complet, mains gantées, masques sur les visages et bonnets stériles enserrant les cheveux. L'excitation est extrême. La mort clinique de l'accidenté est confirmée. Sa famille a donné l'autorisation de prélever son cœur. L'intervention peut donc démarrer. Les premiers ordres de Barnard retentissent. Mais voilà qu'apparaît la courte silhouette d'un homme qui agite les deux bras. Barnard reconnaît Martinus Botha, l'hématologue sorcier de son équipe. Il faut tout arrêter. Une toute dernière analyse vient en effet de révéler une incompatibilité inattendue du donneur avec le cœur de l'épicier.

Quand il se retrouve dans sa chambre, Washkansky, malgré son extrême faiblesse, laisse éclater sa colère. Sa violence stupéfie les soignants. « Cet homme veut vivre à tout prix », commente une infirmière admirative. Barnard l'assure qu'il y aura une autre occasion. Et pour l'apaiser, il demande qu'on lui apporte son plat préféré, un steak cuit à point avec un œuf à cheval.

Une autre occasion ? Louis Washkansky a-t-il encore le temps d'attendre ? Ce samedi 2 décembre, son moral est pour la première fois au plus bas. Il sait que les fins de semaine dans les hôpitaux sont des périodes de vide angoissant. Sera-t-il encore là lundi ?

Ce samedi après-midi, quelqu'un monte vers lui sur la rampe de l'hôpital, chargé de réconfort. Ann, sa femme, lui apporte comme chaque jour les deux éclairs à la vanille et la tarte au lait caillé qu'elle a achetés pour lui à la Wrensch Town Bakery de l'autre côté de l'avenue qui longe l'hôpital.

Arrivée au sommet de la rampe, Mme Washkansky sursaute au bruit d'un violent choc provenant de l'avenue en contrebas, juste à la hauteur du passage pour piétons qu'elle a elle-même emprunté à sa sortie de la pâtisserie. Elle se retourne vivement et aperçoit des gens qui se précipitent vers une camionnette arrêtée en travers de la chaussée. « Un accident de la circulation », pense-t-elle en s'engageant à l'intérieur du bâtiment où est hospitalisé son mari. Quelques instants plus tard, un appel téléphonique parvient au centre de secours situé au sous-sol de l'hôpital. Une ambulance, toutes sirènes hurlantes, sort aussitôt. Quatre minutes plus tard, elle arrive sur les lieux de l'accident. Denise Darvall n'ira jamais porter les gâteaux de la Wrensch Town Bakery à son fiancé et à ses beaux-parents. Sa mère Myrtle gît, tuée sur le coup, au milieu de la chaussée, tandis qu'elle-même, les jambes, le bassin et le crâne fracassés, gémit dans une mare de sang devant sa petite Ford verte garée au bord du carrefour. Les deux femmes ont été frappées de plein fouet par la camionnette arrêtée un peu plus loin. La crème des gâteaux de la pâtisserie éclabousse la chaussée tout autour.

Les secouristes placent les deux victimes sur des brancards qu'ils portent dans l'ambulance. George Darvall confie à son fils Keith la garde de la petite Ford et rejoint en courant l'ambulance. Le chauffeur déclenche sa sirène et démarre à grande vitesse. Il lui faut à peine trois minutes pour atteindre le pavillon des urgences de Groote Schurr où les blessées sont immédiatement emmenées à la salle des premiers secours. Quelques instants plus tard, un médecin, stéthoscope autour du cou, émerge de la pièce. Apercevant George Darvall, il demande :

— Vous connaissez ces deux femmes ?

— Je suis le mari de l'une et le père de l'autre.

Le médecin hésite.

— Je suis vraiment navré, mais je dois vous confirmer que votre épouse est décédée, dit-il enfin. Quant à votre fille, elle est atteinte de plusieurs fractures du crâne. Elle est dans le coma. Je crains que ses chances de survie ne soient très faibles.

Avec ce verdict prononcé dans le couloir d'un service d'urgence du pays de l'apartheid commence ce samedi 2 décembre 1967 la plus fantastique aventure médicale de tous les temps.

La plupart des sommités mondiales de la chirurgie cardiaque en rêvaient depuis que les premières greffes de reins avaient prouvé qu'il était possible de maîtriser les risques de rejet d'organes. Mais en Amérique, en Europe, en URSS et au Japon aucun de ces pontes n'avait encore osé transplanter l'organe mythique d'un corps humain, son cœur. C'est un descendant des héros du Grand Voyage qui, tout au bout de l'Afrique, va créer ce formidable événement.

— Prof ! Il semble que nous ayons un nouveau donneur pour M. Washkansky !

Le destinataire de l'appel téléphonique s'habille d'urgence, avale un nouveau comprimé anti-inflammatoire pour soulager ses mains douloureuses et saute au volant de sa Triumph 2000. Il est dix-huit heures quand il atteint le pavillon de cardiologie de Groote Schurr. Pas question d'attendre l'ascenseur. Il grimpe quatre à quatre l'escalier qui mène à la chambre 283 au troisième étage où se trouve la patiente enregistrée sous le numéro 226-070. Une jolie jeune fille avec des cheveux noirs, constate Barnard qui l'examine aussitôt attentivement.

Aidés par un respirateur artificiel, ses poumons fonctionnent presque normalement. Quant aux battements de son cœur, l'électrocardiographe sur le mur révèle un rythme normal de quatre-vingts pulsations à la minute. Mais, d'emblée, Barnard a repéré des sujets d'angoisse : pupilles dilatées et fixes, absence de réflexes et de réactions aux stimulations. Et surtout, un épanchement cérébral qui s'écoule par les deux oreilles. Pas de doute : le cerveau de Denise Darvall est en état de mort clinique. Seules l'assistance d'un respirateur et des perfusions maintiennent le cœur de la jeune femme en état de marche. Pourrait-elle être le donneur tant attendu par l'épicier de la chambre 374 ? Les premiers examens répondent par l'affirmative : groupe sanguin O, rhésus négatif, pas de traces d'infections, cœur en bon état, compatibilité cellulaire correcte.

– On peut donc y aller ! s'exclame le chirurgien.

— Absolument ! lui répond le neurologue qui a décelé les destructions irréversibles du cerveau.

— Alors, on y va ! Rameutez d'urgence toute l'équipe !

Localiser une trentaine de personnes – chirurgiens, médecins, anesthésistes, réanimateurs, infirmières, techniciens – un samedi soir en plein week-end d'été austral n'est pas une mince affaire. Certains se reposent au bord de la mer ou visitent des amis, d'autres dînent au restaurant ou sont au cinéma. Barnard fait alerter les commissariats de police pour qu'ils envoient des voitures radio aux différentes adresses. Les premiers prévenus arrivent vers dix heures du soir.

En sortant de la chambre où repose Denise Darvall, le chirurgien aperçoit un bouquet de violettes au pied du lit. Il s'étonne. Qui a bien pu apporter ces fleurs ? L'acte professionnel que se prépare à accomplir l'enfant du Karoo qui allait pieds nus à l'école prend tout à coup une dimension terriblement humaine. « Cette jeune femme était sans doute amoureuse, se dit-il. Elle va quitter le monde avec un bouquet de violettes et il y a quelqu'un qui la pleurera différemment quand il saura que sa mort n'a pas été inutile puisqu'elle aura permis de donner la vie[1]. » Chris détache alors délicatement une fleur du bouquet et la met dans sa poche. Cette violette n'est pas une simple fleur, songe-t-il, elle représente le cœur que m'offre cette jeune femme pour sauver une vie.

Avant d'entrer dans le bloc opératoire où il va tenter de sauver cette vie, Chris Barnard doit obtenir une autorisation indispensable. George Darvall, le père de Denise, attend dans une chambre voisine. Il peut accepter ou refuser que le cœur de sa fille soit retiré de sa poitrine pour être placé dans un autre corps. Il est difficile de s'adresser à un père dans de telles circonstances. Barnard se concentre un court instant.

— Nous avons fait tout ce qui était en notre pouvoir pour préserver la vie de votre fille, explique-t-il sobrement. Il ne reste plus aucun espoir. Mais nous avons un patient qu'elle peut sauver si vous nous donnez l'autorisation de prélever son cœur.

Plusieurs images traversent à ces mots la mémoire de l'infortuné père. Celle du gâteau d'anniversaire que sa fille lui avait confectionné pour ses cinquante ans et sur lequel elle avait dessiné un cœur en sucre glacé avec ces mots : « *Daddy, we love you* – Papa, nous t'aimons. » L'image aussi de la robe de chambre qu'elle lui avait offerte avec l'argent de son premier salaire. Denise était comme ça, songe le pauvre homme. Elle aurait certainement dit oui si c'était directement à elle que le professeur Barnard avait demandé son cœur.

— Si vous ne pouvez sauver ma fille, sauvez au moins la vie de votre malade, déclare simplement George Darvall.

1. Dr Christiaan Barnard et Curtis Bill Pepper, *One Life*, Bantam Books, New York, 1971.

En allant vers le bloc opératoire, le chirurgien s'arrête dans la chambre de Louis Washkansky. L'indomptable épicier est au courant de l'imminence d'une nouvelle tentative. Il exulte.

— Alors, cette fois c'est la bonne, prof ?

— Absolument, Louis. Et quelle belle aventure œcuménique ! Une jeune chrétienne anglicane qui arrache à la mort un épicier juif !

Chris ne révèle pas à son patient que l'opération va également épargner la vie d'un jeune métis de dix ans nommé Jonathan van Wyk, qui est sur le point de mourir d'insuffisance rénale dans un hôpital du Cap. Le rein droit de Denise lui sera greffé cette nuit même par une autre équipe. Les autorités de Pretoria n'ont pas interdit ce geste compassionnel pourtant contraire à la stricte doctrine de ségrégation raciale en vigueur. C'est peut-être le signe d'une évolution des esprits, au moins dans le domaine de la santé. Une évolution bien timide. L'Afrique du Sud n'est-elle pas le seul pays au monde où les flacons de sang destinés aux transfusions portent une étiquette mentionnant la couleur de peau du donneur ? Le seul pays où un patient peut choisir de mourir plutôt que d'accepter une transfusion si le donneur n'est pas de sa race ?

Avant d'entrer dans la salle stérile d'habillage, Chris Barnard décide de se purifier le corps et l'esprit sous le puissant jet d'une douche. Occasion de se débarrasser des doutes qui l'assaillent, de balayer les critiques entendues ces dernières semaines. « Transplanter un cœur humain ? Mais, mon cher, un être humain n'est pas un chien. On n'a pas le droit de l'utiliser comme sujet d'expérience ! » Et cette remarque venue d'un confrère étranger : « Voyons, Barnard, vous allez transformer deux salles d'opération en deux laboratoires et substituer des êtres humains à des animaux d'expérience ! » Sornettes ! se révolte sous la douche le jeune Sud-Africain. Le malade que je vais opérer ce soir est au bord de la tombe. Je peux lui sauver la vie. J'ai ce qu'il faut pour cela : une équipe et le cœur d'un donneur. Quant à ceux qui doutent de l'intérêt d'une telle transplantation si elle ne doit offrir que quelques jours de survie, qu'ils aillent au diable ! Ils voudraient que je dise à Louis : « Non, monsieur Washkansky, je ne vais pas tenter cette opération parce que je ne sais pas combien de jours de survie elle pourrait vous donner. Alors que, pendant ces quelques jours de sursis, vous pourriez revoir le soleil, vous promener au milieu des fleurs, retrouver la joie d'être vivant… »

Le chirurgien murmure alors une prière : « Ô Dieu, libère-moi du doute, fais que mes mains ne commettent pas d'erreurs ce soir ! »

Minuit. Le fabuleux ballet commence. Un ballet pour l'histoire de l'humanité qui va durer cinq heures et demie.

— *Ready ?* – Prêts ? demande Barnard.

— *Ready !* répondent à travers leurs masques les trente acteurs réunis autour des corps de Louis Washkansky et de Denise Darvall.

Le premier instant dramatique survient au bout de deux heures quand les deux thorax sont ouverts afin que les cœurs puissent être dégagés. Celui de Denise continue de battre grâce à la machine cœur-poumon qui assure artificiellement la circulation du sang. Barnard contemple avec une émotion particulière le cœur de Washkansky. C'est un cœur ravagé par cinquante années de tempêtes, déformé, énorme, s'agitant comme une mer houleuse, traversé depuis ses profondeurs par des courants bleuâtres.

Désormais déconnecté du réseau sanguin, ce cœur n'a plus aucune utilité. C'est le point de non-retour. Il n'y a plus qu'à trancher ce qui le relie encore au corps de son propriétaire. Quelques coups de scalpel suffisent. Soudain privé de ses supports, le cœur de Washkansky retombe avec un dernier soubresaut de vie dans la cavité péricardique. D'une main, Chris Barnard soulève délicatement la masse de chair et la pose sur le plateau que lui tend une infirmière. Ai-je avec ce geste retiré son âme ? se demande-t-il en contemplant la poitrine béante de son patient. Son frère Marius, qui fait partie de l'équipe, lui présente déjà le cœur qu'il vient de prélever dans la poitrine de la jeune femme décédée. Plongé dans une solution glacée d'acide lactique, il paraît tout petit à côté de celui de l'épicier. On n'y voit aucun signe d'activité, mais Chris sait qu'une étincelle de vie y sommeille et qu'il se remettra à battre dès que les premières gouttes de sang chaud oxygéné lui parviendront par les artères coronaires. Le cœur reprendra alors vie pour sauver un homme que Denise Darvall ne connaissait pas.

L'opération atteint sa phase la plus cruciale. Après d'ultimes préparatifs, Barnard dépose délicatement le cœur de la jeune femme dans la poitrine de l'épicier. Bien que privé d'oxygène depuis une douzaine de minutes, il devrait repartir. Le chirurgien demande d'urgence une perfusion coronaire. Dès l'arrivée des premières gouttes, la crosse de l'aorte se retend, le muscle cardiaque se raffermit, le cœur prend une belle couleur rose. Le plus beau coucher de soleil du monde ne lui aurait pas semblé plus admirable.

Il reste à effectuer l'anastomose des tissus musculaires, des veines et des artères, travail de couture lent et minutieux. Prêts à intervenir à tout moment, techniciens et anesthésistes surveillent la circulation et la composition du sang. Le moment est venu pour le chirurgien de raccorder les deux segments de l'aorte. Pour cela, il faut interrompre quelques instants la perfusion coronaire. La rapidité de l'opération est essentielle sous peine d'endommager le cerveau. Horreur ! les diamètres des deux bouts de l'aorte ne sont pas identiques. C'est donc une suture acrobatique que Barnard doit réaliser avec des doigts que la poussée d'arthrose de la veille a rendus malhabiles. Une infirmière éponge son front couvert de sueur. Et soudain retentit une clameur. Elle salue le miracle. Timidement d'abord, puis de plus en plus fort, le cœur de l'employée de banque commence à battre dans la poitrine de l'épicier. Un coup d'œil aux moniteurs permet bientôt de constater un rythme soutenu et régulier. C'est fini. Barnard sort du bloc opératoire et se laisse tomber sur un tabouret. Ses assistants refermeront la plaie sans lui.

Tandis que le corps de Denise Darvall part discrètement vers sa sépulture solitaire, Louis Washkansky commence sa nouvelle vie dans la salle des soins intensifs.

— Êtes-vous d'accord pour qu'on le réveille ? demande l'anesthésiste au bout d'un moment.

Le chirurgien acquiesce d'un signe de tête tout en formulant une fervente prière intérieure : « Mon Dieu, faites que Louis se réveille. »

Les soignants procèdent à l'interruption du sommeil artificiel. De longues minutes d'une attente insoutenable s'écoulent. L'épicier ne montre aucun signe de retour à la vie consciente. N'en pouvant plus, Barnard se penche vers lui.

— Louis, m'entendez-vous ?

Pas de réponse. Le chirurgien sent une coulée de sueur froide lui glacer le dos.

— Louis ! C'est moi, le professeur Christiaan Barnard. M'entendez-vous ?

« Ma voix dut éveiller un écho au plus profond de son cerveau, racontera Chris, car l'épicier entrouvrit les yeux. Avec un soulagement et une joie indescriptibles, je le vis esquisser un sourire… me faire un clin d'œil[1]. »

Ce matin-là, dans son bulletin de six heures, la radio du Cap révèle la spectaculaire nouvelle. « La première transplantation d'un cœur humain a été réalisée cette nuit par une équipe de médecins sud-africains, annonce-t-elle. La direction de l'hôpital Groote Schurr n'a pas divulgué l'identité du receveur ni celle du donneur. »

Cette première tentative de greffe d'un cœur secoue le monde d'un ouragan d'admiration. Il n'est

1. Pr Christiaan Barnard, *Une seconde vie – Autobiographie,* avec la collaboration de Chris Brewer, traduit de l'anglais par Michel Ganstel, l'Archipel, Paris, 1993.

pas un habitant de la planète qui ne soit immédiatement convaincu que quelque chose de colossal pour le bien de l'humanité vient d'être accompli dans le pays honni de l'apartheid. C'est toutefois en Afrique du Sud même que le retentissement de l'exploit est le plus remarquable. Pour la première fois, un pays déchiré par les démons de la haine raciale se rassemble dans une même fierté autour d'une petite équipe d'Afrikaners qui vient d'exalter l'honneur national aux yeux du monde. Quant au bénéficiaire de cette aventure, il ne lui faut même pas huit jours pour affirmer son retour dans le monde des vivants.

— *Sister*, déclare-t-il un matin à l'infirmière qui lui apporte son petit déjeuner, si aujourd'hui on ne me donne pas un steak bien cuit avec un œuf à cheval, je me fais la belle !

L'héroïque épicier ne se fera jamais la belle. Le jeudi 21 décembre à six heures cinquante du matin, soit dix-huit jours après qu'un cœur tout neuf lui a été greffé, il rend le dernier soupir en présence de celui même qui avait pris le risque de tenter de le sauver. Jusqu'au dernier instant, l'organe greffé a battu vigoureusement. La mort est due à une double pneumonie qui a provoqué un arrêt subit des fonctions respiratoires. L'issue est cruelle. En assistant à l'autopsie, Barnard examine le cœur qu'il avait tenu entre ses doigts, « ce cœur qui s'était mis en mouvement, puissant et d'une belle couleur rouge, battant du miracle de ses pulsations ».

De tous ceux qu'affecte cette disparition, aucun n'est plus cruellement touché que le père de la jeune femme qui avait donné son cœur à Louis Washkansky. George Darvall est effondré. « Après l'opération, j'avais le sentiment que Denise continuait à vivre, confie-t-il. Aujourd'hui, c'est le vide. Il ne me reste plus rien de ma fille. »

Quelques heures après l'issue fatale, la direction de l'hôpital organise une conférence de presse pour le millier de reporters venus de tout le pays et du reste du monde. Un journaliste résume la préoccupation générale lorsqu'il demande à Chris Barnard si cet échec signe la fin des expériences de transplantations cardiaques. Il ne s'agit pas d'une « expérience », rectifie vivement le chirurgien. Cette opération a eu pour objet de sauver un homme qui se trouvait à l'article de la mort. Si la nécessité de réaliser un semblable sauvetage se représente, nous recommencerons.

Louis Washkansky n'était donc pas mort pour rien. L'Afrique du Sud referait parler d'elle. Les descendants du peuple du Grand Voyage avaient gravi l'Everest. Ils sauraient la prochaine fois comment en descendre.

Quatrième partie

« Que Dieu protège l'Afrique ! »

Presque vingt ans ont passé. Nelson Mandela est toujours là, au fond de sa cellule 466/64 du mouroir de Robben Island où un juge blanc l'a envoyé pour le reste de sa vie sans même lever les yeux vers lui. Un jour de 1976, il écrit à Winnie. « Ta magnifique photo est à quelques centimètres de mon épaule gauche. Je l'essuie soigneusement chaque matin et j'ai ainsi la sensation agréable que je te caresse comme autrefois. Je touche même ton nez pour retrouver le courant électrique qui me passait dans le sang quand je le faisais. »

L'implacable détention s'est en effet adoucie d'une petite faveur. Les prisonniers peuvent désormais recevoir des photos de leur famille. Au début des années 1970, Winnie lui envoie un album dans lequel il collera soigneusement chaque cliché reçu. Ce recueil de souvenirs devient la plus précieuse de ses possessions. « Je le gardais jalousement, dira-t-il. Grâce à lui je pouvais voir ceux que j'aimais quand je le voulais. » Les autres prisonniers apprennent bientôt que celui qu'ils appellent avec respect Madiba, en souvenir du roi xhosa dont il est le descendant, possède une collection de portraits de famille. Ils se précipitent pour demander en cadeau une photo du précieux album. « Ces hommes éprouvaient un besoin désespéré de posséder quelque chose de personnel dans leur cellule », dira le leader noir.

Parmi les rares bonheurs qui émaillent sa condition de mort-vivant, aucun n'atteint l'intensité d'une visite. Un jour, Zenani, sa fille aînée, et son mari le prince Thumbumuzi débarquent à Robben Island pour lui présenter le plus beau des cadeaux : leur fille nouveau-née. Grâce à leur statut royal, les visiteurs reçoivent la permission de rencontrer leur parent en dehors du parloir habituel des visites avec ses parlophones et ses vitres déformantes. C'est un moment magique. Dès que Zenani voit son père, elle confie le bébé à son mari et se jette dans ses bras. « Je n'avais pas serré ma fille contre moi depuis qu'elle avait l'âge de sa propre fille, dira Mandela. C'était quelque chose d'étourdissant de serrer contre soi son enfant devenue adulte. Le temps avait filé comme dans un roman de science-fiction ! Quand je me suis tourné vers mon gendre pour l'embrasser, il m'a tendu ma petite-fille. » Nelson Mandela prend alors cet être minuscule, « si vulnérable et si tendre », dans ses mains calleuses qui, depuis tant d'années, ne manient que des pelles et des pioches. « Jamais un homme n'a été plus heureux de tenir un nouveau-né dans ses bras », écrira-t-il. L'extraordinaire visite a aussi un but plus officiel. Selon la coutume, Mandela doit choisir le prénom de l'enfant. Il n'a pas l'ombre d'une hésitation. Sa petite-fille s'appellera « Zaziwe – Espoir ». « Pour moi, ce nom avait une signification particulière. Pendant toutes mes années d'emprisonnement, l'espoir ne m'avait jamais quitté – et désormais il allait s'incarner en moi. J'avais la conviction que cette enfant appartiendrait à la nouvelle génération de Sud-Africains pour qui l'apartheid ne serait bientôt qu'un lointain cauchemar. En tout cas, tel était mon rêve. »

Un rêve qui allait peut-être se réaliser plus tôt que prévu.

Les effets de l'embargo décrété par l'ONU sur l'achat du matériel militaire indispensable à l'armée, les conséquences désastreuses des sanctions internationales et du boycott des produits sud-africains, la récession économique, la sécheresse, les violences raciales… que de nuages planent sur l'avenir de l'Afrique du Sud blanche en ce début des années 1980 ! Nul n'en est plus conscient que le Premier ministre P. W. Botha dont l'ambition est de faire du pays un géant économique qui musellerait ses voisins en les rendant dépendants. Après avoir supprimé quelques-uns des aspects les plus voyants de l'apartheid, voici qu'il lance à présent un slogan quasi révolutionnaire à ses compatriotes. « *Adapt or die* – S'adapter ou mourir. » Lui-même donne l'exemple en réformant de façon spectaculaire le temple qui a incarné, pendant soixante-quatorze ans, la domination exclusive de la race blanche sur le pays. Le bâtiment aux colonnes corinthiennes du Parlement du Cap abritera désormais deux chambres supplémentaires composées cette fois de représentants métis et indiens qui siégeront aux côtés des Blancs à proportion de leur nombre dans le pays. Une initiative d'importance même si, à cause de leur couleur, les nouveaux venus ne jouissent pas de toutes les prérogatives réservées à leurs collègues blancs.

Cette modification parlementaire est la pièce maîtresse d'une nouvelle Constitution grâce à laquelle l'homme au veston orné d'œillets rouges et blancs entend montrer au monde que quelque chose peut changer sous la dictature raciste de l'apartheid. Il ne se doute pas qu'il vient d'amorcer une bombe. Dans le camp des Noirs d'abord, dont cette réforme qui les exclut totalement soulève la fureur. Botha ne cache pas les raisons de cette exclusion. Selon l'idéologie des Blancs, les Noirs ne sont pas des Sud-Africains. Leur nationalité est celle des différents *homelands* ou réserves auxquels leurs origines ethniques les destinent. Le gouvernement dépense de vastes sommes dans ces territoires pour y promouvoir le développement d'institutions démocratiques et y préparer l'indépendance politique. Quant aux Noirs qui vivent à l'intérieur des frontières de l'Afrique du Sud, dans les townships de Soweto ou de Langa par exemple, ils ne sont pas non plus des Sud-Africains aux yeux des Blancs. Ce sont des « étrangers » comme l'étaient jadis les uitlanders de la ruée vers l'or chassés par Paul Kruger. Un raisonnement que les Noirs rejettent en masse. En ce début des années 1980, une nouvelle voix retentit sur les estrades, au milieu des foules, à la radio, pour exprimer leur révolte. Elle le fait avec tant de vigueur qu'elle a fini par se faire entendre jusqu'à Oslo. Le 18 octobre 1984, un évêque anglican de race noire âgé de cinquante-trois ans, né d'un père instituteur et d'une mère analphabète dans un pauvre village du Transvaal, reçoit le prix Nobel de la paix pour son engagement aux côtés des victimes de la dictature raciste de Pretoria. Il s'appelle Desmond Tutu.

Avec ce diable de petit homme aux cheveux gris finement bouclés et au sourire malicieux, le monde met tout à coup un visage réel sur la tragédie de l'apartheid. Retransmis par toutes les chaînes de radio et de télévision d'Afrique et d'Occident, son discours pour la réception de la prestigieuse distinction émeut l'opinion internationale autant que les foules africaines. « Cette distinction s'adresse à vous, mères d'Afrique du Sud qui avez été chassées de vos campements avec vos bébés dans les bras alors que votre seul crime est de vouloir vivre avec vos maris, déclare le prélat avec des accents pathétiques. Elle s'adresse à vous, pères africains emprisonnés dans des bagnes pour avoir réclamé le droit de vivre en hommes libres ; elle s'adresse à vous, les trois millions et demi de déportés jetés sur les décharges comme des ordures ; elle s'adresse à vous, enfants africains nourris d'une bouillie de maïs empoisonné destinée à vous faire croire que vous êtes des êtres inférieurs alors que vous incarnez la toute-puissance de Dieu ; elle s'adresse à vous tous, mes frères et mes sœurs de cette glorieuse terre d'Afrique, qui n'avez cessé de chercher à changer ce système maudit par des voies pacifiques… Je suis fier de recevoir, en votre nom, cette distinction parce qu'elle est notre distinction à tous[1]. »

L'indomptable prélat n'hésite pas à se lancer dans une campagne tous azimuts. Il presse les Blancs de « rejeter cette nouvelle Constitution du Premier ministre conçue sans la participation des véritables leaders de l'Afrique du Sud ». Il entraîne dans sa croisade les autres confessions protes-

1. Shirley du Boulay, *Tutu – Archbishop Without Frontiers*, Hodder & Stoughton, Londres, 1996.

tantes. Les méthodistes repoussent la nouvelle charte parce qu'elle est « étrangère à l'esprit de réconciliation prêché par l'Évangile de Jésus-Christ et qu'elle ne peut conduire qu'à d'autres violences ». Dans une lettre pastorale, son confrère anglican de Durban condamne de son côté une réforme qui « ne tient pas compte des intérêts des deux tiers de la population ». Même l'Église réformée de Hollande, soutien historique de la politique extrémiste afrikaner, se désolidarise du chef du gouvernement au prétexte que « partager le pouvoir avec des musulmans et des hindous ne peut que saper les valeurs chrétiennes ».

Pourtant, la campagne du Prix Nobel de la paix échoue. Les Blancs adoptent la nouvelle Constitution. Les métis et les Indiens auront désormais le droit de se faire entendre à la tribune du Parlement. Mais s'agit-il d'un véritable début d'intégration raciale ou d'un coup de bluff destiné à amadouer l'opinion internationale ? Les Noirs ne peuvent refréner leur colère. À Sharpeville de triste mémoire où soixante-neuf des leurs avaient été massacrés vingt-quatre ans plus tôt, des émeutiers égorgent le maire adjoint soupçonné de connivences avec l'administration blanche, mettent le feu à des voitures dont les occupants périssent carbonisés. À Durban, un commando de l'ANC s'empare du consulat britannique et prend le personnel en otage. À Uitenhage, près de Port Elizabeth, la police utilise des mitrailleuses pour barrer la route à un cortège de quatre mille Noirs qui menacent d'attaquer les quartiers blancs. Bilan : vingt morts et des centaines de blessés. Malgré les appels désespérés de l'évêque Tutu, l'hystérie antiblanche ne connaît bientôt plus de limites. Dans la province orientale du Cap, des fonctionnaires et leurs enfants sont battus à mort puis arrosés d'essence et brûlés. À Pretoria, l'explosion d'une bombe cachée dans une voiture garée devant un café fait une vingtaine de morts et plus de deux cents blessés. L'attentat provoque une telle stupeur que le ministre de la Défense lance une opération de représailles massive contre des camps de l'ANC installés au Mozambique. L'opération laisse des dizaines de morts sur le terrain. Comme à Soweto lors de la grande révolte de 1976, les jeunes des écoles sont à la pointe du combat. Au Transvaal, ils boycottent par dizaines de milliers leurs établissements scolaires et se joignent aux cortèges d'ouvriers en grève.

Pris de court par l'énormité du mouvement, le gouvernement décide de faire appel à l'armée. Sept mille militaires à bord de véhicules blindés déboulent sur la seule township de Sebokeng pour en fouiller une à une les vingt mille cases. La violence s'étend ensuite au Natal et dans plusieurs régions de la péninsule du Cap. Certaines réserves, théoriquement indépendantes, participent aussi à la colère générale, mais pas toujours pour les mêmes raisons. Au KwaZulu, des Noirs s'entretuent à cause de rivalités ethniques. Au Ciskei, un coup d'État fomenté par des factions indépendantistes est réprimé par l'armée. Dans cette Afrique d'une extrême complexité, les motifs d'affrontements sont si nombreux que seul le recours à des mesures radicales peut rétablir un semblant de stabilité. À minuit le soir du 20 juillet 1985, le chef du gouvernement décrète l'état d'urgence dans trente-trois circonscriptions du pays. La mesure donne à P.W. Botha des pouvoirs exceptionnels. En quelques jours, sa police arrête quatorze mille sympathisants ou activistes de la cause noire. Tous les rassemblements sont interdits, sauf les cortèges de funérailles. Ce régime d'exception fera près d'un millier de morts et vingt mille blessés. Mais les protestations indignées des pays étrangers ne franchissent pas les bosquets de jacarandas qui protègent le bureau du chef de l'apartheid. Pas plus que les mises en garde désespérées du Prix Nobel de la paix en soutane mauve.

Le pouvoir a d'ailleurs décidé de se débarrasser de ce gêneur en le faisant supprimer grâce aux techniques mises au point par Wouter Basson. Un matin, Mgr Tutu découvre un fœtus de babouin suspendu à la branche d'un palmier devant sa résidence. Il se doute qu'il s'agit de quelque mauvais présage. Il n'a pas tort. Dans l'un de ses laboratoires du centre secret de Roodeplaat, le Dr Basson – qui est aussi le cardiologue personnel du chef de l'État – a imaginé un moyen radical de liquider un adversaire à distance. Il suffit d'imprégner ses sous-vêtements d'une substance chimique mortelle extrêmement sophistiquée, le paraoxone, qui offre l'avantage d'être inodore et incolore. Dans le cas de Mgr Tutu, les sous-vêtements contaminés seront introduits dans sa valise la veille de l'un de ses départs pour l'étranger. Afin d'être certain de ne pas rater le prélat rebelle devenu archevêque, le stratagème sera testé sur une autre cible. En sa qualité de secrétaire général des Églises sud-africaines, le révérend noir Franck Chikane, cinquante ans, voyage souvent à l'extérieur du pays. En avril 1989, il doit se rendre en Namibie. Quelques heures avant le départ du pasteur, Chris, Gert et Manie, les trois hommes aux mines patibulaires qui accomplissent les basses besognes du scientifique, réussissent à s'introduire chez lui et à placer dans sa valise une paire de caleçons et de maillots de corps empoisonnés au paraoxone. À peine arrivé à destination, l'infortuné voyageur tombe malade. Nausées, problèmes respiratoires, violentes douleurs abdominales et musculaires, tremblements, vomissements. Il est hospitalisé à l'article de la mort sans que personne puisse identifier l'origine de son mal et rapatrié d'urgence à Johannesburg. Une dizaine de jours plus tard, les symptômes ayant disparu, le révérend décide de repartir, cette fois pour les États-Unis où séjourne sa femme. Dès sa descente d'avion, il perd connaissance puis sombre dans un coma profond. Les médecins de l'hôpital de l'université du Wisconsin sont désemparés. Ils procèdent à tous les tests connus sans parvenir à diagnostiquer le mal dont souffre leur patient. Craignant peut-être une tentative d'assassinat, ils appellent à la rescousse le FBI qui se livre à de minutieuses investigations. Quel point commun peut-il y avoir entre deux attaques subies en Namibie et aux États-Unis ? se demandent les enquêteurs. Aucun si ce n'est, dans ce cas, la présence dans les deux endroits d'une valise contenant quelques effets. Bagage, caleçons et maillots de corps sont immédiatement passés au crible. C'est alors qu'est découverte une substance suspecte qui s'avère être le paraoxone mortel qui devait tuer le révérend Chikane avant de liquider l'archevêque Tutu. Les chercheurs américains ne parviennent pas à remonter jusqu'à l'organisateur de cet incroyable meurtre raté, mais au retour sain et sauf du père Chikane en Afrique du Sud, les exécuteurs du pouvoir comprennent qu'ils devront trouver un autre stratagème pour faire disparaître le Prix Nobel de la paix africain.

La période est cruelle et Wouter Basson n'est qu'un agent de l'oppression blanche parmi d'autres. Avant d'être pendu pour le meurtre d'un fermier blanc, un ancien officier de sécurité nommé Butana Nofomela révèle que la police gouvernementale dispose de commandos de tueurs qui sillonnent l'Afrique du Sud pour y supprimer les personnes jugées dangereuses pour la sécurité de l'État. Des années plus tard, la commission Vérité et Réconciliation initiée et présidée par l'archevêque Tutu décrira l'atrocité de ces exécutions devant les parents horrifiés des victimes et des millions de Sud-Africains incrédules. Pour l'heure, ces assassinats visent à l'élimination totale des opposants au régime, quelles que soient leur couleur ou leur affiliation politique. Bien souvent, ces bandes agissent sous le couvert de petits partis ultranationalistes d'extrême droite copiés sur le modèle nazi. L'un des plus actifs, le Mouvement de résistance afrikaner, arbore comme emblème un drapeau blanc et rouge marqué en son centre d'une araignée inspirée de la croix gammée. Il est dirigé par un orateur fanatique de trente-huit ans, au nom prédestiné d'Eugène Terre'Blanche. Persuadés que toute concession faite à la majorité noire ne peut que mettre en danger leur rôle et leurs privilèges, Terre'Blanche et ses partisans exigent la déportation immédiate de tous les Noirs dans leurs réserves, l'expulsion des juifs sud-africains, le retour des Indiens en Inde. Ils s'entraînent dans des camps avec les armes qu'ils comptent utiliser le jour où ils reprendront le contrôle du Volk sacré de leurs ancêtres. Derrière une mer d'oriflammes ornées de leur ersatz de svastika, ils sont plus de cent mille à envahir Pretoria à la tête d'une colonne de chariots pour célébrer sur Church Square le cent cinquantième anniversaire du Grand Voyage. Le fait qu'ils possèdent nombre de supporters dans les forces de sécurité leur vaut une surprenante liberté d'action. Comme cette capture du World Trade Center de Johannesburg pour en expulser des opposants politiques ; ou cette campagne de destruction à la bombe d'édifices publics soupçonnés d'abriter des réunions favorables à la réconciliation des différentes communautés. La haine raciale étant fatalement génératrice d'excès, d'autres groupes terroristes plus ou moins clandestins se livrent à de semblables équipées assassines. Les corps de centaines de victimes disparaîtront à jamais ou ne seront retrouvés que des années plus tard, affreusement mutilés, dans d'atroces charniers.

En dépit de ces violences, les pressions étrangères finissent par forcer P. W. Botha à lever l'état d'urgence le 28 mars 1986. Il s'empressera de le rétablir quatre mois plus tard, tant le pays qu'il tente de gouverner s'enfonce dans le chaos. « Je briserai les battants de bronze qui s'opposent à ce que vous soyez le peuple que j'ai choisi », annonce Isaïe dans la Bible que Van Riebeeck lisait aux colons partant à la conquête du continent. Quatre siècles plus tard, ces battants de bronze sont toujours là, emprisonnant cette fois le « peuple choisi » derrière un mur de haine et de peur. Heureusement, quelques lumières d'espoir continuent à briller au fond de cette sinistre nuit raciale.

Faisant fi du danger et des mises en garde, Helen Lieberman est retournée à Langa au lendemain de l'assassinat du jeune Sam par des tueurs à la solde de la police de l'apartheid. Peu à peu, la présence de cette femme blanche s'inscrit dans le décor de la township. Lentement, prudemment, sans jamais s'imposer, la jeune Afrikaner s'est familiarisée avec la culture des habitants, en particulier celle des femmes qu'elle admire chaque jour davantage. « Les femmes sont les piliers de la société africaine, affirmera-t-elle. Ce sont elles qui portent à bout de bras la survie du peuple noir. » Helen est frappée par leur dynamisme, leur intelligence, leur capacité à inventer. Elle veille à leur laisser l'initiative de leurs rencontres. « Docteur Helen, faisons ceci, faisons cela… » Elle est happée par mille suggestions qui traduisent le désir ardent d'une vie meilleure. C'est une occasion permanente de s'émerveiller. « Compte tenu de la tyrannie, de la répression, du mépris, des dangers, des peurs, qu'une femme blanche soit acceptée aussi vite et aussi complètement est un vrai miracle », constate la jeune bourgeoise du quartier huppé de Clifton. Dans les premiers temps, Helen cherche surtout à apporter le fruit de son expérience médicale. Tous les nouveau-nés du quartier atterrissent bientôt dans ses bras pour être lavés, débarrassés de leurs parasites, examinés, soignés. Elle recense les enfants mal-voyants ou aveugles, et les emmène chez un spécialiste blanc qu'elle rémunère de ses deniers. Pour aider les sourds à réentendre et les muets à parler, elle apprend à chanter en xhosa et ouvre un atelier de rééducation orthophonique. Le premier mot qu'elle aide à faire sortir des gorges jusqu'ici silencieuses est le plus beau de toutes les langues : « Mama ». « À mesure que je me familiarisais avec les traditions africaines, je devenais de plus en plus fière de prendre part à la vie de la communauté noire, dira Helen. Ici, personne n'est jamais abandonné. Une assiette ne reste jamais vide à côté d'une assiette pleine. La nourriture est toujours ici un objet sacré de partage. »

La nourriture ! Dans ce contexte d'extrême précarité, la petite voiture d'Helen est bientôt considérée comme le traîneau du Père Noël. Avant chacune de ses expéditions à Langa, la jeune femme fait la tournée des supermarchés du Cap pour remplir son Anglia de toutes les victuailles périmées et promises aux poubelles. Qu'il s'agisse de viandes et de poissons à la fraîcheur incertaine, de produits lactés, de fruits et de légumes invendables, tout est bon pour nourrir les ventres affamés des parias d'un pays fier d'avoir produit le plus gros diamant du monde et plus d'or que tout l'Ouest américain.

Chez Woolworth, chez Pick'n Pay, chez les marchands de Goodwood, de Maitland, de Sea Point, partout où les Blancs aisés viennent avec leurs servantes de couleur remplir leurs paniers de provisions, la silhouette de la jeune Afrikaner aux cheveux roux rappelle que la haine raciale n'est pas une fatalité. Helen n'en recueille pas moins des critiques, parfois des insultes. Il lui arrive même de retrouver sa voiture souillée d'excréments ou les pneus crevés. Les sentiments de solidarité et de partage envers la population de couleur sont rares dans la société du « peuple élu ». « Nous avons commencé à perdre un à un tous nos amis, avouera-t-elle. C'était dur pour Michael. Personne ne comprenait pourquoi j'allais passer mes journées dans cette "effrayante banlieue de kaffirs", et ce que j'y faisais. Je sentais un vif malaise autour de moi. Je n'osais pas raconter parce qu'il y avait trop de choses dans mon cœur que j'aurais voulu expliquer. Lors d'un dîner, une amie peste contre sa cuisinière parce qu'elle est arrivée en retard ce matin-là et qu'elle n'a cessé de bâiller toute la journée. J'ai eu envie de lui demander si elle savait à quelle heure cette malheureuse devait se lever le matin afin de pouvoir monter dans l'un des rares bus que les Noirs avaient le droit d'emprunter et arriver ponctuellement chez elle. Si elle savait que cette pauvre femme ne devait dormir que trois heures par nuit parce que le soir, en rentrant dans son bidonville, elle devait faire la tambouille pour ses enfants, s'occuper de ses parents, venir au secours d'une voisine dans le besoin…

« Qu'importe l'incompréhension qui m'entourait, mon champ de bataille n'était pas les riches artères de Sea Point mais les sordides ruelles d'une Afrique du Sud martyrisée par les Blancs. Ce choix me valait tant de récompenses ! Quel émerveillement de voir le petit Jeremy grandir et pérorer comme tous ceux de son âge ; de voir sa mère s'occuper des autres enfants en détresse ; de rendre visite à la petite école qui rassemblait à présent une soixantaine d'élèves. En hommage au jeune homme qui l'avait construite avant de mourir brûlé vif le soir de son inauguration, les habitants du quartier avaient inscrit son nom sur la façade. C'était la SAM'S SCHOOL. »

Au fil des années, les séjours d'Helen dans la township se sont multipliés au point de lui valoir de fréquents reproches de son mari et les protestations des médecins et des malades du service ORL de l'hôpital Groote Schurr qu'elle a pratiquement délaissé. Mais le bilan de son travail est si impressionnant qu'il balaie toutes les récriminations. Une deuxième école a été créée, des crèches et un dispensaire ouverts, des dizaines de cases réhabilitées par la pose de fenêtres, de portes, de sols en béton, de toitures étanches. Spécialement formées par Helen, des équipes médicales quadrillent le quartier pour détecter les malades ou invalides et faire des campagnes de vaccination. En cinq ans, le taux de mortalité infantile est tombé de neuf à deux pour mille ; le nombre des tuberculeux de plusieurs milliers à moins d'une centaine, celui des lépreux de quelques dizaines à quelques unités. C'est aux femmes de la township qu'Helen doit cette réussite. Elles sont sept fois plus nombreuses que les hommes exilés pour la plupart onze mois sur douze dans les sinistres foyers pour célibataires des lointaines usines du Transvaal et du Natal.

Une Mère Teresa sud-africaine, Helen Lieberman ? Sans doute. Mais avec une différence majeure. L'Afrique du Sud n'est pas l'Inde respectueuse de la venue dans ses bidonvilles d'une sainte prêchant l'amour et la compassion. Les townships sont avant tout des creusets de violence au bord d'une explosion perpétuelle. On s'y poignarde, on s'y décapite, on s'y brûle pour mille rivalités entre tribus, clans, ethnies. Être blanche dans un tel contexte avec pour seule volonté de servir, d'aider, d'attaquer l'injustice, quel défi ! Helen est convaincue qu'un jour elle paiera son audace de sa vie.

« Soudain, sur la route de Langa, raconte-t-elle, je me trouve bloquée dans ma voiture par l'arrivée de milliers d'écoliers en uniforme. Comme à Soweto en 1976, ils avancent en sautant d'un pied sur l'autre, en scandant des slogans, en brandissant des pancartes conspuant le gouvernement. D'autres cortèges venant de camps de squatters installés de chaque côté de la route principale les ont rejoints un peu plus haut. C'est un océan de colère qui déferle et risque à tout moment de m'engloutir. Je ne peux ni avancer, ni reculer, ni m'échapper d'aucun côté. D'après les pancartes, je comprends que tous ces gamins sont en route vers le Cap pour protester devant le Parlement contre les droits d'inscription aux examens que les autorités viennent de relever de cent pour cent. Pour des jeunes qui se sentent déjà tellement pénalisés par le désastre du système éducatif noir, c'est une provocation insupportable. Rien ne les arrêtera. Au premier barrage de police, il y aura des centaines de morts. Et moi, je suis là, seule Blanche sur cette route écrasée de soleil. Je décide de m'enfermer dans ma voiture dont je remonte les vitres. Très vite, j'étouffe. J'entends les cris qui se rapprochent. Quand les manifestants apercevront ce véhicule et découvriront qu'une femme blanche se cache à l'intérieur, ils se précipiteront. Il leur faudra une minute pour jeter une torche dans le moteur. Ils bloqueront les portes et danseront un toï-toï victorieux en attendant que j'ai fini de griller. Étrangement, je n'ai pas peur. Je me dis que, dans un sens, ce sera un "*good bye!*" glorieux à l'Afrique. Un adieu aux enfants martyrs de l'atroce régime auquel j'appartiens. Oui, à cet instant, je suis persuadée que je vais mourir. C'est alors que surgit de nulle part un adolescent coiffé d'une casquette à la visière sur la nuque. Avec ses joues maigres mal rasées, son air patibulaire, les deux anneaux dorés qui pendent à ses oreilles, sa chemise à carreaux et son jean aux genoux fendus, il a l'air de ces petites frappes qui dealent de la drogue aux abords des *shebeens* de Langa. Je me dis que je préfère encore cramer dans mon auto que de me trouver face à ce personnage. Il tape à ma vitre.

— Docteur Helen, qu'est-ce que tu fais ici ?

« Je sursaute.

— Comment connais-tu mon nom ?

— Tu es ma mère, docteur Helen !

— Ta mère ?

— Oui, c'est toi qui m'as sauvé la vie quand mes parents ont été tués dans un accident de taxi, explique-t-il. J'avais six ans. J'ai été recueilli par une famille. Tu as dit à cette famille qu'elle devait me donner à manger tous les jours. Pendant des années, tu leur as apporté de la nourriture pour que je ne meure pas de faim.

— Comment t'appelles-tu ?

— Victor.

« Le nom ne me disait rien. Les cris des écoliers en colère se rapprochaient.

— Victor, que dois-je faire ? demandai-je, soudain prise de panique. Que va-t-il m'arriver ?

— Il ne va rien t'arriver, docteur Helen, répond fermement le garçon. Ici, c'est mon territoire et personne ne va te toucher. Je contrôle la zone et tous ces manifestants le savent. – Il s'assied sur le capot et allume une cigarette. Puis il répète : "Ici, docteur Helen, c'est moi le boss !"

— Et s'ils t'attaquent pour te tuer toi aussi ?

— Alors "*I would die for you*– Je me sacrifierai pour toi".

« Je ne peux en croire mes oreilles.

« Soudain, ma voiture est submergée par les manifestants. Mais Victor a ouvert les bras et tous se tiennent à distance de ce garçon qui me fait un rempart de son corps. C'est absolument incroyable. Un des jeunes se tourne vers ses camarades et leur crie un ordre. De toutes les gorges montent aussitôt les accents vibrants d'un chant que je reconnais. C'est l'hymne africain, ce poignant appel des Noirs demandant à Dieu de protéger l'Afrique. Dès que les voix se taisent, Victor saute sur le capot et s'adresse à la multitude. Il parle en xhosa, mais je devine qu'il explique qui je suis et ce que je fais depuis des années pour secourir les habitants de Langa. Comme c'est souvent le cas en Afrique, l'affrontement se transforme à l'instant en une joyeuse célébration. Des jeunes se détachent du cortège et viennent effleurer ma main en inclinant la tête avec respect. Je suis tellement bouleversée que je ne peux retenir mes larmes. Ce jour-là je comprends que je suis la mère des enfants de Langa. »

L'étagère du commissariat de police à l'entrée de la township ne suffit plus. Les rapports sur les faits et gestes d'Helen Lieberman s'entassent jusqu'au plafond. Chaque jour, des indicateurs apportent de nouvelles informations. L'extension régulière de son action humanitaire, l'adhésion massive de la population deviennent de réels sujets d'inquiétude en haut lieu. Comment faire pour mettre un terme à cette action absolument contraire aux principes de séparation raciale imposés par l'apartheid ? Faire assassiner Helen Lieberman ? Prendre son mari et ses enfants en otages pour l'obliger à renoncer ? Aucune de ces deux solutions ne résoudrait le problème puisque les centaines de travailleurs sociaux formés par cette Blanche continueraient son œuvre. Mais voici que la jeune femme facilite sans le savoir les projets criminels de ses adversaires. Le 24 juin 1989, par un après-midi glacial de l'hiver austral, elle décide de réunir les deux cent cinquante « mamas » qui encadrent ses projets humanitaires dans la vaste salle du cinéma Regal qui se dresse tout blanc au-dessus de la grisaille des toits de tôle ondulée de la township. L'objet de la rencontre est de faire le point sur les actions en cours et d'identifier de nouvelles urgences. Comme toujours, Helen est émerveillée par la disponibilité des femmes africaines, leur volonté d'organiser le mieux-être de tous, leur capacité à résister aux intimidations et menaces. Trois heures d'échanges constructifs tissent de nouveaux liens entre le peuple de la ville noire et sa bienfaitrice. Puis les femmes retournent à la pauvreté de leurs ruelles mais avec de l'espoir plein le cœur. C'est alors qu'une déflagration terrifiante ébranle la moitié de l'agglomération. Le cinéma Regal n'est plus qu'un amas de ruines fumantes, les sièges carbonisés, la toiture déchiquetée, l'estrade où venait de parler Helen réduite en miettes. Une bombe de forte puissance cachée dans le bâtiment vient d'exploser. Il s'agit sans nul doute d'un acte terroriste qui devait tuer Helen et tous les participants de la réunion. Par miracle, son mécanisme de mise à feu a fonctionné avec dix minutes de retard. L'explosion n'a fait aucune victime.

Leur frayeur passée, Helen et son équipe tirent une leçon immédiate de l'attentat. Il faut d'urgence donner une existence officielle à leur organisation, structurer ses actions, désigner nommément ses responsables. L'Afrique du Sud et le monde doivent savoir qu'il existe au fin fond d'une township de la péninsule du Cap une association de citoyens dressés contre l'oppression. Par un gigantesque bouche-à-oreille, Helen convoque quelques jours plus tard sur le terrain de football de Langa le plus grand rassemblement de l'histoire de la ville. Ils sont plus de trois mille qui arrivent de tous les quartiers, des « mamas » surtout. Malgré le terrible attentat de l'autre jour, l'atmosphère est enthousiaste. Les femmes se sont coiffées de larges fichus blancs, couleur africaine de l'espérance. Elles ont paré leurs enfants de colliers de pacotille qui envoient des étincelles dans le soleil d'hiver. Les rares hommes présents ont endossé des T-shirts rouges qui proclament : « *Dr. Helen, we love you.* » Helen s'est habillée à l'africaine, avec un ample châle de velours moiré comme les femmes en portent lors des mariages. Elle va leur transmettre son message à l'aide d'un mégaphone. À côté d'elle, sa casquette comme toujours portée à l'envers, se trouve celui qui depuis la manifestation des écoliers est devenu son garde du corps, son interprète, le coordinateur de ses différents projets. Victor a définitivement abandonné le trafic de drogue pour travailler auprès de celle qu'il appelle sa mère. Helen et Victor se hissent ensemble sur le toit de la petite Ford qu'ils ont conduite jusqu'au centre du terrain. Une salve d'applaudissements accueille l'apparition de la jeune Blanche et de son compagnon noir, puis un toï-toï général sauté en chantant secoue l'assistance. Helen lève le bras pour demander le silence. Cela prend plusieurs minutes. Enfin, sa voix jaillit : « Frères et sœurs de Langa ! Je vous remercie d'être venus pour cette occasion historique », s'écrie-t-elle avant de passer le porte-voix à Victor qui traduit en xhosa. « Je vous ai appelés parce que j'ai une proposition importante à vous faire. Nous devons répondre à l'attentat qui, l'autre jour, voulait anéantir le travail que nous accomplissons dans notre township, explique-t-elle. Cet acte monstrueux m'a fait prendre conscience de notre fragilité. Faute d'une légitimité officielle, ce que nous avons construit ensemble peut disparaître en une seule seconde. » Helen s'interrompt pour laisser Victor traduire. Elle en profite pour observer les visages, des visages attentifs, respectueux, empreints de sérieux mais aussi de curiosité. Ici, tout le monde est confronté aux vrais enjeux de l'existence, songe-t-elle avec admiration.

« Frères et sœurs, je vous propose donc de créer ensemble une "fondation" qui deviendra l'expression de notre engagement solidaire, qui sera en quelque sorte le parapluie à l'abri duquel nous allons poursuivre nos activités. » Ce mot de parapluie fait mouche. Des applaudissements éclatent. Les femmes crient leur accord, sautent sur place, agitent leurs foulards. Le stade retentit d'une clameur triomphale. Tout à coup, une voix demande : « Docteur Helen, comment allons-nous appeler notre "fondation" ? » Aussitôt une autre femme intervient : « Docteur Helen, nous tous, ici, nous sommes l'avenir de l'Afrique du Sud. Il faut baptiser notre fondation "*Ikamva Labantu – The Future of Our Nation* – l'Avenir de notre nation". » Une clameur d'approbation salue la proposition qui enchante Helen.

Le lendemain, la jeune femme est interceptée à son arrivée à Langa par un groupe de femmes visiblement euphoriques. La plus âgée lui présente un rouleau de papier cartonné attaché avec un ruban.

– Permets-nous de t'offrir ce cadeau, docteur Helen. Il exprime notre désir le plus cher.

La jeune Afrikaner dénoue le ruban et déroule avec précaution le parchemin de fortune. Une grande feuille de papier blanc est collée sur le support cartonné. Helen découvre alors quelques mots calligraphiés avec application. Les larmes lui montent aux yeux quand elle lit le message de ses sœurs de couleur : « Docteur Helen, nous, les femmes de Langa, te nommons présidente d'Ikamva Labantu[1]. »

Malgré les douleurs rhumatismales qui, certains jours, le font souffrir le martyre, Chris Barnard continue, lui aussi, de représenter une part d'espé-

1. « *Ikamva Labantu – The Future of our Nation* – L'Avenir de notre nation » est aujourd'hui la plus importante organisation de secours humanitaire privée d'Afrique du Sud. Parmi ses innombrables programmes d'action, on compte plus de mille crèches, trois cents écoles primaires, des centres artistiques et sportifs, des ateliers de réhabilitation pour adultes et enfants, des foyers pour personnes âgées, des centres de rééducation pour non-voyants, des foyers d'accueil pour indigents, des programmes d'action rurale, des centres de formation et d'artisanat, des dispensaires de traitement pour les victimes du sida, etc. Au total, plus d'un million de personnes défavorisées reçoivent annuellement l'aide de l'organisation fondée par Helen Lieberman. En 1998, le président Mandela est venu en personne lui rendre l'hommage de la nation. (Pour participer à l'action de cette remarquable ONG, consulter le site Internet www.ikamva.com).

rance dans les ténèbres de l'apartheid. Contre son mal invalidant, il a cherché et essayé tous les traitements imaginables. Pensant que les changements de température lui feraient du bien, il a plongé ses mains dans des cuvettes d'eau chaude puis d'eau froide durant des heures. Il a porté des bracelets de cuivre, a enduit ses membres douloureux d'huile de romarin, d'arachide, de jus de tomate verte, d'infusions de framboise, de persil ou de céleri. Il a pratiqué la méditation transcendantale, essayé l'acupuncture, appliqué les préceptes de la scientologie. Il a absorbé des pilules vitaminées pour chiens, des décoctions de feuilles de goyave ou d'algues de Malaisie, bu le sang de cordons ombilicaux. Il a frictionné ses doigts avec des macérations d'ortie. Il s'est bourré les poches de pommes de terre et de marrons d'Inde. Bref, il a tout tenté, remèdes de charlatans compris, et c'est finalement son seul courage qui lui permet de maîtriser ses douleurs pour continuer l'aventure médicale commencée quand il a réalisé la première transplantation cardiaque de l'histoire. La mort de l'épicier Washkansky, son premier opéré, n'a pas découragé l'enfant du Karoo qui allait pieds nus à l'école. Dans cette Afrique du Sud en plein chaos racial, Chris Barnard va cette fois aller encore plus loin et porter un coup direct à l'idéologie raciste de ses compatriotes. Le deuxième patient dont il va remplacer le cœur est un dentiste à la fine moustache et au crâne dégarni originaire d'une banlieue du Cap. Philip Blaiberg, cinquante-huit ans, souffre d'une dégénérescence cardiovasculaire qui ne lui laisse plus espérer que quelques semaines de vie. Comme dans toute greffe d'organe, l'opération dépend de la disponibilité d'un donneur compatible. Mais combien de jours l'infortuné dentiste peut-il encore attendre ?

Ce dimanche est un jour de fête sur la plage de False Bay. Les treize enfants de la famille Haupf et leurs parents sont réunis pour un joyeux pique-nique. Après le repas, les garçons se joignent à ceux d'une autre famille pour une partie de ballon sur le sable. Parmi les fils des Haupf se trouve un solide jeune homme de vingt-quatre ans musclé comme un joueur de rugby. Clive Haupf est ouvrier dans une grande entreprise de textile du Cap. Dans le feu du match, personne ne remarque sa soudaine disparition. Ses frères partent à sa recherche et le retrouvent à l'autre bout de la plage, allongé sur le sable. Il semble dormir. En fait, Clive vient d'être foudroyé par une hémorragie cérébrale. Il est déjà en état de mort clinique. Une ambulance l'emmène à l'hôpital Groote Schurr. L'arrivée de cet homme jeune, robuste, apparemment en bonne santé, est immédiatement signalée à l'équipe du professeur Barnard. Les premiers examens sanguins et tissulaires démontrent une compatibilité parfaite avec le dentiste Blaiberg. C'est le donneur idéal ! Mais il y a un hic. Un hic sans doute rédhibitoire, à moins que Barnard ne décide de passer outre. Clive Haupf n'est pas de race blanche. Il est métis.

Le chirurgien se précipite dans la chambre du dentiste pour s'assurer qu'il n'a pas d'objection à ce que ce soit le cœur d'un homme de couleur qui lui soit greffé. Quant au père du donneur, il autorise spontanément le prélèvement du cœur de son fils en faveur d'un malade de race blanche. « C'est ce que Clive aurait voulu », affirme-t-il. Restent les interdits de l'idéologie officielle. Barnard n'hésite pas à les braver. Le jour même de l'opération, il attaque directement les lois de l'apartheid dans un audacieux entretien à la radio. « Les Haupf, en tant que “non-Blancs”, n'ont le droit ni de s'asseoir sur les bancs des jardins publics “réservés aux Blancs”, ni d'emprunter les mêmes trains et les mêmes autobus, déclare-t-il. Ils ont été expulsés de la maison où ils sont nés et où leur famille a vécu pendant des années parce qu'elle se trouve aujourd'hui dans une zone déclarée “blanche”. Ils sont interdits de séjour dans la plupart des restaurants, des hôtels, des superbes lieux de vacances du pays. Si Clive Haupf avait rencontré la fille de l'homme qui va revivre grâce à lui, il n'aurait pas eu le droit d'en tomber amoureux, encore moins de l'épouser, ni de lui faire l'amour. Et pourtant, quand j'ai demandé à son père le cœur de son fils pour Philip Blaiberg, il ne m'a pas répondu : “Le cœur de mon fils est réservé aux non-Blancs.” Il a accepté sans hésitation, sans haine ni rancune envers ces Blancs qui l'humilient et le privent depuis si longtemps de ses droits les plus élémentaires. »

Le discours fait sensation. Un cœur de couleur dans une poitrine blanche ! De quoi foudroyer de colère les gardiens de l'orthodoxie raciste. Mais Barnard s'obstine. Et il n'aura pas de regrets. « Nous avons pris le cœur d'un homme de couleur pour le mettre dans la poitrine d'un juif blanc que nous avons traité avec du sérum provenant d'Allemagne », déclare-t-il au lendemain de l'opération réussie à la meute de journalistes qui se pressent devant l'hôpital Groote Schurr.

Un cœur de couleur dans une poitrine blanche ! Les premières lueurs d'une nation arc-en-ciel commenceraient-elles à briller au pays du « peuple élu » ?

Winnie, Winnie, Winnie… Winnie encore et toujours. Refusant de croire aux rumeurs malveillantes obstinément colportées par ses gardiens faisant état d'infidélités conjugales, le prisonnier de la cellule 466/64 est de plus en plus obsédé par les souffrances que le pouvoir fait endurer à son épouse bien-aimée. Il est torturé par son impuissance à protéger celle qui paie d'avoir uni son destin au sien. Il se sent à certains moments ravagé par une telle culpabilité qu'il se demande s'il existe une cause qui justifie l'abandon d'une jeune femme sans expérience dans l'enfer d'un désert sans pitié. Mais il sait combien Winnie est forte. Chaque fois qu'il obtient la permission de lui écrire, il lui envoie de bouleversants messages qui mouillent les yeux des censeurs les plus endurcis. « Ton amour et ton soutien, la chaleur de ton corps, les merveilleux enfants que tu m'as donnés, les amis que tu as conquis, l'espérance de jouir à nouveau de cet amour et de cette chaleur, voilà ce que la vie et le bonheur représentent pour moi[1] », lui écrit-il un jour de février 1985. « L'amour et la chaleur qui jaillissent de toi par-delà ces murs douloureux et cruels de béton gris me submergent, lui répond-elle. Surtout quand je pense à ceux qui ont été privés de cet amour à cause de notre combat. »

S'il est informé des constants harcèlements qu'elle subit, Nelson ignore que le pouvoir mène une campagne systématique de terreur contre son épouse. En brisant Winnie, les tortionnaires de Pre-

1. Winnie Mandela, *Part of My Soul*, édité par Anne Benjamin et adapté par Mary Benson, Penguin Books, 1985.

toria espèrent en finir une fois pour toutes avec la capacité de résistance du leader noir. Ils multiplient les actes d'intimidation. Un jour, des tueurs en civil font irruption dans la petite maison de Soweto et la menacent de l'étrangler ; un autre, des engins enflammés font exploser ses fenêtres ; un autre encore, son chien meurt empoisonné. Non seulement ils exilent la malheureuse au fin fond du pays, mais ils invoquent à son encontre la nouvelle loi sur le terrorisme qui permet d'emprisonner n'importe quel suspect, sans jugement et pour une période indéfinie. C'est ainsi qu'en mai 1969 ils expédient Winnie Mandela dans la sinistre prison de Pretoria où elle restera quatre cent quatre-vingt-onze jours au secret dans des conditions épouvantables. Pas moins de quatre-vingt-dix-neuf chefs d'inculpation pèsent sur elle, du simple délit d'avoir exécuté le salut de l'ANC en levant le poing, au crime d'entretenir des contacts avec des responsables clandestins de l'organisation. On lui reproche aussi d'avoir fait passer des vivres et des vêtements à un groupe de femmes emprisonnées au secret depuis plusieurs années. Des policiers de la Security Branch fracassent en pleine nuit la porte de sa maison. Durant des heures, ils examinent tout, chaque livre comme le moindre bout de papier ; ils vident placards et vêtements, retournent les tapis, arrachent les enfants de leurs lits pour inspecter couvertures, draps, matelas et sommiers. Pas un pot de sucre ou de porridge n'échappe à leurs vérifications. Une fouille hallucinante qui s'achève à l'aube par l'arrestation de Winnie à laquelle s'accrochent ses enfants qui hurlent à ces brutes à peau blanche : « N'emmenez pas notre *mummy* ! » Winnie est enfermée dans la cellule des condamnés à mort, une cage d'un mètre cinquante de côté où elle ne peut ni se tenir debout ni s'allonger. « Ces premiers jours d'incarcération ont été les pires de ma vie, racontera-t-elle, à cause du désespoir qui m'a soudain submergée. Les policiers de l'apartheid semblent avoir tout calculé pour vous détruire à la fois moralement et physiquement. Personne à qui parler. La peur d'être là pour des mois ou des années, condamnée à vivre dans une nudité totale car, à peine arrivée, on m'a enlevé tous mes vêtements. » Quand surviennent ses règles, Winnie réclame de l'eau et une serviette. Une gardienne blanche lui aboie à la figure de « se servir de ses grosses mains de kaffir » pour essuyer le sang qui coule le long de ses cuisses. C'est l'horreur. Mais le plus insupportable, c'est la solitude. Elle essaie de se distraire en grattant les murs avec ses ongles. Un jour, elle fait tomber un morceau d'enduit sous lequel elle lit, inscrit en grosses lettres : « Madame Mandela, vous n'êtes qu'une putain. » Après plusieurs semaines, elle découvre des êtres vivants qui vont la sortir de son isolement : deux fourmis avec lesquelles elle joue du bout de ses doigts des journées entières. Quand on lui rapporte ses vêtements, c'est pour lui infliger, matin et soir, une fouille d'une cruauté inouïe. Les gardiennes déchirent les coutures, tailladent les poches pour s'assurer qu'elle n'y a rien caché. Elles inspectent ensuite ses cheveux mèche par mèche, puis palpent sans ménagement son corps y compris, pour une suprême humiliation qui les fait ricaner, ses parties intimes. « Si je n'avais pas eu mes enfants, dira Winnie, et si je n'avais pas eu le sentiment que mes bourreaux auraient été trop contents, j'aurais certainement tenté de me suicider. »

Tous ces sévices sont en fait peu de chose à côté des séances d'interrogatoire. Cinq jours et cinq nuits de suite, l'épouse de Mandela est enchaînée dans le bureau d'un inspecteur dont tous les Noirs d'Afrique du Sud connaissent de réputation la férocité. Il s'appelle Ludwig Swanepoel. « Tomber dans les mains de ce Blanc sadique est une descente aux enfers, dira-t-elle. Avant même de vous obliger à révéler les activités qui justifient votre emprisonnement, il s'acharne à vous briser moralement. C'est ainsi que d'emblée il me dit : "Madame Mandela, quelle sorte de femme êtes-vous pour recevoir dans la chambre de votre pauvre mari plusieurs hommes à la fois ? Nous avons interrogé ces hommes. Ils ont tous confirmé leur présence chez vous." » Lors d'un autre interrogatoire, le policier se fait tout miel : « Madame Mandela, j'ai informé mes chefs qu'au lieu de nous faire la guerre, vous êtes disposée à travailler avec nous, lui dit-il. Si tel est bien le cas, nous sommes prêts à vous libérer. »

Il suffirait pour cela, explique Swanepoel à sa prisonnière, qu'elle lance un appel à la radio aux forces de l'ANC embusquées derrière la frontière leur enjoignant de déposer les armes et de venir discuter avec le gouvernement. Winnie serait alors emmenée en hélicoptère à Robben Island en compagnie de hauts responsables gouvernementaux pour s'entretenir avec son mari. Celui-ci serait immédiatement conduit dans une villa confortable sur le continent. « L'arrogance de ces Blancs me donnait la nausée, dira la jeune femme. Comment pouvaient-ils imaginer qu'après avoir donné ma vie à une cause je sois prête à en trahir les principes ? »

Un soir, l'un des plus farouches officiers de la police de sécurité décide de faire un cadeau à la prisonnière. « Les gens de la Security Police appartiennent à une race très spéciale, expliquera Winnie. Ils sont entraînés à haïr les Noirs. Comment autrement pourraient-ils torturer des gens à mort à cause de divergences idéologiques ? Comment pourraient-ils pointer leurs armes sur la tête d'un enfant de sept ans et lui faire sauter la cervelle ? »

Ce soir-là, l'officier ouvre brutalement la porte de la cellule et lui lance un livre à la figure en criant : « Tiens, sale kaffir, voilà une bible pour que tu puisses demander à ton Bon Dieu de te faire sortir d'ici. » Le cadeau paraît d'autant plus incongru que la jeune Noire connaît le respect que les Blancs vouent au Dieu de la Bible qui a fait d'eux, comme ils ne cessent de s'en vanter, le peuple « choisi » pour régner en son nom sur les destinées de l'Afrique. Le petit livre devient un compagnon aussi précieux qu'il l'avait été jadis pour les trekkers du Grand Voyage. Elle le lit quatre fois de suite alors qu'elle n'avait jamais cru qu'il fût possible de lire la Bible de bout en bout.

Quand elle retrouve la liberté après son interminable chemin de croix derrière les barreaux de la prison de Pretoria, elle fait un poignant bilan de son expérience carcérale. « Mon âme s'est purifiée en prison plus que nulle part ailleurs, avoue-t-elle. Car il est plus facile de s'identifier à ses croyances au fond d'une cellule que sur une estrade de meeting politique. Aujourd'hui où toute l'Afrique du Sud est une prison pour les Noirs, on peut se demander s'il vaut mieux être en prison dehors ou en prison à l'intérieur. Quand vous êtes à l'intérieur, au moins vous savez pourquoi. Et ceux qui vous y ont mis le savent aussi. »

Vingt et un ans qu'il n'a pas touché sa main, qu'il n'a pas effleuré son visage. Vingt et un ans qu'il n'a pu apercevoir ses grands yeux noirs et sa bouche sensuelle qu'au travers d'une vitre déformante ; qu'il n'a pu respirer son entêtante odeur de patchouli ; qu'il n'a pu entendre sa voix autrement qu'à travers un parlophone. Et soudain, c'est le miracle. Le gardien James Gregory informe le prisonnier de la cellule 466/64 qu'il va pouvoir serrer Winnie dans ses bras. Les autorités viennent de permettre aux détenus politiques de recevoir ce qu'elles appellent pudiquement des « visites de contact » de leurs familles.

Avant que nous en prenions conscience, « nous étions dans la même pièce et dans les bras l'un de l'autre, racontera Mandela. J'embrassais et je serrais ma femme contre moi pour la première fois depuis tant d'années. C'était un instant dont j'avais rêvé un millier de fois. J'avais l'impression de rêver encore. Je l'ai gardée dans mes bras pendant ce qui m'a paru une éternité. Nous étions immobiles et silencieux et l'on n'entendait que le bruit de nos cœurs. »

Le gardien n'en croit pas ses yeux. Le prisonnier a soulevé Winnie de terre. Celle-ci pleure et l'embrasse, noue ses mains autour de son cou, se blottit de toutes ses forces contre lui dans un rire embrouillé de sanglots. « Nelson et Winnie oublient le reste du monde dans leurs baisers, dira-t-il. La pièce est tout entière prise par la houle de l'émotion[1]. »

Quatre-vingts minutes d'un bonheur sans mélange. « La caresser, la sentir, pouvoir la tenir

1. James Gregory, *Le Regard de l'antilope*, Robert Laffont, Paris, 1996.

contre moi… », murmure le prisonnier, les larmes aux yeux, en regagnant sa cellule. À ce moment enchanteur succède un nouvel ordre de bannissement pour l'épouse infortunée. Le gouvernement considère que Winnie représente toujours un danger pour la sécurité de l'État. Les tortionnaires de Pretoria persistent à vouloir atteindre Mandela à travers elle. La jeune femme se retrouve à nouveau exilée à Brandfort où elle a déjà passé de longs mois. La première lettre qu'elle écrit de ce coin perdu de l'État d'Orange est pleine de rage. La maison qu'on lui a allouée est une masure aux vitres brisées, isolée au bout du village, sale, sans commodités, appartenant à un Blanc qui lui réclame le paiement d'un loyer, de l'eau et de l'électricité. Elle proteste : ce taudis est une prison de l'État, c'est à l'État de payer ! Elle profite de son exil pour secourir les plus pauvres du village en créant une crèche, un centre médical, une soupe populaire. Elle reçoit l'aide de sympathisants blancs subjugués par l'énergie, la ténacité, la générosité de cette femme noire que le pouvoir ne parvient pas à terrasser.

Mais un jour, elle décide que son exil a assez duré. Elle rentre à Soweto. La situation est tendue. Le Premier ministre Botha s'empêtre dans ses réformes constitutionnelles auxquelles plus grand monde ne croit. Des gens meurent chaque jour dans les ghettos. En 1986, Winnie est proclamée « Mère de la nation ». Elle doit cet honneur à la virulence de ses propos, à son ardeur à lancer les jeunes militants de l'ANC dans le combat contre l'apartheid. En pleine révolte des townships, elle encourage ses partisans à assassiner les Noirs qui collaborent avec le pouvoir blanc. À Kagiso, elle s'adresse à une foule énorme. « L'heure des discours et des discussions est terminée, lance-t-elle. L'Afrique du Sud va voir la libération de ses masses opprimées. Nos matraques, nos allumettes et nos colliers vont libérer le pays[1] », promet-elle, saluée par un ouragan d'applaudissements. Le mot de « collier » fait sensation. Il s'agit d'une forme de mise à mort particulièrement barbare qui consiste à passer un pneu rempli d'essence autour des épaules d'une victime avant d'y mettre le feu. Cet horrible supplice fera des centaines de victimes dans les townships. Le pouvoir s'empresse d'exploiter ces excès pour déstabiliser son ennemie. Tâche d'autant plus facile que Winnie multiplie les imprudences. La presse publie à cœur joie la liste sans cesse renouvelée de ses prétendus amants. Des individus louches profitent de sa générosité, favorisent ses caprices. La voici qui s'entoure un jour d'une escouade de gardes du corps. Il s'agit de jeunes orphelins de Soweto réunis au sein de ce qu'elle appelle le Mandela United Football Club. Très vite le groupe se transforme en gang vengeur qui fait régner la terreur dans les rues de la township allant jusqu'à tuer ceux qui s'opposent à leur loi. Le meurtre d'un jeune Noir de quatorze ans, soupçonné d'être un indicateur de la police blanche, sera le dérapage de trop.

Robben Island ! Le rocher devenu aux yeux de l'opinion mondiale le symbole absolu de la cruauté raciale. Chaque jour, des pressions internationales

1. *Illustrated History of South Africa – The Real Story*, The Reader's Digest, Cape Town, 1995.

pour l'abolition du bagne parviennent au Premier ministre sud-africain. De Tokyo à New York, la presse consacre de poignants reportages à l'interminable supplice imposé au prisonnier de la cellule 466/64 et à ses compagnons. P. W. Botha doit répondre d'une façon ou d'une autre à l'attente inquiète de la planète. De quelle façon ? En graciant l'inflexible leader noir qui, du fond de sa prison perdue à l'extrême pointe de l'Afrique, n'a jamais cessé de diriger la rébellion armée de l'ANC ? C'est impossible. Les quatre millions de Blancs, qui vivent dans la hantise du « *swart gevaar* – le péril noir », brandiraient aussitôt l'étendard de la révolte. Ils sortiraient leurs carabines et, comme leurs aïeux du Grand Voyage qui avaient massacré les Zoulous de la Blood River, ils iraient semer la mort dans les townships et les *homelands*. Mais peut-être qu'un simple changement du lieu de détention de Mandela suffirait à désamorcer l'indignation du monde. C'est la solution que choisit P. W. Botha au début d'avril 1982.

Le prisonnier reçoit la visite surprise du général qui commande Robben Island. C'est tout à fait inhabituel. Jamais le directeur du bagne ne vient voir un détenu dans sa cellule. « Je vous prie d'empaqueter vos affaires, annonce-t-il. Nous vous transférons dans une autre prison. » Mandela est troublé et inquiet. Qu'est-ce que cela signifie ? Ni ses camarades ni lui-même n'ont été avertis d'un possible départ. Ils ont passé presque vingt ans sur l'île et voilà qu'ils doivent la quitter brusquement.

Quelques minutes plus tard, Nelson Mandela, Walter Sisulu et leurs deux plus proches compagnons de l'ANC sont embarqués avec leurs maigres possessions sur la vedette à destination du

Cap. Mandela contemple l'île qui s'éloigne dans la lumière dorée du soir. La reverra-t-il jamais ? se demande-t-il. Un homme peut s'habituer à tout. Il s'était habitué à Robben Island. Il y avait vécu une si longue partie de sa vie. Certes, bien sûr, il ne s'y était jamais senti chez lui, mais il avait fini par y avoir ses habitudes. Il n'avait à présent aucune idée de ce qui l'attendait.

Le pénitencier de sécurité maximale de Pollsmoor où sont conduits en grand secret les prisonniers est situé à quelques kilomètres au sud-est du Cap, sur l'une des plus belles routes du monde entre l'océan Atlantique et des centaines d'hectares de vignobles. Au cœur de ce paysage enchanteur émerge de la végétation un imposant complexe de bâtiments en béton ceinturé de hautes murailles protectrices et d'un collier de miradors. C'est là que l'Afrique du Sud enferme ses prisonniers de droit commun les plus dangereux. C'est là aussi que le pouvoir de l'apartheid a préparé un confortable espace de détention pour ses quatre plus célèbres prisonniers politiques. Lits avec draps et couvertures neuves, meubles de rangement, toilettes séparées, deux lavabos et deux douches ; grande terrasse en plein air avec vue sur le ciel et bacs de terre pour jardiner ; repas trois fois par jour avec viande et légumes, un festin après vingt ans de gruau de maïs ; distribution de journaux et de magazines, y compris *Time* et *The Guardian* bannis à Robben Island – les voici soudain dans un hôtel cinq étoiles.

Mais c'est le fait de disposer d'une petite radio à transistors qui provoquera le plus grand choc dans la vie des quatre prisonniers. Dans l'après-midi du 31 janvier 1985, ils entendent soudain, sur Radio-Le Cap, la voix impérieuse du Premier ministre qui s'adresse au Parlement. « Le gouvernement d'Afrique du Sud est disposé à libérer M. Mandela, à condition que celui-ci rejette de façon inconditionnelle la violence comme instrument politique », déclare P. W. Botha. Les prisonniers perçoivent la rumeur de stupéfaction qui parcourt aussitôt l'assemblée à cette annonce. Eux-mêmes sont frappés de stupeur. Puis la voix du Premier ministre revient sur les ondes. C'est un défi public qu'elle lance : « À la vérité, ce n'est pas le gouvernement sud-africain qui empêche la libération de M. Mandela, affirme le Premier ministre. C'est lui-même. »

Le gardien James Gregory, qui a suivi Mandela de Robben Island à Pollsmoor, voit le vieux prisonnier bondir sur ses pieds. Sa voix sourde toujours si retenue déverse un torrent d'imprécations contre le leader blanc qu'il accuse de duperie. Celui-ci ne lui a-t-il pas déjà secrètement fait savoir à plusieurs reprises qu'il était prêt à le libérer à condition qu'il rentre chez lui dans son village du Transkei et ne fasse plus parler de lui. S'estimant insulté, Mandela n'avait jamais répondu. Et voilà que le chef de l'apartheid renouvelle sa proposition mais, cette fois, en prenant la nation à témoin. Le prisonnier ne parvient pas à cacher sa rage. Comment le pouvoir peut-il imaginer qu'il va troquer sa liberté contre l'offre d'aller garder les moutons dans les pâturages de son pays natal ? La manœuvre est indigne, mais elle est claire : Pretoria tente par tous les moyens de créer une brèche entre le chef mythique de l'ANC et les forces clandestines de son mouvement qui se battent sur le terrain. Mandela va répondre publiquement, mais par une autre voix que la sienne.

Par la voix d'une jeune femme incarnant cette nouvelle génération d'Africains qu'il s'était promis de voir éclore quand il avait serré dans ses bras sa petite-fille Espoir dans le parloir de Robben Island. Sa fille cadette Zindzi, vingt-cinq ans, va lire sa réponse au marché injurieux du porte-parole de l'apartheid. Le lieu sera le Jabulani Stadium de Soweto qui est plein jusqu'au ciel ce dimanche 10 février 1985 pour célébrer l'attribution du prix Nobel de la paix à l'autre icône de la croisade du peuple noir contre l'oppression blanche : l'évêque Desmond Tutu.

Elle est belle, vibrante, impérieuse. Elle a le front majestueux de son père, la bouche voluptueuse et le regard magnétique de sa mère, le cou élancé des princesses thembu du pays xhosa de ses aïeux. Quand elle paraît à la tribune dans son T-shirt blanc qui proclame dans un écusson la mort prochaine de l'apartheid, le stade entier se soulève. Aux ovations, elle répond par le salut de l'ANC, le bras levé et le poing serré. À cet instant, l'invincible destin du peuple noir s'incarne dans cette magnifique et fière jeune femme venue parler au nom du leader mythique dont elle est la fille. Elle est consciente de l'importance de sa mission. En effet, c'est la première fois que le chef historique de l'ANC peut s'adresser aux Africains depuis que la justice blanche l'a retranché pour toujours du monde des vivants. Beaucoup de ceux qui se pressent dans ce stade n'ont sans doute qu'une idée floue de la personnalité et de l'importance de Mandela dans le combat du peuple noir pour sa liberté. Une trop longue absence finit forcément par distendre les liens, éroder le culte des héros. Combien aujourd'hui ne connaissent même pas les traits de l'illustre prisonnier ? À défaut de sa propre présence, celle de sa fille Zindzi est le plus beau cadeau qu'il peut offrir à ses partisans. La jeune femme s'approche de l'impressionnante batterie de micros qui vont répandre ses paroles à travers le stade, le pays, et une large partie du monde. Elle déplie calmement les feuilles de papier contenant la réponse de son père au discours de P. W. Botha.

« Mon père souhaite en tout premier lieu adresser ses plus fraternelles félicitations à Mgr Tutu, lit-elle avec chaleur, car Mgr Tutu a clairement fait savoir au monde que le prix Nobel de la paix qu'il a reçu appartient à vous tous, le peuple de ce pays… »

Cris, sifflets d'admiration, applaudissements, les paroles de Zindzi sont aussitôt noyées par des torrents d'enthousiasme. Dès qu'elle peut reprendre sa lecture, c'est pour permettre à son père de rappeler les innombrables tentatives que ses compagnons et lui-même ont faites au cours des trente dernières années pour proposer au pouvoir blanc de s'asseoir autour d'une table afin de trouver des solutions aux problèmes du pays. Mais toutes ces offres ont été ignorées et « ce n'est qu'après de longues années de patience, lorsque toutes les autres formes de résistance furent épuisées, que nous avons dû nous résoudre à prendre les armes », rappelle Mandela. L'assistance boit les paroles de la messagère dans un silence quasi religieux. « C'est à M. Botha de renoncer aujourd'hui à la violence, vous dit mon père. C'est à lui d'annoncer qu'il va démanteler les lois honteuses de l'apartheid. C'est à lui de rétablir dans ses droits l'ANC qui incarne le combat du peuple africain pour sa liberté. C'est à lui de libérer tous ceux qui sont emprisonnés, bannis, exilés. C'est à lui d'assurer au peuple tout entier les garanties d'une activité politique libre, afin que vous puissiez désigner vous-mêmes les dirigeants qui doivent conduire le pays. »

La jeune femme est obligée de s'interrompre tant ces quelques mots provoquent de nouvelles ovations. Elle-même semble de plus en plus saisie par l'émotion. Elle lève plusieurs fois le bras et le poing. Puis sa voix éclate à nouveau dans les haut-parleurs :

« Mon père vous dit : "Comme vous tous, je désire être libre. Mais votre liberté à vous m'est encore plus chère que la mienne. Car je ne suis pas le seul à avoir souffert pendant ces interminables années perdues. Tant d'hommes sont morts depuis que je suis emprisonné. Et j'ai un devoir envers leurs veuves, leurs orphelins, leurs mères et leurs pères, blessés et endeuillés à jamais par leur disparition…" »

Après avoir parcouru l'assistance d'un long regard circulaire pour mieux souligner ce que son père va dire à présent, Zindzi enchaîne : « Je n'aime pas moins la liberté que vous ne l'aimez, lit-elle. Mais je ne vais pas marchander le prix de cette liberté, non plus que le droit de mon peuple à cette liberté. Quelle offre de liberté me fait aujourd'hui le chef de l'apartheid si le Congrès national africain, la voix de notre peuple, reste interdit ? À quoi ressemble cette liberté s'il faut continuer à demander au pouvoir blanc la permission de vivre dans une ville ? Où est cette liberté quand il faut obtenir un tampon sur un passeport pour chercher du travail ? De quelle liberté veut-on me parler quand on ne respecte ni la vie ni les droits élémentaires de mes frères de ce pays ? »

On entendrait une mouche voler, comme si la foule retenait soudain son souffle pour méditer ces poignantes interrogations. Zindzi est en train de gagner. Mais elle sait que le plus important est encore à dire. Elle reprend sa lecture, en détachant les mots écrits par son père : « Seul un homme libre peut négocier. Je réponds à M. Botha que je ne peux et ne veux m'engager tant que vous, le peuple tout entier, et moi nous ne serons pas libres. Votre liberté et la mienne sont indissociables ! Mais je vous fais une promesse : je serai de retour parmi vous car bientôt nous serons libres ! »

La jeune femme se tait. Une chape de silence tombe alors sur toutes les têtes. « Seul un homme libre peut négocier ! » Le message doit prendre le temps de pénétrer dans les cœurs et les âmes. Et puis, soudain, sans un cri, la foule se lève. D'un bloc, comme saisie d'un frisson unique, elle se met à chanter. « *Nkosi Sikelel' iAfrika !* – Dieu protège l'Afrique ! » L'hymne des Noirs d'Afrique du Sud est immédiatement suivi d'un déchaînement de clameurs et d'applaudissements.

Dans sa prison à l'autre bout du pays, où il suivait à la radio la retransmission de la manifestation dans le stade de Soweto, Nelson Mandela sèche ses yeux inondés de larmes de fierté et de joie. Comme il est heureux ! Grâce à Zindzi, l'Afrique du Sud de demain a lancé son appel à la libération de tous les Africains. Puisse Dieu protéger l'Afrique et son peuple avoir entendu son message !

Le Premier ministre Botha a bien écouté l'appel du prisonnier de Pollsmoor. Il est hors de lui. « En refusant d'entrer dans le processus de paix que nous lui offrons, Mandela fait une fois de plus la preuve de sa rigidité guerrière », s'emporte-t-il aussitôt à la télévision. L'homme à la boutonnière ornée d'œillets rouges et blancs s'imagine-t-il que Mandela et ses compagnons vont, après tant d'années, renoncer à leur lutte ? « Quelle illusion ! » répond dans son journal un observateur privilégié, le gardien James Gregory qui partage leur réclusion. « Tandis qu'une nouvelle génération de combattants incarnée par Zindzi devient adulte, je me rends compte chaque jour que leur interminable détention n'a pas entamé d'un pouce la résistance morale des prisonniers, note-t-il. Au contraire, l'âge les a rendus plus patients, plus déterminés, plus endurcis. Peut-être est-ce parce qu'ils se sentent plus près du but que jamais. Jamais ils n'accepteront du pouvoir autre chose qu'une libération sans conditions. »

Faute de discerner cette évidence, le maître de Pretoria laisse l'Afrique du Sud s'enfoncer dans une anarchie qui, peu à peu, la gagne tout entière. Aux appels des nombreux pays qui l'exhortent à abolir l'apartheid et à négocier, il rétorque en confisquant les passeports des étudiants blancs qui veulent se rendre dans les pays limitrophes pour parler « de jeunes à jeunes » avec des membres de la Ligue de la jeunesse de l'ANC. Pire, il interdit à des dignitaires de l'Église réformée de Hollande, pourtant l'un des piliers du régime, de sortir du pays pour s'entretenir avec des confrères d'autres confessions hostiles à l'apartheid. Comme s'ils sentaient prochaine la fin de leur domination, les héritiers les plus extrémistes des pionniers du Grand Voyage font preuve d'une obsession raciste qui confine parfois à la folie. Botha les encourage en déclarant à la télévision que l'Afrique du Sud blanche doit « se mobiliser contre les forces de l'ombre qui menacent de détruire la terre de nos pères ».

Les forces de l'ombre ! D'un bout à l'autre de la planète, Nelson Mandela incarne au contraire l'espérance lumineuse d'une Afrique du Sud réconciliée entre ses races. Dans de nombreuses villes d'Angleterre, des rues portent déjà son nom. Des universités américaines, écossaises, autrichiennes lui décernent leurs plus hautes distinctions. Le pape Jean-Paul II lui exprime publiquement son soutien et son admiration. En Allemagne, en France, en Scandinavie… de hauts responsables réclament sa libération inconditionnelle et la disparition de « la honte de l'apartheid ». Pour l'aider à mettre KO ses adversaires, Mike Tyson lui envoie les gants de boxe avec lesquels il a obtenu son titre de champion du monde. Un cadeau qui va droit au cœur de l'ancien pugiliste amateur qui, dans sa jeunesse, passait des dimanches entiers sur les rings des banlieues de Johannesburg.

Surréaliste ! Le Premier ministre ose justifier l'incarcération de Mandela et de ses compagnons en la comparant à celle de Rudolf Hess et des criminels nazis condamnés à Nuremberg. Mais voici qu'un vent de panique ébranle tout à coup le Landerneau de la tyrannie blanche. Mandela serait mourant. Il souffrirait d'un cancer avancé de la prostate. L'idée que le plus ancien prisonnier politique du monde puisse mourir dans les geôles de l'apartheid terrifie les hommes au pouvoir. La responsabilité en incomberait à l'ensemble de la communauté afrikaner. Il faut à tout prix empêcher cette tragédie. C'est le très prestigieux Volks

Hospital du Cap strictement réservé aux malades de race blanche qui va s'en charger. Le 3 novembre 1985 à midi, deux ténors de l'urologie sud-africaine, assistés de deux éminents professeurs spécialement venus d'Édimbourg et de Zurich, procèdent à l'ablation de la petite glande dont dépend, semble-t-il, l'avenir de l'Afrique du Sud. L'opération est un succès. Grâce aux soins vigilants d'un personnel blanc conquis par sa grande simplicité, Mandela se rétablit comme un jeune homme. Le pouvoir a frôlé la catastrophe.

Mais, deux ans plus tard, nouvelle alerte. Victime d'une soudaine insuffisance respiratoire, Mandela s'est écroulé sans connaissance. On le transporte cette fois dans la plus célèbre clinique du Cap que seuls fréquentent les Afrikaners les plus fortunés. L'annonce de ce nouvel accroc de santé suscite un regain d'inquiétudes. Les médias font le siège de l'établissement, des fidèles blancs et noirs organisent des réunions de prières communes dans nombre d'églises. Sur les marchés financiers, les courbes de température du leader noir prennent soudain le pas sur les cours de l'or. Les deux litres et demi de liquide bleuâtre que les pneumologues ponctionnent de ses poumons révèlent que Mandela est atteint de tuberculose. Un diagnostic qui ne surprend guère l'intéressé au souvenir de ses vingt-cinq années de détention dans l'humidité souvent glaciale de ses geôles. La guérison promet d'être longue. Mais tant de visiteurs se pressent déjà à la porte de l'illustre patient qu'il finit par bénir sa maladie.

Parmi les privilégiés qui viennent régulièrement prendre place à son chevet se trouve un éminent membre du gouvernement de P. W. Botha. Kobie

Coetsee, trente-huit ans, est ministre de la Justice. Il appartient à une nouvelle génération d'hommes politiques afrikaners qui n'ont pas assisté aux grand-messes de l'Allemagne nazie, une génération qui voudrait donner aux Blancs d'Afrique du Sud un autre idéal que l'apartheid. Il est le premier représentant du pouvoir blanc que rencontre le leader noir. « Monsieur Coetsee ! Je suis très content de vous voir ! Enfin ! » s'exclame joyeusement Mandela. Puis, songeant au gâchis de toutes ces années perdues, il ajoute tristement : « Je regrette beaucoup que nous n'ayons pu nous rencontrer plus tôt ! »

Troquer un pyjama d'hôpital pour un costume sur mesure taillé en quelques heures, mettre une chemise, une cravate et des souliers, le défi n'a rien de colossal en soi. Mais après tant d'années de réclusion, le chef de l'ANC ne sait plus nouer une cravate ni lacer des chaussures. La rencontre la plus importante de l'histoire de l'Afrique du Sud, depuis celle du Boer Paul Kruger avec le Premier ministre de la reine Victoria voici un siècle, commence donc par un pataquès vestimentaire. Mais quelle importance quand l'Histoire est en marche ! C'est donc un visiteur aux chaussures défaites et à la cravate tirebouchonnée que le chef du gouvernement sud-africain reçoit ce 5 février 1989 dans son élégante résidence de style hollandais de Tuynhuys dans la banlieue du Cap. Peter W. Botha s'est finalement laissé convaincre par les arguments libéraux de son jeune ministre de la Justice. Celui qu'on surnomme

« *Die Groot Krokodil* – le Gros Crocodile », à cause de sa férocité légendaire, va prendre le thé avec son plus grand ennemi.

Pour Mandela, c'est une rencontre avec le diable. « Quand la porte du bureau s'ouvrit, je m'attendais au pire, racontera-t-il. Le président Botha contourna sa table de travail et s'avança vers moi. Il avait parfaitement calculé les distances car nous nous retrouvâmes face à face exactement au centre de la pièce. Il me tendit la main avec un large sourire. Je me suis tout de suite senti désarmé devant cet homme qui se montrait si poli, déférent, amical. » Un photographe entre alors dans le bureau pour prendre le cliché qui va dans quelques instants stupéfier le monde : la poignée de main historique des deux adversaires les plus implacables du champ de bataille sud-africain.

« À cet instant, je me suis dit que la guerre fratricide entre Blancs et Noirs qui déchirait depuis si longtemps notre pays était finie », avouera Kobie Coetsee, témoin de la scène. Le jeune ministre, hélas, se trompe. Quand, après une demi-heure d'échanges polis, Mandela réclame la libération inconditionnelle et immédiate de tous les prisonniers politiques, lui compris, le « Crocodile » se lève et ouvre toute grande sa gueule pour faire jaillir sa réponse dans un claquement de mâchoires.

– Il n'en est pas question, monsieur Mandela ! Ces hommes restent les ennemis du peuple que Dieu a choisi pour régner sur l'Afrique.

Par bonheur pour l'Afrique du Sud, un accident vasculaire cérébral obligera l'auteur de cette cinglante réplique à quitter le pouvoir sept mois plus tard.

L'homme qui succède au vieux « Crocodile » a le crâne aussi chauve que lui mais il est de vingt ans son cadet. Il s'appelle Frederik Willem De Klerk. Il a cinquante-trois ans, une carrure de joueur de rugby, un visage ouvert aux traits réguliers malgré un nez légèrement busqué suite à un accident de hockey. Il tétait encore le sein de sa mère quand Verwoerd et ses camarades rapportaient d'un voyage à travers le IIIe Reich le mythe nazi de la suprématie de la race blanche. Ce mythe qui devait jouer un si grand rôle dans l'élaboration idéologique de l'apartheid. Par sa naissance dans l'establishment afrikaner, De Klerk n'en avait pas moins été imprégné dès son plus jeune âge de ces valeurs raciales. Par son grand-père d'abord, éminent pasteur d'une Église calviniste qui, à l'image de l'Église réformée de Hollande, offrait une caution dogmatique et religieuse aux principes de la séparation raciale. Par son père ensuite, qui avait été, durant quinze ans, l'un des ministres les plus engagés des gouvernements de l'apartheid. Mais après une enfance choyée et de brillantes études de droit, Frederik De Klerk avait repoussé la carrière politique qui lui tendait les bras pour celle d'avocat. Un intermède qui avait duré dix ans, pour le plus grand bonheur de Marike, la jolie brune, fille d'enseignant, qu'il avait épousée à l'âge de vingt-trois ans et avec laquelle il avait adopté trois enfants. Passionné de chasse aux grands fauves dans les jungles où les trekkers du Grand Voyage avaient autrefois cherché la nourriture nécessaire à leur conquête africaine, grand amateur de golf et de hockey, juriste éminent, De Klerk s'était obstinément tenu à l'écart des agitations qui enfiévraient les dirigeants de Pretoria. Jusqu'au jour où le virus de la politique l'avait rattrapé.

Abandonnant son cabinet du jour au lendemain, il se présente à une élection parlementaire partielle sous les couleurs du Parti national purifié, le parti des militants de l'apartheid. Il est élu. Six ans plus tard, le Premier ministre John Vorster l'invite à prendre le thé dans son bureau. C'est en fait pour lui proposer d'entrer dans son gouvernement. Il vient d'avoir quarante-deux ans. Il est l'un des plus jeunes ministres de l'histoire de la République sud-africaine. Il occupera tour à tour la fonction de ministre des Télécommunications, des Sports, de l'Énergie, de l'Intérieur, de l'Éducation. Mais c'est par son ascension fulgurante dans la hiérarchie du Parti national que l'ancien joueur de hockey va se tailler une place déterminante dans la direction des affaires de son pays. Servi par la disparition subite du vieux « Crocodile », le voici soudain promu à la tête du parti puis, dans la foulée, chef de l'État.

Une double envolée aussitôt menacée par l'extrême urgence de la situation : l'Afrique du Sud, en ce début d'été 1989, est au bord de la guerre civile. Dans un réflexe de survie – tant pour lui-même que pour le pays –, De Klerk entame en catastrophe le processus d'une transformation susceptible d'empêcher le pire. Il y est encouragé par les forces vives du Broederbond, l'influente Ligue des frères qui avait, cinquante ans plus tôt, engagé l'Afrique du Sud sur la voie de l'apartheid. Il y est également poussé par les milieux d'affaires que les sanctions économiques internationales commencent à toucher de façon insupportable. Enfin et surtout, il se sent porté par les formidables changements intervenus dans la situation mondiale. La chute du mur de Berlin et le démantèlement de l'empire soviétique ont fait s'évanouir les craintes maladives des Afrikaners envers le communisme dont ils s'acharnaient à vouloir être l'ultime rempart en Afrique. Le climat est donc propice à un vrai bouleversement.

Le 2 février 1990, alors que midi sonne à l'horloge du Parlement du Cap, le nouveau président de l'Afrique du Sud se prépare à prononcer le discours qui doit inverser le cours de l'histoire de son pays. L'immense enceinte est archicomble. Plusieurs centaines de journalistes sud-africains et d'envoyés spéciaux venus du monde entier se pressent dans les tribunes tandis qu'une forêt de caméras de télévision est prête à retransmettre l'événement. Des plus humbles villages de pêcheurs de l'extrême pointe du continent jusqu'aux imposants gratte-ciel de Johannesburg, des sordides foyers de célibataires de Soweto aux bazars indiens de Durban, des sanctuaires zoulous du Natal aux fermes du Veld, partout où des hommes de couleurs et de conditions différentes se sont rassemblés ce matin devant un écran de télévision, une impatience inquiète s'empare des esprits. Ailleurs aussi, au-delà des frontières, dans les camps de l'ANC de Zambie, du Mozambique, du Zimbabwe et plus loin encore, dans nombre de pays d'Europe, d'Amérique, d'Asie où la tragédie sud-africaine suscite de plus en plus d'inquiétude, d'autres hommes attendent devant leurs téléviseurs ce que le nouveau chef de l'État va dire pour préserver l'Afrique australe d'une guerre civile.

La voix est calme, assurée, convaincante. Persuadé que « seule une entente entre tous les représentants de la population peut aboutir à une paix durable », De Klerk annonce courageusement que « l'heure de la négociation est arrivée ». Il assure que tous les habitants du pays jouiront prochainement de droits égaux. Les vingt-cinq millions de Sud-Africains de couleur encore écrasés par la tyrannie de l'apartheid attendent surtout la preuve d'une rupture fondamentale avec la politique raciste du passé. De Klerk ne tarde pas à répondre à leurs espérances. « Je suis en mesure de révéler de spectaculaires décisions », déclare-t-il. Les journalistes se regardent, stupéfaits, tandis que les millions d'auditeurs et de téléspectateurs retiennent leur souffle. « J'annonce la levée de toutes les restrictions sur les organisations jusqu'ici interdites du Congrès national africain, du Congrès panafricain, et du Parti communiste sud-africain », lance-t-il avant de préciser aussitôt que « toutes les personnes actuellement emprisonnées pour leur appartenance à ces organisations seront immédiatement recensées et libérées ». Afin que personne ne doute de sa parole, De Klerk rappelle qu'il a déjà fait relâcher au mois d'août précédent huit des principaux condamnés politiques du procès de Rivonia.

Après une pause, le chef de l'État se prépare à prononcer enfin le nom du personnage mythique qui incarne depuis toujours le combat des Noirs contre l'oppression blanche. Qu'un ancien champion de cette oppression évoque ce nom dans l'enceinte où tant de textes barbares restreignant la liberté des hommes furent votés n'est pas le moindre paradoxe de cette surprenante journée. Avec des accents solennels, quasi révérencieux, Frederik Willem De Klerk fait savoir que son gouvernement « a pris la décision irrévocable de libérer – sans conditions – M. Nelson Mandela ».

Il est quatre heures trente ce matin du dimanche 11 février 1990. Une claire journée d'été se lève sur les collines du Cap. Après dix mille jours et dix mille nuits de privation de liberté, le plus ancien prisonnier politique de la planète va dans quelques heures briser les liens qui devaient l'enchaîner jusqu'à son dernier souffle. Comme chaque matin depuis vingt-sept ans, c'est par une séance de gymnastique qu'il commence sa dernière journée de condamné à perpétuité. Une journée qui promet d'être agitée jusqu'à la libération officielle prévue à quinze heures précises. L'horaire a toutefois peu de chances d'être respecté. D'abord, à cause de Winnie qui arrive en retard de Johannesburg alors qu'elle sait que son mari ne quittera son lieu de détention qu'en lui tenant la main. Ensuite, à cause de l'ordre subit donné par Pretoria de désarmer tout le personnel de la prison. Le service secret britannique MI5 vient en effet d'avertir le gouvernement que plusieurs gardiens ont été achetés pour abattre Mandela à sa sortie. L'intéressé se moque de la menace. À la demande des centaines de journalistes qui campent depuis la veille à l'extérieur, il franchira à pied le seuil de la prison en compagnie de sa femme.

En apercevant soudain la haute silhouette légèrement voûtée que survole un essaim d'hélicoptères, un photographe résume l'émotion générale : « Regardez, regardez ! crie-t-il. Voici Mandela ! Il fait ses premiers pas d'homme libre ! » Les caméras transmettent en gros plan l'image d'un visage radieux que presque personne ne connaît puisque toute photographie du célèbre prisonnier est interdite de publication depuis plus d'un quart de siècle. Voici donc en chair et en os l'homme que tant d'années de prison ont transformé en un mythe vivant, celui qu'une vie entière consacrée à la lutte pour les droits de son peuple place aujourd'hui à ce carrefour ultime, en cet instant décisif tant attendu où il devient l'Histoire. Il salue en levant le poing, ce qui déclenche une vibrante clameur. Il y a vingt-sept ans qu'il n'a pu faire ce geste, songe-t-il en éprouvant une sensation de joie et de force. Il est seize heures et seize minutes. En dépit de ses soixante et onze ans, il sent soudain que sa vie vient de recommencer. Ses dix mille jours d'emprisonnement avaient pris fin.

C'est à l'hôtel de ville du Cap qu'il doit prononcer le discours de ses retrouvailles avec l'Afrique du Sud. La route vers le berceau de la colonisation blanche traverse d'opulentes campagnes, de flamboyants vignobles, des fermes soignées. Nombre de familles blanches sont venues voir passer le convoi. Mandela n'en croit pas ses yeux : beaucoup d'Afrikaners saluent en levant le poing. Ce geste qui exprime leur solidarité avec l'ANC dans une région si conservatrice le galvanise. Il fait arrêter sa voiture et descend pour les remercier. « L'Afrique du Sud dans laquelle je reviens est bien différente de celle que j'ai quittée », constate-t-il avec émotion.

La grand-place devant l'hôtel de ville est noire d'une foule impatiente qui attend depuis des heures. La voiture amenant le vieux leader tente de s'ouvrir un chemin à travers la marée humaine. Des gens tambourinent sur les vitres et le toit, d'autres sautent sur le capot, secouent la carrosserie. Mandela serre avec tendresse la main de Winnie. « La foule pourrait bien vous étouffer d'amour », plaisante le chauffeur.

Quand, enfin, il parvient sur le balcon, c'est pour découvrir une mer infinie d'hommes, de femmes, d'enfants, de toutes races, couleurs et origines, qui crient, agitent des drapeaux et des banderoles, applaudissent, chantent en sautant d'un pied sur l'autre. Il lève le poing et la foule répond par une immense clameur. Mandela est bouleversé. « Ces acclamations enflamment mon envie de me battre », dira-t-il.

— *Amandla !* lance-t-il de sa voix rauque.

— *Ngawethu !* répond la foule.

— *Mayibuye !*

— *iAfrika*[1] *!*

Lorsque l'effervescence s'apaise enfin, il sort de sa poche une feuille de papier et s'empare du micro.

— Amis, camarades compagnons sud-africains ! Je vous salue tous au nom de la paix, de la démocratie et de la liberté pour tous ! déclare-t-il. Je me présente devant vous, non comme un prophète mais comme votre humble serviteur. Vos sacrifices héroïques m'ont permis d'être ici aujourd'hui. Et je place les années qui me restent à vivre entre vos mains. Mais, prévient-il, la perspective de liberté qui se dessine n'est qu'une étape. Il faudra redoubler d'efforts. La lutte armée pour mettre une fin définitive à l'apartheid n'est pas terminée.

Le lendemain, une première conférence de presse confronte le leader noir non seulement à l'opinion africaine mais à celle du monde. C'est une

1. *Mayibuye iAfrika !* – Que l'Afrique se relève !

magnifique occasion pour lui de montrer qu'il s'est forgé une dimension historique.

– Et les Blancs ? lui demande un journaliste. Quel rôle leur attribuez-vous dans votre vision de la nouvelle Afrique du Sud ?

– Celui d'acteurs essentiels, répond-il sans hésiter.

Il explique qu'il ne veut surtout pas détruire le pays avant de l'avoir libéré. Chasser les Blancs entraînerait la ruine de la nation. Les Blancs doivent au contraire se sentir en sécurité. « Nous apprécions à sa juste valeur leur contribution au développement de ce pays, affirme-t-il. Nous devons tout faire pour les persuader qu'une nouvelle Afrique du Sud non raciale sera un meilleur endroit pour tous. »

Quelques heures plus tard, il survole en hélicoptère Soweto, la ville qu'il a surnommée « la cité mère des Noirs d'Afrique du Sud », le seul endroit « où je m'étais senti un homme avant d'aller en prison ». Il scrute les bidonvilles surpeuplés, les masures aux toits de tôles, les ruelles boueuses noires de monde. Il s'étonne : Soweto s'est agrandie. Avec leurs maisonnettes plutôt coquettes, certains quartiers semblent prospères. Mais, dans l'ensemble, la ville lui paraît plus pauvre encore que du temps où il y vivait avec sa famille dans la petite maison du 8115 Orlando West dont il cherche vainement à apercevoir le toit.

L'hélicoptère dessine à présent des cercles au-dessus de l'océan multicolore qui recouvre les gradins du grand stade de Soweto. Combien sont-ils à attendre ce premier rendez-vous du peuple noir avec son icône ? Cent cinquante mille ? Deux cent mille ? Mandela s'inquiète. Tant de grappes humaines s'accrochent aux toits des tribunes, aux réverbères ; débordent des allées, des escaliers, des gradins… L'appareil se pose à côté de la plate-forme constellée de drapeaux qui a été dressée au centre du terrain. Quand apparaît la haute silhouette en cravate et costume bleu marine éclate un ouragan d'applaudissements, de cris, d'ovations. Mandela salue interminablement, le poing levé. Puis il empoigne le micro pour dire tout de suite sa joie intense d'être de retour chez lui dans cette communauté de Soweto à laquelle il est si fier d'appartenir. Mais en même temps il ne peut cacher sa tristesse de voir que son peuple est toujours victime d'un système inhumain, qu'il souffre du manque de logements, de la crise scolaire, du chômage, du taux de criminalité… Il ouvre alors les bras comme s'il voulait étreindre le stade tout entier. Puis lentement, solennellement, il affirme que l'Afrique du Sud est à présent sur le chemin irrévocable d'une démocratie non raciale et unie, fondée sur le principe sacré de « un citoyen, un vote ». « C'est le rêve que je chérissais quand je suis entré en prison à l'âge de quarante-trois ans, proclame-t-il, c'est le rêve que j'ai gardé au fond de mon cœur durant toutes mes années d'isolement derrière les barreaux ; c'est le rêve pour lequel je travaillerai pendant les années qui me restent à vivre ; le rêve pour lequel je suis encore prêt à mourir. »

L'occasion de réaliser un autre rêve plus personnel attend ce soir-là Nelson Mandela. En entrant avec Winnie dans la petite maison du

8115 Orlando West, il a tout à coup le sentiment profond d'avoir vraiment quitté la prison. Pendant toutes ses années d'incarcération, le 8115 a été le centre de son imaginaire, « l'endroit marqué d'une croix dans ma géographie mentale ». C'est évidemment l'endroit auquel il a inlassablement associé ses retrouvailles conjugales avec l'épouse dont il a été séparé pendant vingt-sept ans. Mais à l'heure de sa libération, le destin va lui refuser à la fois sa chère petite maison et sa femme bien-aimée. Le 8115 n'est plus le refuge où il espérait pouvoir retrouver son passé d'homme jeune, refaire les gestes d'autrefois auprès des siens, accomplir ce qui lui avait manqué le plus en prison et qu'il s'était promis de savourer quand il serait libre. Le 8115 ne peut plus jouer le rôle du foyer familial auquel il avait tant rêvé. C'est devenu un lieu de culte annexé par des foules ferventes qui, jour et nuit, le submergent d'un assourdissant vacarme de chants, de cris de joie, de roulements de tambours, d'éclats de trompettes. Car celui qui habitait ici autrefois n'est plus un homme comme les autres. Il est devenu un mythe. Mandela apprend que la femme qu'il a tant aimée dans cette modeste demeure s'est fait construire une luxueuse résidence à quelques rues de là, où elle mène grand train au milieu d'une bande de courtisans. Cette découverte le bouleverse. Ses compagnons le pressent de prendre immédiatement ses distances avec celle dont la réputation de plus en plus sulfureuse risque de porter atteinte à son image et son action politique. Une accusation de meurtre pèse même sur Winnie. Sans doute des tensions étaient apparues entre eux durant les mois qui avaient précédé sa libération. Mais il avait continué à croire dur comme fer en la force de leur amour. Leur émouvante sortie de la prison main dans la main; leurs saluts enthousiastes côte à côte, le poing levé; leurs visages rayonnant de joie offerts aux foules du Cap et de Soweto voulaient exprimer cette conviction. Quel que soit le fossé qui ait pu se creuser entre eux, Mandela reste convaincu qu'ils sauront renouer les fils de leur amour érodé par leur si longue séparation. Il se trompe. Winnie ne partagera pas avec lui sa première nuit d'homme libre dans sa chère maison retrouvée. Elle s'est éclipsée pour un autre rendez-vous.

Nelson Mandela fait face à cette adversité avec une générosité qui suscite l'admiration de son entourage. Il s'attribue la pleine responsabilité des écarts de Winnie. Il se reproche sans cesse de l'avoir laissée seule dans l'enfer d'un désert sans pitié. Un remords qu'il est persuadé de garder jusqu'à son dernier jour. Un remords qui explique sa détermination à rester à ses côtés dans les épreuves qui la menacent. Voilà justement que la cour d'assises de Johannesbourg décide de la juger pour complicité dans la mort du jeune Noir assassiné par l'un de ses gardes du corps. Une affaire qui remonte à plusieurs mois mais que le pouvoir ressort dans son acharnement à discréditer celle qui lui a donné tant de fil à retordre pendant les années de prison du chef de l'ANC. Mandela ne manquera pas une audience du procès. Il est d'ailleurs si convaincu de l'innocence de sa femme qu'il a déjà rédigé la déclaration qu'il souhaite lire devant la cour à l'annonce de son acquittement. Mais le 14 mai 1991, la cour d'assises déclare Winnie coupable et la condamne à six ans de prison. Quand tombe la sentence, c'est un homme effondré qui fait disparaître la feuille de papier au fond de sa poche. Heureusement, l'accusée peut immédiatement faire appel. Elle sort libre du tribunal après avoir versé une caution de trois cents rands, environ cinquante euros.

La complicité avérée de Winnie dans une affaire de meurtre est cependant la goutte d'eau de trop. Le vase a débordé. Quelques jours avant Noël 1991, ceux à qui les Noirs d'Afrique du Sud ont donné le titre suprême de « Père » et de « Mère » de la nation se retrouvent un matin face à un aréopage de journalistes, de photographes, de micros et de caméras de télévision. Ils vont confirmer les rumeurs persistantes que les médias font courir depuis quelque temps. Nelson et Winnie Mandela annoncent leur séparation. C'est l'occasion pour le leader noir de rendre un bouleversant hommage à celle qu'il a tant aimée. « Pendant les vingt-sept années que j'ai passées en prison, Winnie a été l'irremplaçable pilier qui m'a soutenu et réconforté, déclare-t-il avec chaleur. Elle a supporté les persécutions innombrables du gouvernement avec un courage exemplaire et n'a jamais hésité dans sa lutte pour la liberté. Sa ténacité a renforcé le respect, l'affection et l'amour que j'avais pour elle. » Il prend sa main. Le geste déclenche un feu d'artifice de flashes. Il poursuit : « Je ne regretterai jamais la vie que nous avons essayé de partager, elle et moi. Des circonstances hors de notre contrôle en ont décidé autrement. Je la serre dans mes bras avec tout l'amour que j'ai toujours éprouvé pour elle, à l'intérieur et à l'extérieur de la prison depuis la première fois que je l'ai vue. Mesdames et messieurs, j'espère que vous comprendrez ma douleur. »

Tous les regards se braquent alors vers Winnie. Va-t-elle répondre ? Pas vraiment. Elle porte la main de son mari à ses lèvres et y dépose un baiser. Puis, dans un souffle, elle murmure : « *Good bye and good luck, my love* – Adieu et bonne chance, mon amour. »

Pendant deux siècles, le superbe manoir enfoui dans la végétation du parc de Groote Schurr avait été la résidence des gouverneurs britanniques de la province du Cap. Aujourd'hui, ses salons tapissés de bois précieux accueillent les acteurs qui vont décider de l'avenir de l'Afrique du Sud. Autour de Nelson Mandela et de son fidèle compagnon Walter Sisulu se pressent les principaux responsables de l'ANC et des mouvements de résistance à l'apartheid. Leur hôte, le Premier ministre Frederik De Klerk, est accompagné de nombreux membres de son gouvernement. La rencontre est historique : elle marque la fin de la relation maître à esclave qui avait caractérisé, durant presque quatre siècles, les rapports entre Blancs et Noirs en Afrique du Sud. « Nous ne venions pas à cette réunion en suppliants ou en solliciteurs, dira Mandela, mais en tant que compatriotes sud-africains qui avaient droit à une place égale autour de la table de négociations. » Contrairement à des pronostics pessimistes, la conférence démarre dans une atmosphère de courtoise bonne humeur. « Voir les chefs de l'apartheid serrer la main d'ennemis qu'ils avaient diabolisés pendant des décennies est une révélation extraordinaire », s'extasie Mandela. « Soudain chaque camp découvre que les membres de l'autre camp n'ont pas de cornes pour vous embrocher », renchérit Thabo Mbeki, qui sera un jour président de l'Afrique du Sud. Le but de ces pourparlers préliminaires est de dresser la liste des différents sujets qui opposent les Blancs et les Noirs et qui devront faire l'objet de négociations spécifiques. Dieu sait qu'ils sont nombreux, ces sujets : l'abolition officielle de l'apartheid, la levée de l'état d'urgence, le retour des exilés, le sort des prisonniers politiques, le retrait des militaires des townships, la fin de la lutte armée engagée par l'ANC, l'abrogation des sanctions internationales, les moyens de mettre un terme à la violence et, surtout, l'élaboration du nouveau système politique qui gouvernera l'Afrique du Sud de demain ne sont qu'un échantillon du vaste contentieux. En trois jours de discussions généreusement arrosées du succulent vin de la propriété, les parties apprennent à se connaître et réussissent à se mettre d'accord sur l'agenda d'une conférence de paix.

Hélas, comme dans la vie des hommes, il n'existe pas en politique d'enfantement sans douleur. À peine les partenaires du manoir colonial se sont-ils séparés qu'une série de massacres recommence à ensanglanter le pays. Les principaux responsables de cette nouvelle tragédie sont cette fois des Noirs appartenant à une tribu réputée pour son bellicisme. Les exactions des Zoulous hantent la mémoire des Blancs depuis l'assassinat, en 1838, d'une délégation de Boers venus pacifiquement négocier l'achat de terres avec leur souverain. L'extermination quelques jours plus tard par les mêmes Zoulous d'un millier de trekkers du Grand

Voyage, dont cinq cents femmes et enfants, portait à son comble cette renommée de cruauté symbolisée par un lieu de martyre appelé Weenen, la vallée des larmes.

Des centaines de soldats britanniques avaient par la suite péri au cours d'une guerre sauvage avec les féroces guerriers. Puis ces derniers s'étaient assagis. Ils avaient posé leurs lances pour cultiver la terre dans le nord-est du pays. C'est là qu'un siècle plus tard un chef de sang royal nommé Mangosuthu Buthelezi venait de les rassembler en une nation puissante sous l'égide de l'Inkhata, un mouvement populaire nationaliste portant le nom de l'anneau sacré emblème de l'unité du peuple zoulou. Buthelezi a la réputation d'être un homme habile et pragmatique. Il se montre docile avec le pouvoir de Pretoria tout en condamnant l'apartheid, et s'affirme un ami de Mandela tout en dénonçant la lutte armée de l'ANC. Une position ambiguë qui, croit-il, lui assurera un rôle d'interlocuteur incontournable à la table des négociations. Car son rêve est d'arracher un État indépendant pour ses cinq millions de Zoulous. Pour y parvenir, le mieux est d'abord de faire entendre sa voix. À la façon zouloue, naturellement.

La campagne de violence que Buthelezi déclenche dans ce but au début de 1990 dépasse très vite en horreur tout ce que l'Afrique du Sud a pu connaître de la part des militants de la liberté. Des commandos zoulous envahissent les villages réputés favorables à l'ANC, décapitent leurs habitants par dizaines, contraignent des milliers d'autres à s'enfuir, incendient fermes et maisons. Dans les townships proches des usines et des mines, les travailleurs zoulous sortent de leurs misérables foyersdortoirs pour égorger les ouvriers des autres ethnies ou les brûler vifs avec des pneus enflammés jetés autour du cou. Des tueurs montent dans les trains pour y semer la terreur. Entre Soweto et Johannesburg, entre Jeppe et Benrose, plusieurs dizaines de voyageurs sont égorgés et des centaines d'autres gravement blessés. Le 22 juillet 1990, des bandes de Zoulous pénètrent à bord d'autocars dans la township de Sebokeng. Leurs véhicules sont escortés par des voitures de la police blanche du gouvernement. Cela confirme les craintes de Mandela : Buthelezi et De Klerk sont probablement de connivence. Leur alliance fournirait en effet au chef du gouvernement afrikaner le soutien de cinq millions de Zoulous pour faire pencher le sort des négociations en sa faveur. Quant aux Zoulous, leur allégeance à Pretoria augmenterait leur chance d'obtenir en échange un État indépendant. Pour l'heure, ils sont dans les rues de Sebokeng où ils font un carnage sous l'œil impassible des policiers blancs. Ils décapitent à coups de lance plusieurs dizaines d'habitants, coupent les seins des femmes. Mandela accourt sur les lieux avant de se précipiter à Durban pour s'adresser, au péril de sa vie, à cent mille Zoulous rassemblés dans leur fief du King's Park. « Jetez vos sagaies et vos haches dans la mer ! les supplie-t-il. Laissez tomber vos casse-tête ! Nous sommes tous frères. Serrons-nous la main, faisons la paix ! »

La voix du « Père de la nation » ne trouve aucun écho. Les massacres continuent. Les craintes de Mandela s'amplifient quand il apprend qu'une milice blanche composée de renégats de la police et de cadres de petits partis d'extrême droite se livre à des massacres en toute impunité aux côtés des tueurs zoulous. Il proteste violemment contre la traîtrise des forces de l'ordre. Mais de Pretoria il n'obtient que l'annonce d'un surprenant décret autorisant les Zoulous à porter leurs armes traditionnelles dans tous les rassemblements, qu'il s'agisse de leurs lances ou de leurs casse-tête.

Persuadé que cette campagne de terreur risque de porter un coup fatal au processus de paix, Mandela se rend en secret chez Frederik De Klerk. L'homme qu'il découvre en tête à tête lui paraît bien différent de celui qui a participé aux premiers pourparlers organisés dans le manoir colonial du Cap. Malgré ses protestations de bonne volonté, il constate que De Klerk n'est pas réellement l'émancipateur sur lequel il comptait s'appuyer. C'est un pragmatique prudent qui veut bien réaliser des réformes, à condition toutefois de garder la direction des affaires. Le chef de l'ANC renouvelle son plaidoyer pour un système parlementaire majoritaire à l'anglaise dans lequel le vainqueur exercerait le pouvoir. Mais il s'aperçoit que De Klerk n'est disposé à négocier la fin de la domination de la minorité blanche que s'il obtient pour elle le droit de s'opposer aux décisions de la majorité noire. « En somme, vous recherchez un nouvel apartheid qui serait habillé d'un autre déguisement ! » lui lance-t-il. Avant d'ajouter, dépité : « De toute façon, comment osez-vous parler de négociations alors que vous laissez massacrer notre peuple ! »

Le soir même, dans un bref communiqué dressant le bilan de sa pathétique rencontre avec le chef du gouvernement, le leader noir annonce qu'il a décidé de suspendre les pourparlers de paix avec M. Frederik De Klerk.

La paix ! Malgré le vent nouveau qui souffle des hauteurs de Pretoria depuis l'arrivée au pouvoir de Frederik De Klerk, l'apartheid n'en continue pas moins son œuvre d'oppression à travers le pays. Dans la péninsule du Cap, par exemple, où se poursuit la politique de purification ethnique inaugurée il y a quatorze ans par la destruction du quartier de District Six. Les cibles les plus constantes des bulldozers gouvernementaux sont devenues les campements de fortune où se sont réfugiées des milliers de familles noires interdites de séjour au Cap et dans les villes déclarées blanches de la région. Le plus important de ces camps est situé à quelques kilomètres de la township de Langa où va chaque jour travailler Helen Lieberman. À cause de son emplacement à un croisement de routes, il s'appelle Crossroads. C'est un amoncellement de cases en tôle, bien souvent sans portes ni fenêtres, dépourvues presque toujours d'eau courante, d'électricité, de sanitaires. Là vivent, dans des conditions misérables, plusieurs milliers de pauvres gens contraints de braver l'*Illegal Squatting Act*, la terrible disposition qui permet aux autorités de détruire sans avertissement préalable n'importe quelle construction à moins que l'occupant ne puisse présenter un titre de propriété. Exigence surréaliste dans un pays où aucun citoyen de couleur n'a le droit de posséder un seul mètre carré de terrain en dehors des rares townships et *homelands* agréés.

Un matin à l'aube, alors qu'elle se rend à Langa, Helen tombe sur une opération d'expulsion de grande ampleur lancée justement à Crossroads. Pour accélérer le départ des squatters, les forces de police n'ont pas attendu les bulldozers. Elles ont mis le feu au bidonville. Surpris dans leur sommeil, la plupart des habitants s'enfuient en hurlant sans pouvoir rien emporter. D'autres parviennent à extirper des brasiers quelques vêtements, quelques affaires. Des enfants terrifiés courent au milieu des flammes. Helen se précipite pour porter secours aux blessés. En effet, par sa brutalité, l'incendie a fait des victimes. Soudain, elle reconnaît dans la tourmente le quinquagénaire au visage marqué de cicatrices qui lui apporte chaque matin le lait dans son quartier de Clifton. Il s'appelle Samuel. Grâce à elle, celui-ci a obtenu le *pass* qui lui permet d'aller travailler six heures par jour en zone blanche. Le malheureux est désemparé. Sa case est en feu et sa femme et ses enfants ont disparu.

Helen parlemente avec les policiers pour obtenir l'autorisation d'aller à la recherche de la famille du laitier. Peu habitués à ce qu'une femme blanche intervienne en faveur de Noirs, les policiers hésitent. C'est alors que surgit avec quelques hommes l'officier du commissariat voisin de Langa. Il connaît Helen depuis des années. Après l'avoir maintes fois menacée des foudres de la police, il s'est converti aux mérites de son action humanitaire. Depuis, lui et les hommes de son commissariat la protègent.

— Laissez-la passer, ordonne-t-il. C'est une femme qui fait du bien.

À force d'explorer les ruines du camp, Helen finit par découvrir la famille de Samuel qui s'est réfugiée dans le cimetière. Elle ramène femme et enfants à son ami noir. Elle a décidé de les sauver tous les quatre. Ce soir, dès que la nuit sera tombée, elle reviendra les chercher pour les conduire chez elle à Clifton, où elle les hébergera secrètement dans le garage. Ainsi, le laitier et sa famille ne seront pas, comme leurs voisins, déportés vers un camp du Transvaal.

À l'heure fixée, Helen revient avec des amis et plusieurs véhicules. Ce seront en fait une trentaine de rescapés de l'incendie qui pourront monter dans les voitures prudemment garées à l'extérieur des ruines du bidonville. Ce sauvetage est une opération à hauts risques. Introduire et cacher une trentaine de Noirs en plein cœur d'une ville blanche contredit les principes les plus sacrés de la ségrégation raciale. Helen et son mari sont à la merci d'une dénonciation, du plus infime incident. Ils risquent des années de prison pour « trahison à la race ».

Helen a sorti du garage les deux BMW blanche et grise de Michael pour aménager le vaste espace en un centre d'accueil équipé à la hâte de matelas, de placards remplis de vivres et de vêtements, d'ustensiles de cuisine, d'un fourneau. Elle a même pensé à installer un poste de télévision afin que ses hôtes clandestins, en particulier les plus jeunes, supportent mieux leur claustration. Mais c'est un banal miroir accroché à un mur qui va attirer la curiosité puis l'enthousiasme des rescapés. « Quand chacun a trouvé une place pour dormir, je leur ai souhaité une bonne nuit et me suis éclipsée », racontera Helen. Au bout d'un moment, je suis allée regarder par le fenestron du garage pour m'assurer que tout allait bien. Je n'oublierai jamais le spectacle qui m'attendait. Tous ces Noirs s'étaient agglutinés devant le miroir parce qu'ils découvraient tout à coup leur image. Des enfants sautaient d'un pied sur l'autre en grimaçant devant la glace. Hypnotisées par les portraits que leur renvoyait le morceau de verre magique, des jeunes femmes passaient leurs mains sur leur visage, caressaient leur front, leurs joues, leurs cous. D'autres manifestaient soudain un pathétique désir de coquetterie en arrangeant leurs cheveux et en ajustant leur foulard. D'autres riaient tout simplement en se regardant. J'étais bouleversée. Un peuple d'opprimés, un peuple si longtemps rabaissé à un état animal, un peuple d'écrasés, un peuple de sous-hommes découvrait soudain le visage qu'il avait, le visage d'hommes, de femmes, d'enfants créés par la main de Dieu. »

Helen hébergera ses protégés pendant quatre semaines, le temps que ses compagnes d'Ikamva Labantu, l'organisation humanitaire qu'elle a fondée dans la township de Langa, puissent leur offrir un refuge sûr et définitif. Ce sauvetage sera l'une de ses plus belles réussites.

1990-1994. Il faudra quatre longues années pour que l'Afrique du Sud sorte de l'enfer de l'apartheid et se forge un avenir. Quatre années de négociations, de tractations, de marchandages commencés dès la libération du principal acteur de la scène politique sud-africaine mais que de féroces antagonismes locaux menaceront d'échecs répétés. « Quatre années de montagnes russes », comme le dira avec humour l'archevêque Desmond Tutu[1]. Car, si les principaux partenaires – Nelson Mandela et Frederik De Klerk – ont finalement réussi à

1. Corinne Moutout, *Défi sud-africain – De l'apartheid à la démocratie : un miracle fragile,* collection Monde, HS n° 99, Éditions Autrement, Paris, 1997.

surmonter leurs divergences pour s'entendre sur un projet d'élections nationales non raciales sur la base de « un citoyen, un vote », ainsi que sur la vision d'un État démocratique fondé sur une constitution parlementaire, il n'en va pas de même des nombreuses factions qui déchirent le pays. Attaqué d'un côté par les extrémistes blancs qui l'accusent de brader l'Afrique du Sud aux exigences des Noirs, pressé de l'autre par ses interlocuteurs noirs qui exigent qu'un coup de balai final expédie l'apartheid aux oubliettes de l'Histoire, Frederik De Klerk décide, en mars 1992, de frapper un grand coup. S'il perd, il jettera l'éponge et s'en ira. Il appelle tous les Blancs à un référendum pour qu'ils disent s'ils acceptent la suppression de l'apartheid et la poursuite des négociations. Le 17 mars 1992, plus de 88 % de tous les électeurs blancs se précipitent vers les urnes. Le « oui » l'emporte avec une écrasante majorité de 68,73 % des voix. Les négociations sont sauvées. Frederik De Klerk a porté un coup fatal à l'extrême droite blanche et renforcé sa position devant ses interlocuteurs noirs. « C'est le moment le plus crucial de notre histoire », n'hésite-t-il pas à déclarer.

Certes, des violences continueront d'ensanglanter le pays ici ou là. Dans l'ultime espoir de pouvoir planter son ersatz de svastika sur un Volksraat indépendant et souverain, l'extrémiste de droite Eugène Terre'Blanche tente de déclencher une guerre civile en faisant abattre l'une des figures les plus populaires de la résistance à l'apartheid, le communiste Chris Hani, ami et confident de Mandela. Quant aux Zoulous, également désireux de conquérir un État autonome, ils ne sont pas en reste et massacrent des villages entiers. Leurs commandos vont jusqu'à envahir le centre de Johannesburg, laissant dans les rues et sur les places des dizaines de corps atrocement mutilés. Mais plus rien ne peut arrêter la marche des événements.

Le 3 juin 1993, les négociateurs des deux camps prennent une décision historique. Trois cent quarante et un ans, un mois et dix-neuf jours après que le Hollandais Jan van Riebeeck a débarqué à la pointe du Cap pour lancer les chariots des trekkers blancs vers le cœur de l'Afrique australe, ils fixent la date des premières élections générales sud-africaines. Ce sera le 27 avril 1994. Il y aura vingt millions de votants et dix mille bureaux de vote. Pour le peuple des kaffirs, ce sera un jour magique, la première fois dans son histoire qu'il ira aux urnes pour choisir les chefs de son pays.

Le principal animateur de la fiévreuse campagne électorale qui se déchaîne alors à travers l'Afrique du Sud est naturellement l'ancien prisonnier de Robben Island. Des années durant, dans la solitude de sa cellule ou dans l'aveuglante lumière de la carrière de pierres du bagne, Mandela a imaginé, préparé, idéalisé l'instant où tous les Sud-Africains seraient libres de décider de leur destin et de celui de leurs enfants. À l'heure où survient cette liberté tant attendue, il se préoccupe de contenir les débordements qu'elle risque de susciter. Il fait donc rédiger par l'ANC un document intitulé « Une vie meilleure pour tous », où chaque électeur peut découvrir ce que l'avènement de la démocratie va lui apporter. « Attention ! prévient le père de la nation, soyez patients ! Votre vie ne va pas changer de façon spectaculaire. Votre amour-propre doit sublimer vos attentes car vous serez enfin des citoyens à part entière dans votre pays. »

Celui qui a subi l'implacable vindicte des Blancs pendant vingt-sept ans veut aussi s'adresser à ses bourreaux. Il montre une magnanimité, une grandeur d'âme, une intelligence qui lui réserveront sans nul doute une place à part dans le panthéon des hommes politiques. Certes, quand il s'adresse aux Blancs, il ne mâche pas ses mots pour condamner les horreurs de l'apartheid. C'est pourtant un message de réalisme pour le futur qu'il veut leur offrir. « Nous ne voulons pas que vous quittiez le pays, insiste-t-il dans ses nombreux appels. Nous avons besoin de vous. Vous êtes des Sud-Africains, exactement comme nous, et ce pays est aussi le vôtre. » Se voulant le prophète de la réconciliation, il affirme : « Nous devons oublier le passé et nous concentrer sur la construction d'un avenir meilleur pour tous. » Afin de garantir cet avenir, il rencontre secrètement les principaux leaders économiques blancs et les assure que la nouvelle Afrique du Sud à majorité noire respectera le modèle libéral en place.

Ce sera dans le débat télévisé qui l'oppose à Frederik De Klerk dix jours avant le scrutin que le leader noir déploiera le mieux toute la noblesse de sa nature. Il se sait bon débatteur. À Robben Island, il avait maintes fois peaufiné l'art de la discussion avec ses camarades tout en cassant les blocs de chaux de la carrière. Mais à la veille de cette rencontre capitale avec le premier représentant du peuple blanc, il éprouve soudain des inquiétudes. Il organise donc une répétition avec un journaliste réputé qui tient le rôle de son adversaire. L'expérience est décevante. Ses conseillers de campagne le tancent sévèrement : il parle trop lentement, manque d'agressivité. Mandela l'admet : les séquelles de son interminable incarcération le rattrapent parfois, ainsi que celles de son opération du cancer, et surtout de sa douloureuse séparation d'avec Winnie. Même s'il les porte allégrement, ses soixante-seize ans ont ralenti sa démarche, courbé sa silhouette, creusé des sillons sur son beau visage. Qu'importe ! Le jour J du débat avec De Klerk, il va se dépasser, sortir ses griffes, se jeter sur son interlocuteur comme un fauve sur sa proie. D'emblée, il l'accuse, lui et son parti, d'attiser la haine raciale, de mentir sur les intentions de l'ANC, de semer la discorde. De Klerk encaisse, imperturbable, puis se défend énergiquement. Quand le débat touche à sa fin, Mandela a soudain le sentiment de s'être montré trop dur avec celui qui, au lendemain des élections, va forcément partager avec lui la charge de diriger un gouvernement d'union nationale. Il fait amende honorable : « Malgré les critiques que je vous ai adressées, vous êtes, monsieur De Klerk, l'une des personnes sur lesquelles je compte, déclare-t-il. Vous et moi, nous sommes pour le monde entier l'exemple éclatant de deux hommes de races différentes éprouvant pour leur pays commun la même loyauté et le même amour. Nous allons affronter les problèmes de notre nation côte à côte. » À ces mots, il se lève et s'empare de la main du leader blanc. Avant de conclure avec ferveur : « Je suis fier, monsieur De Klerk, de vous tenir la main pour que nous puissions avancer ensemble. » Le chef du gouvernement ne peut cacher son émotion. Comme l'année précédente à Oslo quand ils avaient reçu ensemble le prix Nobel de la paix, les deux hommes se donnent une ardente accolade.

Jamais les voix d'un peuple n'auront dû surmonter autant d'obstacles pour se faire entendre. Combien sont-ils les affamés de démocratie qui vont déferler ce 27 avril 1994 sur les urnes dispersées à travers un pays deux fois et demie grand comme la France ? Vingt ou vingt et un millions ? Davantage ? L'exacte répartition géographique de cette population qui, dans son immense majorité, n'a jamais mis les pieds dans un bureau de vote est inconnue. À moins d'avoir été contraints de posséder l'infâme petit carnet vert ou rouge destiné à contrôler leurs déplacements, les Noirs sud-africains ne possèdent pas de papiers d'identité. Beaucoup sont analphabètes. Que de prodiges il va falloir accomplir pour les conduire vers l'urne emblématique ! Pour inscrire leur identité sur leur paume grâce à une encre indélébile afin de les empêcher de voter plusieurs fois ; pour aller chercher ceux que des siècles de sous-développement ont exilés dans des zones reculées privées de tous moyens de communication.

Heureusement, les violences ont presque cessé. Le chef zoulou Buthelezi a fini par se rendre aux suppliques de Nelson Mandela et de Frederik De Klerk. Ses guerriers en peaux de léopard ont déposé leurs lances et leurs gourdins, et accepté de prendre part au scrutin. Pour organiser les opérations sur le terrain, Pretoria a, de son côté, métamorphosé ses deux cent mille sentinelles de l'apartheid en une armée d'agents électoraux. Répartir quelque trente millions de bulletins dans dix mille bureaux dont certains ne sont que de frêles baraques au bord des routes poussiéreuses du Karoo ou du Kalahari a été un exploit que seuls quelques enragés du régime blanc résidant au Cap et dans les fiefs traditionnels de la ségrégation du Transvaal ont refusé de saluer, préférant chercher le réconfort de leur bible en demandant à Isaïe si Jéhovah allait les conduire vers les cieux enchantés qu'Il destine aux enfants qu'Il a élus. D'autres ont questionné l'Apocalypse de saint Jean comme jadis leurs aïeux dans leurs chariots, pour savoir s'ils sont toujours « un peuple nouveau marchant vers une terre nouvelle ». Faute d'être immédiatement rassurés, tous ceux qui redoutent que le prochain avènement d'un gouvernement noir ne soit un premier pas vers la fin du monde ont décidé de prendre des précautions. Ils se sont précipités dans les magasins de vivres et de bougies pour les vider de leurs stocks.

C'est l'aube d'un premier matin du monde qui se lève sur l'Afrique australe ce 27 avril 1994. L'Afrique des héros blancs et des héros noirs de quatre siècles d'une histoire tumultueuse. L'Afrique de Jan van Riebeeck, de Paul Kruger, de Cecil Rhodes, d'Andries Pretorius, d'Olivier Tambo, de Daniel François Malan, de Hendrik Verwoerd, de Helen Lieberman, de Steve Biko, de Chris Barnard, de Nelson Mandela ; l'Afrique des planteurs de salades de la Compagnie des Indes, des trekkers du Grand Voyage, des Zoulous du roi Shaka, des Khoïkhoï trafiquants de bétail, des Xhosas chercheurs de diamants, des valeureux combattants de l'ANC, des damnés des mines d'or, des inventeurs de l'apartheid, des bagnards de Robben Island ; l'Afrique multiraciale et multireligieuse que Dieu et les hommes ont fait naître sur l'une des plus belles terres de la planète pour permettre à ses habitants d'accomplir le geste le plus sacré : faire entendre leur voix par un bulletin de vote.

Dès les premières lueurs, ils arrivent par millions pour vivre le jour le plus inoubliable de leur existence. Le pays tout entier se couvre d'interminables cortèges qui serpentent vers l'entrée des bureaux de vote – Blancs, Noirs, métis, Asiatiques – tous mélangés sous l'implacable soleil du Transvaal, du Natal, de l'Orange, ou sous la pluie torrentielle de la péninsule du Cap. Des gens qui font la queue ensemble. Des médecins, des avocats, des manœuvres, des travailleurs agricoles, des femmes de ménage et leurs patronnes – tous réunis en une seule file qui avance lentement vers un isoloir. C'est la première fois qu'ils se côtoient. Ils échangent leurs journaux, partagent leurs sandwiches, s'abritent sous le même parapluie. Dans la foule de Sharpeville, cette township du Transvaal martyre de l'apartheid, une vieille femme de quatre-vingt-treize ans nommée Miriam Mqomboti bénit à haute voix son bonheur. « Je suis venue du Transkei quand j'avais dix-huit ans, raconte-t-elle. Jamais je n'aurais imaginé voir ce jour. »

Dans la file qui attend devant le bureau de vote de Gugulethu, une township de la banlieue du Cap, se trouve un petit homme en soutane mauve. L'archevêque Desmond Tutu a voulu voter au milieu de son peuple. Quand il met son bulletin dans l'urne, tout le monde l'entend pousser un « Yippee ! » triomphal. « Je me sentais tout étourdi, dira-t-il. C'était comme tomber amoureux. Le ciel paraissait plus bleu et plus beau. Je voyais les gens sous un jour nouveau. Ils étaient beaux, transfigurés[1]. » Mais subitement, la peur s'empare du Prix Nobel de la paix. Il craint que quelqu'un ne vienne le secouer, le ramener à une autre réalité, à ce cauchemar qu'a été l'apartheid pour lui et des millions de ses compatriotes. À côté de lui, il entend un homme dire à sa femme : « Chérie, ne me réveille pas. J'aime trop ce rêve ! »

Quand il sort du bureau, Mgr Tutu voit des gens qui dansent, qui chantent, qui poussent des cris de joie. « On se serait cru à une fête, dira-t-il. Tous ceux qui avaient supporté le fardeau et la violence de la répression, tous ces gens humbles que l'apartheid avait transformés en êtres anonymes, sans visages, sans voix, ne comptant pour rien dans leur propre patrie, tous ces gens qui, chaque jour, avaient été traînés plus bas que terre, se sentaient enfin exister. »

C'est un bureau de vote à l'autre bout du pays que choisit Nelson Mandela pour accomplir le geste symbolique que son long combat pour la liberté offre ce jour-là à son peuple. L'école d'Ohlange à Inanda, une petite ville au nord de Durban dans le Natal, est construite à côté de la tombe où repose le personnage qui a plus que tout autre inspiré son combat contre l'oppression blanche. Le révérend John Dube avait été l'un des fondateurs du Congrès

1. Desmond Tutu, *No Future Without Forgiveness,* traduit en français par Josiane et Alain Deschamps sous le titre *Il n'y a pas d'avenir sans pardon*, Albin Michel, Paris, 2000,

national africain en 1912, avant d'en devenir le premier président. Mandela s'était toujours inspiré de l'idéal de ce pionnier de la lutte non violente des Noirs pour la conquête de leurs droits civiques. En allant, ce 27 avril 1994, déposer son bulletin dans une urne proche du lieu de son repos éternel, il a le sentiment de clore le cycle historique entamé quatre-vingt-deux ans plus tôt par l'un des principaux inspirateurs de sa vie.

En pénétrant dans la salle de classe, il songe aussi à d'autres héros qui se sont sacrifiés pour que son peuple ait le droit de faire enfin entendre sa voix. Il songe à ses compagnons disparus : Olivier Tambo, Chris Hani, Steve Biko et à bien d'autres. « Je n'entre pas seul dans le bureau de vote, dira-t-il. Tous sont là qui m'entourent. » En arrivant devant l'urne, un être cher lui fait la surprise de lui tendre les bras. Zaziwe, la petite fille qu'il avait baptisée du nom « Espoir » seize ans plus tôt dans le sinistre parloir du bagne de Robben Island parce qu'elle incarnait pour lui le rêve d'une nouvelle génération d'Africains pour qui l'apartheid ne serait bientôt qu'un lointain cauchemar. Zaziwe-Espoir est aujourd'hui une séduisante adolescente avec le regard volontaire de sa mère. Elle est venue en cette occasion solennelle apporter à son grand-père l'hommage de la jeunesse africaine pour laquelle il s'est tant battu. Touché aux larmes, le vieil homme la serre dans ses bras. Quel bonheur d'accomplir le geste ultime de son combat devant un lumineux symbole de cette Afrique du Sud nouvelle. Avec application, il trace une croix devant les trois lettres ANC imprimées sur le bulletin. Puis il dépose avec respect la feuille de papier dans la simple caisse qui sert d'urne. Il est midi trente ce mercredi 27 avril 1994. Tous ceux qui font la queue l'entendent alors laisser éclater son bonheur :

— J'ai voté pour la première fois de ma vie ! annonce avec jubilation le père de la nation.

Des dix mille bureaux éparpillés à travers l'immense pays, sans doute aucun ne symbolise mieux les valeurs qui s'attachent à ce jour glorieux. La Sam's School, cette case en tôle de la township de Langa qui porte le nom du jeune Noir brûlé vif par des tueurs de l'apartheid, a été repeinte en blanc et décorée de branches de palmier pour accueillir avec faste les électeurs. Victor, l'ancien dealer de drogue converti par Helen Lieberman à l'entraide associative, trône à l'entrée avec un tambour dont les roulements ébranlent le quartier. Un grand garçon d'une vingtaine d'années en jean et chemise rose se tient derrière l'urne. C'est lui qui accueille les électeurs, inscrit leurs noms sur le registre, distribue les bulletins. Tout le monde à Langa le connaît. Il est l'un des principaux animateurs de l'association Ikamva Labantu. Il s'appelle Jeremy. Une nuit, dix-neuf ans plus tôt, Helen Lieberman l'avait sauvé en le reprenant des bras de sa grand-mère pour le ramener à l'hôpital Groote Schurr et lui administrer d'urgence la perfusion vitale dont il avait besoin après l'opération de la bouche qu'il venait de subir.

Soudain, Victor frappe son tambour avec une folle frénésie. Docteur Helen vient d'apparaître en compagnie du laitier Samuel. Aussitôt, Jeremy et les habitants du quartier se précipitent pour former une haie d'honneur devant l'école. C'est ici, au milieu de ceux dont elle a combattu les misères avec tant d'acharnement que la fondatrice d'Ikamva Labantu – l'Avenir de notre nation, a voulu donner sa voix pour la nouvelle Afrique du Sud. Une Blanche, des Noirs. Un seul peuple. Une nation arc-en-ciel.

Épilogue

Amandla Ngawethu ! – Le pouvoir au peuple ! La célèbre formule n'était plus un appel à l'espérance. C'était une réalité. Avec 62,65 % des suffrages, l'ANC, le parti de Nelson Mandela, obtint deux cent cinquante-deux des quatre cents sièges de la première assemblée démocratique de la nation arc-en-ciel. Frederik De Klerk et son parti de la domination blanche ne s'adjugèrent que 20,4 % des voix et quatre-vingt-deux sièges au Parlement. Quant aux Zoulous, 10 % des suffrages leur permirent de faire avec quarante-trois représentants une entrée remarquée dans le superbe Parlement du Cap aux colonnes corinthiennes.

Quatre jours après la proclamation des résultats, le 2 mai 1994, le dernier président de l'ère de l'apartheid se présenta devant les micros des radios et les caméras de télévision pour reconnaître sa défaite et féliciter le vainqueur du scrutin. D'une voix ferme et vibrante, mais aussi chargée d'émotion, Frederik De Klerk affirma sa satisfaction de collaborer avec Nelson Mandela dans le premier gouvernement d'unité nationale de la nouvelle Afrique du Sud. Mais il voulait également mettre en garde le leader noir. Après le long chemin qu'il a parcouru, celui-ci se trouve aujourd'hui au sommet d'une montagne, déclara-t-il. Il ne pourra pas s'arrêter pour contempler le paysage car, au-delà de cette montagne, il y en a une autre, et derrière encore une autre. Son voyage ne sera jamais fini. De ce regard magnétique qui avait séduit Mandela dès leur première rencontre, le leader blanc fixa alors les caméras braquées vers lui. Il se doutait que les cinq millions de ses compatriotes blancs, ainsi qu'un nombre énorme de Noirs, devaient suivre, la respiration haletante et la gorge serrée, ce prodigieux rendez-vous avec l'Histoire. Trois siècles et demi après le débarquement du premier Blanc à la pointe de l'Afrique, un descendant du peuple de Calvin allait offrir le ralliement de sa race au peuple noir victorieux. Frederik De Klerk le fit de façon élégante et annonça qu'il serrait fraternellement la main de Mandela dans un esprit de sincère coopération.

Les prédictions apocalyptiques répandues à la veille des élections se révélèrent erronées. L'Afrique du Sud affronta politiquement unie ses premiers pas de nation libre. Après avoir été soumise pendant tant d'années au dogme de la ségrégation, elle décida de dire « non » à la division. « Les paroles de Frederik De Klerk étaient si belles que j'ai dû me pincer pour les croire », confiera l'archevêque Desmond Tutu.

Cinq jours plus tard, le 10 mai, Nelson Mandela reçut l'onction suprême. Devant un parterre de chefs d'État accourus du monde entier, il fut investi dans ses fonctions de premier président démocratiquement élu d'Afrique du Sud. La cérémonie eut lieu dans le magnifique amphithéâtre de grès de l'Union Building de Pretoria qui avait, durant cinq décennies, accueilli les grand-messes de la suprématie blanche. Zenani, sa fille aînée, l'accompagnait. Montés les premiers sur le podium, Frederik De Klerk et Thabo Mbeki prêtèrent leur serment de vice-présidents. Mandela prit alors la parole. Son discours fit passer sur l'assistance un extraordinaire souffle d'émotion. « Par notre présence ici aujourd'hui, nous conférons gloire et espoir à cette liberté qui vient de naître, déclara l'ancien bagnard de Robben Island. De l'expérience d'un terrible désastre humain qui a duré trop longtemps va surgir une société dont l'humanité tout entière sera fière… Nous qui étions des proscrits il y a peu, voici qu'on nous a accordé le rare privilège d'être les hôtes de la planète sur notre propre sol. Nous remercions nos invités d'être venus prendre possession, avec le peuple de notre pays, de ce qui est en fin de compte une victoire commune pour la justice, la paix et la dignité humaine. »

Après s'être engagé à libérer tous les Sud-Africains de la servitude de la pauvreté, des privations, du sexisme et de toutes les autres discriminations, le père de la nation prit son auditoire à témoin pour demander : « Que jamais, jamais, jamais plus, ce beau pays ne connaisse l'oppression d'un homme par un autre ! » Affirmant que c'était la première fois que le soleil brillait sur une aussi grande réalisation humaine, il conclut en levant les bras vers la mer des visages bouleversés. « Que règne la liberté ! Que Dieu bénisse l'Afrique ! »

Que Dieu bénisse l'Afrique ! Aucune invocation ne pouvait résonner plus opportunément dans ce lumineux automne austral. Après avoir été « submergé par le sens de l'Histoire » lors de son inauguration, le premier président noir fut contraint de redescendre sur terre pour découvrir les réalités qui se cachaient sous ces « montagnes » qu'avait évoquées Frederik De Klerk. La première, et sans doute la plus alarmante, concernait la criminalité terrifiante qui menaçait la sécurité de tous les citoyens, aussi bien les Noirs que les Blancs. En cette première année de démocratie, homicides, attaques à main armée, viols et cambriolages avaient presque doublé. Des frontières du Zimbabwe jusqu'aux rivages du Cap, il se commettait un meurtre toutes les demi-heures, un viol toutes les trois minutes, un cambriolage toutes les deux minutes. Ce désastre était largement le résultat des années de dévoiement de l'action policière. Pendant tout le temps de l'apartheid, les forces de l'ordre avaient en effet donné la priorité à la lutte antiterroriste plutôt qu'à la poursuite des auteurs des crimes de droit commun. Passer une nuit à faire la chasse aux couples soupçonnés de franchir l'interdit des relations sexuelles interraciales avait été une mission plus importante que de traquer de réels délinquants.

Sous la deuxième montagne se dissimulait le dévastateur taux de chômage qui frappait 40 % de la population active noire. Mandela avait eu raison d'appeler ses électeurs à « être patients ». Il manquait trois millions de logements, vingt mille écoles, trois mille hôpitaux, trois cent mille kilomètres de lignes électriques, et presque autant de conduites d'eau potable. Autant de priorités que les membres du premier gouvernement noir sud-africain qui avaient passé l'essentiel de leur vie en prison ou en exil auraient du mal à aborder. La culture de désobéissance civile dans laquelle avait baigné la population noire durant l'apartheid ne leur faciliterait pas la tâche. Il y avait si longtemps que plus personne en Afrique du Sud ne payait ses impôts, son loyer, ses notes d'électricité…

Le défi le plus important n'était toutefois pas d'ordre économique mais d'ordre moral. « Nous devons nous rassembler pour une réconciliation nationale », avait affirmé Mandela au soir du scrutin. Lui-même donnait l'exemple avec une grandeur d'âme qui faisait l'admiration de ses concitoyens et de l'opinion mondiale. Dès le lendemain de son élection, il était allé à Oriana saluer la veuve de Hendrik Verwoerd, son lointain prédécesseur qui avait conçu la ségrégation raciale sud-africaine sur le modèle de l'idéologie nazie. Il avait ensuite invité les veuves de tous les autres chefs des gouvernements de l'apartheid à venir prendre le thé de la réconciliation dans le salon d'honneur de la présidence avec les épouses de tous les prisonniers politiques du bloc 3 de Robben Island. Mieux, il avait convié à la cérémonie de son investiture deux des représentants de la justice de l'apartheid qui l'avaient condamné à vivre en prison jusqu'à son dernier jour, le procureur Percy Yutar dont la voix sifflante et le langage théâtral avaient envoyé tant de Noirs à la mort, et le juge Quartus De Wet qui avait prononcé, les yeux baissés, la terrible sentence de son emprisonnement à vie. Mais, pour nobles et généreux qu'ils soient, ces gestes ne pouvaient détourner la volonté de vengeance que manifestaient tant de victimes de l'oppression raciale. Le président devait trouver d'urgence le moyen d'empêcher que cette volonté ne plonge le pays dans un bain de sang. Il s'adressa à l'un des rescapés les plus emblématiques de la terreur blanche. Au lieu de l'instauration d'une instance judiciaire qui jugerait les coupables comme le procès de Nuremberg l'avait fait pour les criminels nazis, l'archevêque Desmond Tutu fit une proposition extraordinaire : la création d'une commission qui offrirait le pardon de la nation à tous ceux qui accepteraient de révéler les crimes qu'ils avaient commis au nom de l'apartheid. Ce pari révolutionnaire s'appellerait « Vérité et Réconciliation ». Nelson Mandela accepta avec enthousiasme.

Plus de sept mille coupables acceptèrent de jouer le jeu et déposèrent une demande d'amnistie. Il y avait parmi eux deux anciens ministres du gouvernement de P. W. Botha et de nombreux hauts gradés de la police. Les audiences se prolongèrent pendant quatre ans. Deux mille quatre cents victimes vinrent témoigner devant leurs bourreaux au nom de leurs proches disparus. Les hallucinants témoignages permirent de découvrir comment un peuple qui affirmait avoir été choisi par Dieu pour répandre les valeurs chrétiennes sur l'Afrique avait pu sombrer dans la plus sauvage des barbaries racistes. Certaines confessions furent si insoutenables qu'elles anéantirent ceux qui les recueillirent. La tâche fut particulièrement rude pour les interprètes car ils devaient traduire les témoignages des victimes comme ceux des coupables en les exprimant à la première personne. Grâce à ce processus impitoyable, d'innombrables crimes furent élucidés, ce qui permit à de nombreuses familles de retrouver la trace de leurs disparus et de commencer un vrai travail de mémoire. Au terme de cette expérience unique, retransmise chaque jour par la télévision, aucun Sud-Africain, aucun Blanc en particulier, ne pouvait plus prétendre ignorer comment l'apartheid avait brisé et détruit des millions de vies. Mais comme le voulait Mgr Tutu, la reconnaissance publique des crimes racistes devait apporter le germe de la réconciliation. Du coup s'éloigna du paysage sud-africain le spectre d'une nouvelle guerre raciale.

En échangeant « Vérité » contre « Réconciliation », l'Afrique du Sud accomplit le miracle de sortir de l'apartheid sans le bain de sang annoncé par tous les prophètes de malheur. Une transition pacifique exemplaire conduisit le pays de la répression et de l'injustice à la démocratie, à la liberté et à l'égalité. Ce fut un exploit sans équivalent dans l'histoire des conflits entre les hommes. Et une exceptionnelle leçon d'humanité offerte à la planète entière. Il ne restait plus au pays de Jan van Riebeeck et de Nelson Mandela qu'à faire émerger un système durable de valeurs qui en ferait une nation fraternelle, fière de sa diversité. L'ex-prisonnier de la cellule 466/64 du bagne de Robben Island était désormais à la barre pour organiser un deuxième miracle, afin de tenir sa promesse d'édifier une nation arc-en-ciel capable de « faire naître un monde nouveau ».

Annexes

Ce qu'ils sont devenus

Nelson Mandela – Comme il s'y était engagé, Nelson Mandela renonça à briguer un deuxième mandat présidentiel. En 1999, il quitta la vie politique. Voulant continuer à se battre pour les valeurs qui lui tenaient à cœur, il créa la Fondation Nelson Mandela qui se consacre aujourd'hui à lutter contre le sida, un mal qui fait des ravages en Afrique du Sud. Son fils Makgatho en est mort à l'âge de cinquante-quatre ans.

Nelson Mandela vit aujourd'hui à Johannesburg en compagnie de sa troisième épouse Graça Machel, veuve de l'ancien président du Mozambique.

À quatre-vingt-dix ans (le 18 juillet 2008), le vieux leader noir reste l'une des personnalités les plus admirées au monde.

Winnie Mandela – Malgré ses tribulations judiciaires, l'ex-épouse de Nelson Mandela fit partie du premier gouvernement post-apartheid en qualité de vice-ministre des Arts, de la Culture, de la Science et des Technologies. Elle dut démissionner suite à des accusations de corruption. Elle n'en reste pas moins très populaire auprès de la base radicale de l'ANC.

En décembre 1997, elle se trouve obligée de renoncer à sa candidature à la vice-présidence de l'ANC après de nouvelles révélations sur son implication dans le meurtre du jeune garçon soupçonné d'être un informateur de la police par des membres de son Mandela United Football Team.

Le 24 avril 2003, celle que ses partisans avaient baptisée « la mère de la Nation » a été reconnue coupable par la justice sud-africaine de quarante-trois chefs d'accusation de fraude aux prêts bancaires et de vols. Elle a été condamnée à cinq ans de prison dont huit mois ferme. En juillet 2004, un jugement en appel de la Haute Cour de Pretoria annula les accusations de vol, tout en maintenant celles liées aux fraudes, ce qui lui valut une peine de trois ans et six mois de prison avec sursis.

Winnie Mandela continue d'être très engagée dans la vie politique de l'Afrique du Sud.

Frederik De Klerk – Frederik De Klerk démissionna de la vice-présidence du premier gouvernement post-apartheid le 9 septembre 1997 et se retira de la vie politique pour vivre dans sa ferme près de Paarl avec sa nouvelle épouse Elita.

Au début de l'année 2001, Marike, sa première épouse, fut assassinée à son domicile du Cap, un crime qui fit d'elle l'un des symboles de la criminalité galopante qui empoisonne le pays.

En 2005, Frederik De Klerk sortit de sa réserve pour dénoncer publiquement la trahison de l'ANC concernant ses promesses de respecter les minorités du pays.

En juin 2006, le Prix Nobel de la paix fut opéré d'un cancer.

L'archevêque Desmond Tutu – Après trois ans d'enquête et des milliers d'auditions, la commission Vérité et Réconciliation présidée par l'archevêque Desmond Tutu remit ses conclusions. Celles-ci provoquèrent un énorme intérêt dans le monde.

En 2000, l'archevêque fonda la Desmond Tutu Peace Foundation qui vise à encourager le maintien de la paix dans la promotion d'un développement humain éthique fondé sur des valeurs de réconciliation.

En 2007, il devint l'un des membres fondateurs des Elders, un groupe de leaders mondiaux qui mettent à profit leur sagesse, leur leadership impartial et leur intégrité pour s'attaquer à quelques-uns des plus graves problèmes auxquels fait face la communauté internationale.

L'archevêque Desmond Tutu milite ardemment pour la création d'un État palestinien aux côtés d'Israël.

Helen Lieberman – L'ancienne orthophoniste du quartier huppé de Clifton, au Cap, devenue la bienfaitrice des Noirs de Langa est toujours au service des déshérités de l'immense township. Elle est sans cesse invitée à donner des conférences dans de nombreux pays où son action trouve de fervents soutiens.

Helen Lieberman est l'une des personnes pour lesquelles l'auteur de ce livre éprouve une intense admiration, à la fois pour ce qu'elle a réalisé sous le régime de l'apartheid et pour ce qu'elle continue d'accomplir dans le cadre de l'organisation Ikamva Labantu qu'elle a fondée à la fin des années 1960 (Cf. *God's Troublemakers : How Women of Faith Are Changing the World*, de Katharine Rodhes Henderson, The Continuum International Publishing Group, New York, 2006, et www.ikamva.com).

Christiaan Barnard – L'homme qui racheta un peu de l'honneur perdu des Afrikaners de l'apartheid en réussissant la première transplantation cardiaque mondiale continua ses opérations spectaculaires jusqu'au jour où l'arthrose l'empêcha de tenir un bistouri. Son deuxième patient transplanté, le dentiste Philip Blaiberg, survécut dix-neuf mois. Deux autres patients de Chris Barnard survécurent douze et vingt-trois ans.

Le célèbre chirurgien se maria trois fois, eut six enfants, et alimenta jusqu'à sa mort à l'âge de soixante-quatorze ans les colonnes des tabloïds de ses frasques amoureuses. Titulaire d'une centaine de distinctions internationales, ami de la princesse Diana, de Grace de Monaco, des actrices Sophia Loren et Gina Lollobrigida, de Mohammed Ali et du pape Paul VI, Barnard termina sa prodigieuse carrière comme propriétaire de l'un des plus célèbres restaurants du Cap. Ses cendres furent dispersées en 2001 dans la roseraie du petit village de Beaufort West où il avait grandi. Sur la pierre tombale, il avait demandé que soient inscrits, en anglais et en afrikaans, ces simples mots : « Je suis de retour chez moi. »

Wouter Basson – Le cardiologue accusé d'avoir été l'inventeur des parapluies empoisonnés, des canettes de bière au thallium, des chocolats au mercure et autres produits destinés à empoisonner les Noirs refusa de se présenter devant les instances de la commission Vérité et Réconciliation et de bénéficier d'une mesure d'amnistie. Resté libre à la fin de l'apartheid, il fut finalement arrêté en 1997 au cours d'une banale opération de lutte antidrogue. C'est en prévenu libre qu'il comparut devant un tribunal pour le procès le plus long et le plus coûteux de l'Afrique du Sud post-apartheid. Deux ans et demi d'audience, soixante-sept chefs d'inculpation, des enquêtes dans vingt-sept pays, cent cinquante-trois témoins à charge, mille cinq cents pages d'attendus. Le tribunal, présidé par un juge blanc qui exerçait déjà du temps de l'apartheid, acquitta finalement Basson « faute de preuves suffisantes ». Un verdict qui souleva le pays d'indignation.

Wouter Basson vit aujourd'hui à Pretoria où il a repris son ancienne profession de cardiologue.

Bref échantillon des 1 700 lois et dispositions instituées par les législateurs de l'apartheid pour garantir la séparation raciale entre les Blancs et les citoyens noirs et métis vivant en Afrique du Sud

I. Volonté de mettre en place une séparation raciale totale entre Blancs et Noirs

1. Il est illégal pour une personne blanche et une personne non blanche de s'asseoir ensemble dans un salon de thé pour prendre une tasse de thé, à moins d'avoir obtenu un permis spécial.

2. Sauf s'il a obtenu un permis spécial, un professeur africain commet un délit criminel s'il vient donner une conférence à l'invitation d'un club blanc.

3. Toute personne de couleur qui s'assied dans un parc public sur un banc exclusivement réservé aux personnes de race blanche commet une infraction criminelle passible d'une peine de trois ans de prison et de l'administration de dix coups de fouet.

4. Tout Africain qui se présente au comptoir d'un bureau de poste exclusivement réservé aux Blancs commet une infraction criminelle passible d'une peine de cinq ans de prison et de l'administration de dix coups de fouet.

5. Tout Africain qui voudrait s'asseoir dans l'unique salle d'attente d'une gare, laquelle serait forcément réservée par le chef de gare aux voyageurs blancs, s'expose à une amende de 150 rands[1] et à une peine de trois mois d'emprisonnement.

II. Volonté de brimer de toutes les manières possibles la population noire de l'Afrique du Sud

1. Aucun Africain n'a le droit d'acquérir une parcelle de terre sur l'ensemble du territoire sud-africain.

2. Il est interdit à tout Africain titulaire d'un permis légal de résider dans une ville, d'héberger à son domicile sa femme et ses enfants.

3. Un Africain qui est né dans une ville où il a passé quatorze années consécutives de sa vie et où il a travaillé sans interruption pour le même employeur pendant sept années, ne peut recevoir à son domicile sa femme, sa fille non mariée et son fils âgé de dix-huit ans et plus que pendant une période n'excédant pas soixante-douze heures.

4. Un Africain qui réside sans interruption dans la ville où il est né n'a pas le droit d'héberger à son domicile une fille mariée, un fils âgé de dix-huit ans, une nièce, un neveu ou un petit-fils.

5. Le droit de faire grève est interdit aux travailleurs africains. Les contrevenants s'exposent à trois ans de prison et à une amende de 5 000 rands.

1. 100 rands : environ 7 euros.

III. Volonté d'instituer un État policier doté de tous les pouvoirs sur la communauté noire

1. Les forces de police ont le droit de pénétrer à toute heure du jour et de la nuit dans toute habitation pour s'assurer qu'aucune personne de couleur ne s'y trouve.

2. Les autorités peuvent interdire toute présence d'un invité africain dans une fête privée donnée au domicile d'un particulier de race blanche si elles jugent qu'une telle présence est indésirable pour des raisons qu'elles n'ont pas à justifier.

3. Tout officier de police peut interpeller à n'importe quel moment tout Africain âgé de plus de seize ans pour exiger qu'il produise son passeport intérieur.

4. Tout représentant de l'autorité peut pénétrer dans l'habitation d'un Africain pour quelque raison que ce soit, et à quelque heure du jour et de la nuit, pour la perquisitionner.

5. Tout policier, muni ou non d'un mandat de perquisition, peut pénétrer dans l'habitation d'un Africain, à n'importe quelle heure raisonnable du jour et de la nuit, s'il soupçonne qu'elle abrite un Africain âgé d'au moins dix-huit ans coupable de résider avec son père sans en avoir obtenu l'autorisation.

6. Si elle constate une atteinte à l'ordre public, l'autorité locale peut ordonner à tout officier de police de procéder à l'arrestation et à l'incarcération sans jugement de tout Africain.

IV. Volonté d'étendre les interdits à toutes les sphères de la vie, y compris les églises, les écoles, les hôpitaux

1. Le ministère des Affaires indigènes peut, à la demande de l'autorité urbaine locale, limiter le nombre de fidèles africains autorisés à assister au service religieux de n'importe quelle église.

2. Tout hôpital qui reçoit un patient africain sans avoir reçu l'autorisation du ministère des Affaires indigènes commet un infraction criminelle.

3. Le ministère des Affaires indigènes peut décider de fermer toute école gérée par une communauté ou une tribu africaine sans avoir à justifier sa décision.

V. Volonté de contrôler l'intégrité raciale de la population

1. Vingt-cinq ans après que l'état civil l'a enregistrée comme étant de race blanche, toute personne peut se voir contester par un tiers la qualification de Blanc. Seule la commission de Classification raciale peut, en cas de litige, statuer en dernier ressort sur la race de la personne faisant l'objet d'une contestation.

VI. Volonté d'inclure les Blancs dans les interdits de l'apartheid

1. Toute personne blanche résidant dans une ville et qui emploie un Africain en qualité de maçon, menuisier, électricien ou tout autre métier qualifié sans avoir obtenu une autorisation du ministère du Travail, commet une infraction criminelle passible d'une

amende de 500 rands et d'une peine d'emprisonnement d'un an.

VI. Volonté d'empêcher à tout prix le mélange des sangs entre race blanche et race noire

1. Un homme non marié qui est, d'évidence par son apparence ou de l'avis général ou de réputation, une personne de race blanche, et qui tente d'avoir des rapports charnels avec une femme qui n'est pas, d'évidence ou de l'avis général ou de réputation, une personne de race blanche est coupable d'une infraction passible d'une peine de sept ans de travaux forcés. À moins qu'il puisse démontrer à la satisfaction de la cour qu'il avait une raison valable de croire, lorsque l'infraction en cause a été commise, que sa partenaire était – d'évidence ou de l'avis général ou de réputation – une personne blanche.

Extraits traduits, par l'auteur, du pamphlet *This is Apartheid*, de Leslie Rubin, Gollancz, Londres, 1959.

Chronologie

1652 – Le 6 avril, le Hollandais Jan van Riebeeck débarque au Cap pour planter des salades.
1658 – Achat des premiers esclaves.
1688 – Arrivée des premiers huguenots.
1770 – Première rencontre entre Blancs et Noirs.
1795 – Première occupation anglaise.
1820 – Arrivée de 5 000 colons anglais.
1834 – Abolition de l'esclavage, le 1er décembre.
1835 – Début du « Grand Voyage ».
1838 – Le chef boer Piet Retief et ses compagnons sont tués par les guerriers zoulous.
1838 – Andries Pretorius, un autre chef boer, écrase les Zoulous à la bataille de Blood River.
1839 – Fondation de la République indépendante boer de Natalia.
1846 – Après son annexion par les Anglais, les Boers abandonnent le Natal et reprennent leur Grand Voyage.
1852-1854 – Londres reconnaît l'indépendance du Transvaal et de l'État libre d'Orange.
1867 – Découverte des diamants au Transvaal.
1899-1902 – Guerre anglo-boer.
1902 – La paix est signée entre les Anglais et les Boers, le 31 mai à Vereeniging.
1904 – Mort en exil du chef boer Paul Kruger.
1910 – Naissance de l'Union sud-africaine le 31 mai.

1912 – Création du Congrès national africain (ANC).
1948 – En mai, victoire électorale des nationalistes extrémistes blancs. Malan devient Premier ministre.
1948 – Mise en œuvre de la politique d'apartheid.
1960 – Massacre de Sharpeville, le 21 mars.
1961 – Nelson Mandela décide la lutte armée.
1961 – En décembre, campagne d'attentats perpétrés par l'ANC.
1964 – Mandela est condamné aux travaux forcés à perpétuité dans le bagne de Robben Island.
1966 – Le 6 septembre, le Premier ministre Hendrik Verwoerd est assassiné. John Vorster lui succède.
1976 – Le 16 juin, la manifestation pacifiste des écoliers de Soweto est violemment réprimée.
1978 – P. W. Botha devient Premier ministre.
1985 – Sanglante guerre entre Noirs pour le contrôle des townships.
1989 – Frederik W. De Klerk devient président de la République.
1990 – Le 2 février, De Klerk légalise l'ANC, le Parti communiste et toutes les organisations de résistance noire à l'apartheid.
1990 – Nelson Mandela est libéré le 11 février.
1994 – Fin avril, premières élections générales multiraciales. Victoire du parti noir ANC. Abolition de l'apartheid.
1994 – Le 9 mai, Nelson Mandela devient le premier président noir de l'Afrique du Sud.

Glossaire

Afrikaans : langue d'origine hollandaise inventée par les premiers colons.
Afrikaners : descendants des premiers colons hollandais débarqués à la pointe du cap de Bonne-Espérance le 6 avril 1652.
African National Congress (ANC) : mouvement nationaliste pour la promotion des droits civiques des Noirs. Fondé en 1912, l'ANC s'imposera comme le principal parti de la lutte des Noirs contre l'apartheid.
Apartheid : mot néerlandais, signifie « séparation ».
Boer : paysan hollandais.
Broederbond : société secrète dont le but est la promotion de la nation blanche afrikaner.
Freeboer : fonctionnaire de la Compagnie hollandaise des Indes orientales autorisé à travailler la terre pour son propre compte.
Inkatha : mouvement politique ayant pour but de promouvoir et défendre les valeurs de l'ethnie zouloue.
Kommando : unité militaire boer, en général à cheval.
Laager : enceinte défensive constituée par l'assemblage, en cercle, des chariots transportant les trekkers du Grand Voyage.
Pass : passeport intérieur permettant aux Noirs et aux métis de se déplacer dans le pays.
Parti national purifié : parti blanc d'extrême droite fondé par Daniel François Malan, le créateur de l'apartheid.

Soweto : abréviation de South Western Township, la plus grande ville noire d'Afrique du Sud.

Township : cité-ghetto construite aux abords des villes blanches pour y loger les populations de couleur.

Trek : migration, déplacement.

Trekboer : éleveur nomade.

Uitlander : étranger non afrikaner, vivant dans les républiques boers.

Umkhonto we Sizwe : « Fer de lance de la nation », branche armée de l'ANC dont Nelson Mandela fut le chef.

Veld : savane sud-africaine.

Voortrekker : participant au *Geat Trek*, le Grand Voyage qui s'est enfoncé au cœur de l'Afrique australe entre 1835 et 1846.

Xhosa : une des principales ethnies d'Afrique du Sud. Nelson Mandela est issue d'une famille royale xhosa.

Zoulou : autre ethnie importante sud-africaine.

Bibliographie succincte

En écrivant *Un arc-en-ciel dans la nuit*, je n'ai pas cherché à faire œuvre exhaustive d'historien. J'ai voulu raconter, aussi exactement que possible, une fabuleuse épopée humaine. De très nombreuses informations contenues dans ce livre sont le fruit d'une longue enquête personnelle et sont inédites. Je tiens toutefois à signalcr qu'afin de rendre ce récit plus vivant, j'ai choisi de mettre en scène plusieurs épisodes et personnages et, dans quelques rares cas, j'ai pris une certaine liberté avec la chronologie des faits.

Toutes les citations attribuées à Nelson Mandela ainsi que les courts extraits de ses lettres proviennent de sa remarquable autobiographie écrite en anglais et publiée dans son édition originale sous le titre *Long Walk to Freedom*, par Little, Brown and Company, Londres, en 1994 et dans son édition de poche par sa division Abacus en 1995. Ce texte a été excellemment traduit en français par Jean Guiloineau et publié par Fayard en 1995 sous le titre *Un long chemin vers la liberté*. Il s'agit d'un document essentiel à la compréhension de la lutte des Noirs sud-africains pour la conquête de leurs droits civiques et de leur liberté.

Les citations attribuées au gardien de Mandela proviennent du livre *Le Regard de l'antilope – Nelson Mandela, mon prisonnier, mon ami*, de James Gregory, avec la collaboration de Bob Graham, traduit de l'anglais par Jean-Daniel Baltassat, Robert Laffont, Paris, 1996.

Les citations des pages attribuées à Winnie Mandela proviennent de son émouvant récit *Part of My Soul*, édité par Anne Benjamin et adapté par Mary Benson, Penguin Books, 1985.

Les citations des pages attribuées à l'archevêque anglican Mgr Desmond Tutu proviennent de son livre *No Future Without Forgiveness*, traduit en français par Josiane et Alain Deschamps sous le titre *Il n'y a pas d'avenir sans pardon*, Albin Michel, Paris, 2000 ; ainsi que de *Tutu – Archbishop Without Frontiers*, de Shirley du Boulay, Hodder & Stoughton, Londres, 1996.

Comme indiqué dans le texte de ce récit, le Dr Wouter Basson, responsable du programme de guerre chimique et biologique de l'Afrique du Sud, a été acquitté « faute de preuves suffisantes » par la cour de Johannesburg (cf. aussi « Ce qu'ils sont devenus »). Tous les crimes imputés au Dr Basson relatés dans ce livre proviennent de l'acte d'accusation présenté contre sa personne à son procès, ainsi que de trois ouvrages racontant en détail les forfaits qui lui sont attribués. Il s'agit d'abord de la remarquable étude de Tristan Mendès France intitulée *Dr La Mort – Enquête sur un bioterrorisme d'État en Afrique du Sud*, publiée par les éditions Favre, Lausanne, 2002. Il s'agit également de *Secrets and Lies – Wouter Basson and South Africa's Chemical and Biological Warfare Programme*, de Marlene Burger et Chandre Gould, Zebra Press, Cape Town, 2002 ; et enfin de *Coming to Terms – South Africa's Search for Truth*, de Martin Meredith, publié par Public Affairs, Oxford, 1999.

À ceux qui voudraient s'informer davantage sur l'histoire de l'Afrique du Sud et particulièrement sur Nelson Mandela, j'aimerais recommander la lecture de six ouvrages qui sont, à mon avis, des livres de référence.

- *Nelson Mandela*, de Jean Guiloineau, préfacé par Breyten Breytenbach, Petite bibliothèque Payot/Documents 190, Payot & Rivages, Paris, 1994.

- *Histoire de l'Afrique du Sud – De l'Antiquité à nos jours*, de Bernard Lugan, Collection Vérités et Légendes, Librairie académique Perrin, Paris, 1995.
- *Afrique du Sud : Riche, dure, déchirée,* sous la direction de Georges Lory, Collection Monde, HS n° 15, Éditions Autrement, Paris, 1985.
- *Défi sud-africain – De l'apartheid à la démocratie : un miracle fragile,* de Corinne Moutout, collection Monde, HS n° 99, Éditions Autrement, Paris, 1997.
- *Le Regard de l'antilope,* de James Gregory, avec la collaboration de Bob Graham, Robert Laffont, 1996.

En anglais, j'aimerais signaler :

- *The Mind of South Africa – The Story of the Rise and Fall of Apartheid,* d'Allister Sparks, Mandarin, Londres, 1991 ; un ouvrage essentiel pour comprendre les origines et la mise en place de l'apartheid.
- *A Concise History of South Africa*, de Robert Ross, Cambridge University Press, Cambridge, 2000.
- *Mandela – An Illustrated Autobiography,* de Nelson Mandela, Little, Brown and Company, Londres, 1994.
- *Nelson Mandela – A Biography,* de Martin Meredith, Penguin Books, London, 1997.

À ceux qui voudraient enrichir leurs connaissances sur des personnages dont je mentionne le rôle important dans mon récit, qu'il me soit permis de recommander :

sur Frederik De Klerk :

- *The Last Trek – A New Beginning – The Autobiography,* de F. W. De Klerk, Macmillan, Londres, 1998.

sur le professeur Christiaan Barnard :

- *Celebrity Surgeon – Christiaan Barnard – A Life*, de Chris Logan, Jonathan Ball Publishers, Jeppestown (Afrique du Sud), 2003.
- *One Life,* de Christiaan Barnard et Curtis Bill Pepper, Bantam Books, New York, 1971.
- *Une seconde vie – Autobiographie*, de Christiaan Barnard, avec la collaboration de Chris Brewer, traduit de l'anglais par Michel Ganstel, l'Archipel, Paris, 1993.

Sur différents sujets concernant l'histoire de l'Afrique du Sud, j'aimerais également signaler :

- *A Long Night's Damage – Working for the Apartheid State*, d'Eugene de Kock (propos recueillis par Jeremy Gordin), Contra Press, Saxonworld (Afrique du Sud), 1998.
- *A Marriage of Inconvenience – The Persecution of Ruth and Seretse Khama*, par Michael Dutfield, Unwin Paperback, Londres, 1990.
- *A Mouthful of Glass – The Man who Killed the Father of Apartheid,* de Henk van Woerden, traduit par Dan Jacobson, Granta Books, Londres, 2001.
- *Apartheid, The Lighter Side,* de Ben Maclennan, Cameleon Press / Carrefour Press, Cape Town, 1994.
- *Crossroads – The Politics of Reform and Repression 1976-1986,* de Josette Cole, Ravan Press, Johannesburg, 1987.
- *Kaffir Boy – An autobiography – The True Story of a Black Yough's Coming of Age in Apartheid South Africa,* de Mark Mathabane, Touchstone, New York, 1998.
- *Langa – A Study of Social Groups in an African Township,* de Monica Wilson et Archie Mafeje, Oxford University Press, Cape Town, 1973.
- *Noor's Story – My Life in District Six*, de Noor Ebrahim, District Six Museum, 2001.
- *Robben Island*, de Charlene Smith, Struik Publischers, Cape Town, 1997.
- *Soweto – 16 June 1976 – It all Started with a Dog...*, d'Elsabe Brink, Gandhi Malungane, Steve Lebelo, Dumisani Ntshangase et Sue Krige, Kwela Books, Cape Town, 2001.
- *Steve Biko – The Essential*, de Robin Malan, David Philip Publishers, Cape Town / Mayibuye Books, Bellville, 1997.
- *The Diary of Maria Tholo*, de Carol Hermer, Ravan Press, Johannesburg, 2001.
- *Illustrated History of South Africa – The Real Story*, troisième édition mise à jour et complétée, The Reader's Digest, Cape Town, 1995.

– *The Spirit of District Six,* de Cloete Breytenbach, Human & Rousseau, Cape Town, 1997.

Enfin, à tous ceux auxquels la lecture de *Un arc-en-ciel dans la nuit* aurait donné envie de visiter l'Afrique du Sud, qu'il me soit permis de leur recommander d'emporter le remarquable Guide du Petit Futé : *Country Guide – Afrique du Sud*, Nouvelles Éditions de l'Université, Paris, 1995.

Remerciements

Je tiens à exprimer en tout premier lieu mon immense gratitude à mon épouse Dominique, qui partagea tous les instants de cette longue et difficile enquête et fut une collaboratrice irremplaçable pendant la préparation de cet ouvrage.

J'adresse toute ma reconnaissance à Colette Modiano et à Manuela Andreota qui ont passé de longues heures à corriger mon manuscrit.

J'adresse un remerciement très spécial et affectueux à Antoine Caro pour ses précieux encouragements, ses conseils et sa collaboration exceptionnelle dans la révision de mon manuscrit et la préparation de ce livre. Je ne peux les nommer ici individuellement mais je tiens à associer à cet hommage tous les collaborateurs des éditions Robert Laffont qui ont participé à la réalisation de *Un arc-en-ciel dans la nuit*.

Sans la confiance enthousiaste de mes éditeurs, je n'aurais jamais pu me lancer dans l'aventure de ce livre. Que Leonello Brandolini et Nicole Lattès à Paris ; Luca et Mattia Formenton et Monica Randi à Milan ; Carlos Revés, Berta Noy et María Guitart à Barcelone ; Shekhar, Poonam et Priyanka Malhotra à New Delhi ; et enfin mes amies et traductrices Kathryn Spink – auteur elle-même de remarquables ouvrages notamment sur Mère Teresa, Frère Roger de Taizé, Jean Vanier et l'Afrique du Sud –, Elina Klersy et Carmen Suárez, soient chaleureusement remerciés. J'adresse également toute ma gratitude à mes amis Gilles Paris et Laurent Clerget pour leur confiance et leur soutien.

Ce livre est le fruit d'une patiente enquête en Afrique du Sud. Parmi les nombreux Sud-Africains de toutes origines qui ont accepté de partager avec moi leur expérience, leurs souvenirs, leurs archives, je voudrais remercier en tout premier lieu Helen Lieberman d'avoir accepté de reconstituer pour moi son aventure humanitaire sud-africaine lors de nos longues rencontres au Cap, à Ramatuelle et à New York. Je veux également remercier Joanne et Stephen Dallamore, Jean-Pierre de Fierkowski, le père Jacques Amyot d'Inville, Tara et Jessica Getty, Melvyn et Sharon Gutkin, Lynne Katz, Graham et Mary Kluk, Michele et Philip Krawitz, le père Emmanuel Lafont, Michael Lieberman, Malepa Mapitso, Mkhalema Mottantho, Basil Van Rensburg, Errol et Juliette Sackstein.

Que tous ceux qui m'ont accordé tant de leur temps pour me permettre de rassembler la documentation de ce livre, mais qui ont tenu à garder l'anonymat, reçoivent aussi l'expression de ma gratitude.

Que mon neveu Javier Moro, avec lequel j'ai eu le plaisir d'écrire *Il était minuit cinq à Bhopal*, et son épouse Sita, soient vivement remerciés pour la minutieuse enquête qu'ils ont menée en Afrique du Sud afin de documenter certains épisodes de ce livre.

Je tiens à remercier également Gaston Dayanand, pour son éclairage sur Calvin et ses précieuses références bibliques ; Nicola Russell-Cross pour sa transcription des enregistrements de mes entretiens avec Helen Lieberman ; ainsi que Patricia Panton pour ses descriptions de la vie en Afrique du Sud sous l'apartheid.

Je veux enfin adresser ma reconnaissance à ceux qui n'ont pas cessé de m'entourer de leurs encouragements et de leur aide affectueuse pendant la longue aventure que furent l'enquête et la rédaction de ce livre, en particulier Garance Auboyneau et Alexandra Lapierre, ainsi que Sandrine Bardy, Michel Charbon, Nadia Collins,

Marie-Benoîte Conchon, Oreste Debellis et Myriam Lachal, Béatrice Derue, Virginie Douy, Olivier Fichez, Sylvie Hoden, Sylvie Le Gall et Anthony Hanby, Chantal et Robert Le Bris, Jean-Marie Leruth, Claude Lorin, Maria et Tonio Machado, Danièle et Jean-Pierre Matteï, Véronique Médioni, Marielle et Xander van Meerwijk, Marie et Claude Orzetic, Florence Pagès, Enrico Peracino, Isabelle Persenda, Mireille Queillé, Béatrice Schoettel, José et Maria de Sequeira, Gilbert Soulaine, Romain Stackler, Thierry Trouilloud et Maryvonne Vergnes, Francis Wacziarg, Catherine Zoummeroff.

LES DROITS D'AUTEUR DE DOMINIQUE LAPIERRE CONTRIBUENT À SOUTENIR DES ACTIONS HUMANITAIRES EN INDE, EN AFRIQUE ET EN AMÉRIQUE DU SUD

Grâce à l'association « Action pour les enfants des lépreux de Calcutta » fondée en 1982 par l'auteur et son épouse, il a été possible de lancer ou de poursuivre les opérations d'entraide suivantes :

1. Prise en charge complète et continue de 300 enfants (filles et garçons) ayant souffert de la lèpre recueillis au foyer *Udayan*-Résurrection ; construction d'un nouveau bâtiment (infirmerie, salle d'études, bureau) ; achat d'une nouvelle parcelle de terrain agricole destinée à rendre le foyer de plus en plus autonome en nourriture.
2. Prise en charge complète et continue de 125 jeunes handicapés physiques et mentaux accueillis dans les foyers de l'ONG Howrah South Point à Howrah et à Jalpaiguri.
3. Construction et installation du foyer de Backwabari pour des enfants infirmes moteurs cérébraux souffrant de handicaps extrêmement graves.
4. Agrandissement et aménagement du foyer d'Ekprantanagar, dans une banlieue très pauvre de Calcutta, abritant 140 enfants d'ouvriers saisonniers qui travaillent dans les fours à briques. Le branchement d'eau courante potable a transformé les conditions d'existence de cette unité.

5. Aménagement d’une école à proximité de ce foyer pour permettre de scolariser, outre les 140 enfants pensionnaires, 350 enfants très pauvres des bidonvilles avoisinants.
6. Reconstruction de 100 huttes pour des familles ayant tout perdu, en novembre 1988, lors du cyclone qui frappa le delta du Gange.
7. Prise en charge complète du dispensaire de l’organisation non gouvernementale SHIS à Bhangar et de son programme d’éradication de la tuberculose couvrant une population de quelque huit millions d’habitants. Installation d’un équipement radiologique fixe dans le dispensaire principal et création de plusieurs unités mobiles de dépistage radiologique, de vaccinations, de soins et d’aide alimentaire.
8. Création des nombreuses antennes médicales dans les villages éloignés du Bengale rural permettant non seulement des soins médicaux et une action de lutte contre la tuberculose, mais aussi des programmes de prévention, de dépistage, d’éducation et de vaccination, des campagnes de planning familial, ainsi que des « *eye camps* » pour redonner la vue à des malades atteints de cataracte.
9. Creusement de puits tubés procurant de l’eau potable et construction de latrines dans de nombreux villages du delta du Gange.
10. Lancement et financement de 4 bateaux-dispensaires dans le delta du Gange pour apporter des secours médicaux aux populations de 54 îles isolées des Sunderbans.
11. Prise en charge du centre de soins rural de Belari recevant par an plus de cent mille patients venus de hameaux dépourvus de tout secours médical ; construction et prise en charge du centre ABC pour enfants handicapés physiques et mentaux ; construction d’un village pour cent mères abandonnées avec leurs enfants.
12. Création et prise en charge complète de plusieurs écoles et de centres de soins médicaux (allopathi-

ques et homéopathiques) dans deux bidonvilles particulièrement déshérités de la grande banlieue de Calcutta.

13. Construction d'un village « Cité de la joie » pour réhabiliter des familles d'aborigènes sans toit.
14. Don de 10 pompes à eau fonctionnant à l'énergie solaire à 10 villages très pauvres des États du Bihar, de l'Haryana, du Rajasthan et de l'Orissa, afin de permettre aux habitants de produire leur nourriture même en pleine saison sèche.
15. Prise en charge d'un atelier de réhabilitation pour lépreux en Orissa.
16. Envoi de médicaments et fourniture de 70 000 repas protéinés aux enfants du foyer *Udayan*-Résurrection.
17. Actions diverses pour aider des adultes déshérités ou victimes de la lèpre dans l'État du Mysore et des enfants abandonnés à Bombay (Inde) et à Rio de Janeiro (Brésil) ; ainsi que des habitants d'un village de Guinée (Afrique) et des enfants abandonnés gravement malades de l'hôpital de Lublin (Pologne).
18. Création d'une clinique gynécologique pour soigner des femmes sans ressources victimes de la catastrophe chimique de Bhopal. Achat d'un colposcope pour dépister les cancers du col de l'utérus. Mise en place et financement de plusieurs missions de formation des équipes indiennes par des gynécologues bénévoles de Suisse et de France.
19. Envoi d'équipes et de secours d'urgence pour aider les victimes des terribles inondations de l'automne 2000 au Bengale ; programme de réhabilitation pour reloger des milliers de familles qui ont tout perdu.
20. Prise en charge continue depuis 1998 d'une partie des programmes du père Pierre Ceyrac d'éducation de plusieurs milliers d'enfants dans la région de Madras.

21. Envoi de secours dès le lendemain du tsunami de décembre 2004, afin de permettre aux équipes des centres SHIS et ABC d'agir concrètement sur place au Tamil Nadu et dans les îles Andamans, en urgence et sur un long terme
22. Construction à Kathila du nouveau centre ABC pour accueillir, éduquer et réhabiliter trois cents enfants handicapés physiques et mentaux; avec création d'un atelier d'équipements orthopédiques.
23. Création d'un foyer pour héberger et soigner des jeunes filles et femmes malades abandonnées, sous la responsabilité de l'organisation ABC.
24. Prise en charge des frais de missions trimestrielles d'un volontaire pour gérer le suivi administratif et comptable du foyer « Espoir Deux » créé par Loti Latrous en Côte-d'Ivoire pour accueillir et soigner des femmes et des enfants souffrant du sida.
25. Prise en charge financière du foyer « Cité de la Joie » à Guatemala City qui accueille des jeunes filles récupérées de la rue (prostitution, drogue).
26. Achat d'un véhicule pour faciliter le travail du père Santiago en Guinée-Équatoriale et achat du matériel pour la construction d'une école par les villageois eux-mêmes afin que leurs enfants puissent bénéficier d'une scolarité primaire sans avoir à parcourir à pied cinq kilomètres deux fois par jour.

Comment les lecteurs peuvent aider à la poursuite de cette action de solidarité au bénéfice d'hommes, de femmes et d'enfants, parmi les plus déshérités du monde

Faute de ressources suffisantes, l'association « Action pour les enfants des lépreux de Calcutta » fondée en 1982 ne parvient pas, aujourd'hui, à répondre à tous les besoins, pourtant prioritaires, que doivent assurer les quatorze organisations non gouvernementales et non confessionnelles que l'auteur et son épouse soutiennent depuis plus de vingt-cinq ans.

Afin de pouvoir continuer à financer les nombreux foyers, écoles, dispensaires, projets de développement (éducation et formation des adultes, microcrédits...) animés par des femmes et des hommes admirables qui consacrent leurs vies au service de leurs frères et sœurs les plus démunis, de nouveaux soutiens sont nécessaires.

La meilleure façon de pouvoir pérenniser cette action serait de réunir un capital permettant de générer en intérêts les quelque deux millions d'euros nécessaires chaque année au financement des divers projets.

Comment réunir un tel capital sinon par une multiplication de soutiens individuels ?

Pour certains, faire un don de dix mille euros pour une cause prioritaire est relativement facile. Quelques-uns peuvent même sans doute donner davantage.

Mais pour la grande majorité des amis qui ont déjà apporté leur soutien après avoir lu *La Cité de la joie*, *Plus grands que l'amour*, *Mille Soleils*, *Il était minuit cinq à Bhopal*, *Il était une fois l'URSS*, avoir vu un reportage ou entendu une conférence et qui, souvent, renouvellent fidèlement leur aide généreuse, c'est une somme beaucoup trop importante.

Cependant, dix mille euros, c'est aussi deux fois cinq mille euros, ou quatre fois deux mille cinq cents euros, ou cinq fois deux mille euros, ou dix fois mille euros, ou encore cent fois cent euros…

Une telle somme peut être réunie à l'initiative d'un seul auprès de plusieurs. En photocopiant ce message, en en parlant autour de soi, en se groupant avec des membres de sa famille, des proches, des amis ou des collègues, en établissant une chaîne de solidarité et de partage, chacun peut contribuer à maintenir en vie cette œuvre qui apporte justice et amour aux plus pauvres des pauvres.

Les dons les plus modestes comptent autant que les plus importants. N'est-ce pas l'addition de gouttes d'eau qui fait les océans ?

P.S. L'association « Action pour les enfants des lépreux de Calcutta » n'a aucun frais de fonctionnement, l'auteur et son épouse les assurant tous personnellement. La totalité des dons reçus est attribuée aux centres bénéficiaires.

Action pour les enfants des lépreux de Calcutta
Association Loi 1901 – CCP 01590 65 C 020
Chez Dominique et Dominique Lapierre
Val de Rian, 83350 Ramatuelle
Télécopie : 04 94 97 38 05
Site Internet : www.citedelajoie.com

*

En sauvant un enfant,
en lui donnant la possibilité d'apprendre
à lire et à écrire,
en lui offrant l'apprentissage d'un métier,
c'est le monde de demain que nous sauvons.

*

• Suivant son état de santé et son handicap, un enfant hébergé, soigné, nourri, vêtu, scolarisé et formé à un métier coûte entre 35 et 40 euros par mois ; soit entre 420 et 480 euros par an.
• Creuser un puits d'eau potable dans le delta du Gange coûte de 50 à 600 euros.
• Le traitement de 10 patients atteints de tuberculose coûte 200 euros.

*

Pour chaque don, il sera adressé, en temps voulu pour le joindre à la déclaration de revenus, un reçu fiscal réglementaire permettant de bénéficier de la réduction d'impôts prévue par la législation en cours, soit 66 % du montant du don, dans la limite de 20 % du revenu imposable.

« Tout ce qui n'est pas donné est perdu. »
(proverbe indien)

Crédits photographiques

Page 1 : 1 : William Fehr Collection, The Castle, Cape Town – 2 : The Granger Collection, NYC/Rue des Archives

Page 2 : 1 : Africana Museum, Johannesburg – 2 : Mary Evans Picture Library/ Rue des Archives – 3 : Cape Archives, Cape Town

Page 3 : 1 : Ullstein Bild/Roger Viollet – 2 : Albany Museum, Grahamstown

Page 4 : 1 : Africana Museum, Johannesburg – 2 et 3 : Heritage Images/Leemage – 4 : Costa/Leemage

Page 5 : 1 : Mary Evans Picture Library/Rue des Archives – 2 : PVDE/Rue des Archives – 3 : Cape Archives, Cape Town

Page 6 : 1 : Collection *Reader's Digest* – 2 : Voortrekker Museum, Pietermaritzburg – 3 : Klaass Smit's River, South Africa, by T. Baines, 1852, Royal Geographical Society, London, UK/Bridgeman Giraudon

Page 7 : 1 : Roger Viollet – 2 : Cape Archives, Cape Town – 3 : Transvaal Archives, Pretoria – 4 : Cory Library, Rhodes University, Grahamstown

Page 8 : 1 : Albert Harlingue/Roger Viollet – 2 : Heritage Images/Leemage – 3 : Mary Evans Picture Library/Rue des Archives – 4 : Heritage Images/Leemage

Page 9 : 1 : TAL/Rue des Archives – 2 : Cape Archives, Cape Town – 3 : The Granger Collection, NYC/Rue des Archives

Page 10 : 1 : Suddeutsche Zeitung/Rue des Archives – 2 : Collection Particulière – 3 : Afrikaanse Kultuuralmanak, South African Museum, Cape Town

Page 11 : 1 : Gatsha Buthelezi, South African Library, Cape Town – 2 : Photo 12.com/Gandhiserve – 3 : I.D.A.F./Sipa Press – 4 : Stuart Conway/Sipa Press

Page 12 : 1 : *The Star*, Johannesburg – 2 : Africana Museum, Johannesburg

Page 13 : 1 : PF/Agip/Rue des Archives – 2 : *The Star*, Johannesburg – 3 : Collection Particulière – 4 : Jurgen Schadeberg

Page 14 : 1 : UWC Robben Island Museum Mayibuye Archives – 2 : Benny Gool/Oryx Media Productions

Page 15 : 1 : UWC Robben Island Museum Mayibuye Archives – 2 : Jurgen Schadeberg – 3 : Derek Carelse

Page 16 : 1 : Cloete Breytenbach – 2 : Cloete Breytenbach

Page 17 : 1 : South African Library, Cape Town – 2 : Jurgen Schadeberg

Page 18 : 1 : Ullstein Bild/Roger Viollet – 2 : UWC Robben Island Museum Mayibuye Archives

Page 19 : 1 et 2 : UWC Robben Island Museum Mayibuye Archives

Page 20 : 1 : Collection Particulière – 2 : Evening Standard/Getty Images

Page 21 : 1 : *The Cape Times*, Cape Town

Page 22 : Sam Nzima

Page 23 : 1 : The Image Works/Roger Viollet

Page 24 : 1 : *The Argus*, Cape Town

TABLE DES MATIÈRES

Les coups de cœur d'un humaniste amoureux de la vie

Dominique
Lapierre
Mille soleils
POCKET
Un grand récit d'aventures,
un hymne au courage,
à l'amour et à la vie.

(Pocket n° 10626)

« Il y a toujours mille soleils à l'envers des nuages. » Ce proverbe indien, Dominique Lapierre en a fait sa devise. Fort de son expérience de grand reporter, il nous fait réfléchir sur les grands problèmes de notre siècle à travers des personnages glorieux ou inconnus qui sont des exemples de foi et de courage. De Gaulle, Gandhi, Ben Gourion, le condamné à mort Caryl Chessman, Mère Teresa, une petite Indienne de neuf ans… Tous, à leur manière, ont su conserver la flamme de l'espoir. Et nous aussi, grâce à ce livre.

Il y a toujours un Pocket à découvrir

Imprimé en France par

BRODARD & TAUPIN

à La Flèche (Sarthe)
en mars 2010

POCKET – 12, avenue d'Italie - 75627 Paris cedex 13

N° d'impression : 56949
Dépôt légal : avril 2010
S18994/01